我们一起解决问题

一

人力资源管理导论

徐斌　王一江　李萌　著

人民邮电出版社

北　京

图书在版编目（CIP）数据

人力资源管理导论 / 徐斌，王一江，李萌著. -- 北
京 ：人民邮电出版社，2020.5（2020.11重印）
ISBN 978-7-115-53514-6

Ⅰ. ①人… Ⅱ. ①徐… ②王… ③李… Ⅲ. ①人力资
源管理 Ⅳ. ①F243

中国版本图书馆CIP数据核字(2020)第036289号

内 容 提 要

本书系统介绍了人力资源管理理论及其实践，并力图做到体系完整、内容全面。书中包含了人力资源管理理论的前沿内容，具体内容包括人力资源战略规划、职位分析与职位评价、招聘与录用、薪酬管理、绩效管理、教练式绩效管理、培训与开发、人才开发等。每一章的开头与结尾部分均提供了该章的学习目标与练习题，以便学生了解相关知识，复习和巩固相关内容。

本书既可以作为高等院校经济管理类相关专业的教材，也可作为企业管理人员的参考用书。

◆ 著　　徐 斌　王一江　李 萌
　　责任编辑　程珍珍
　　责任印制　彭志环

◆ 人民邮电出版社出版发行　　北京市丰台区成寿寺路 11 号
　　邮编 100164　　电子邮件 315@ptpress.com.cn
　　网址 https://www.ptpress.com.cn
　　涿州市京南印刷厂印刷

◆ 开本：787×1092　1/16
　　印张：16　　　　　　　　　　　　2020 年 5 月第 1 版
　　字数：350 千字　　　　　　　　　2020 年 11 月河北第 2 次印刷

定　价：65.00 元

读者服务热线：（010）81055656　印装质量热线：（010）81055316
反盗版热线：（010）81055315
广告经营许可证：京东市监广登字 20170147 号

序

从人力到人才，20 年的专业梳理

本书的写作缘起

从前，看着桌上自己撰写或主持编写的 20 余本厚厚的图书，如《绩效管理》《薪酬管理》《创新头脑风暴》等，再看看其他作者已经出版的图书，如《人力资源管理》等，我就经常思考，我是否可以把自己 20 多年来从学士到博士、从员工到上市公司独立董事、从讲师到教授的体验再梳理一遍，提炼出一本人力资源管理导读书。在这一想法的驱动下，才有了今天这本《人力资源管理导论》。

本书不仅包含人力资源管理的内容，而且首次将核心人才培养的部分思考纳入其中。首都经济贸易大学与中国人事科学研究院合作，自 2011 年设立了人力资源开发与人才发展专业，首次建立并正逐步完善我国人才学的学科体系，作者本人提出并和团队于 2016 年举办了全国第一届人才学发展论坛，成立了人才学研究中心。到现在为止，该论坛已举办了三届，逐步推动了人力资源管理与人才学的连接。这也在理论和实践上推动了人才学的不断发展。

所以说，《人力资源管理导论》这本书的缘起拥有充分的积淀，也有自己的特色。

本书的撰写背景

自 20 世纪 70 年代人力资源管理概念被提出后，其内容和体系就不断被后世的学者和研究机构更新与优化，各模块也根据不同的时代背景不断被赋予新的内涵。本书根据当前经济发展对人力资源工作提出的要求，对人力资源管理的传统内容进行了结构性优化，同时结合作者自身的教学经验以及作为企业外部董事的工作经历，对创新绩效管理、人才工作等部分内容进行了延伸，从而使相关内容更好地适应各类机构对人力资源从业者的要求。作为一本专业类导论性教材，本书注重对人力资源管理进行全局性的讲解，从各个模块的内在逻辑出发，在对相关概念进行解释的基础上，详细说明了关键理念、方法以及操作流程，使读者能够尽快地了解人力资源的新趋势、新方法、新价值，并将之应用于人力资源管理工作中。

人力资源管理的模块

本书作者通过自身对多年人力资源管理教学研究与咨询实践经验的总结，对人力资源管理的内容进行了更新和优化，对管理实践中的高效工具和新方法的操作流程进行了详细阐述，为希望了解人力资源管理的读者以及未来将要从事人力资源管理工作的准员工提供系统的思路和方法，同时帮助读者顺利完成从一个阶段到另一个阶段的升华，能够将人力资源管理的各种方法灵活、有效地运用到日常工作中。

本书共分为十章。第一章主要介绍了人力资源管理的相关概念，以及其在各类机构中的定位与职责，同时阐述了本书中各个章节的内在逻辑及其各自在人力资源管理中的地位。第二章与第三章对人力资源战略规划和职位分析与职位评价进行了讲解。这两章是人力资源管理的重要内容，是其余各个模块执行的基础。其中，人力资源战略规划通过与各类机构的战略相配合，在宏观层面上指导人力资源工作的执行，而职位分析与职位评价通过对各个职位的权责进行确认，在微观层面上辅助其余工作的开展。第四章与第八章主要带领读者了解招聘和培训的概念以及一些方法所包含的具体流程。第五章对薪酬管理进行了讲解，从薪酬的外部竞争性与内部一致性两个方面说明了薪酬设置的基本原理。同时该章还对薪酬设计的方法进行了详细说明，以帮助读者了解薪酬体系的设计并能够进行实际操作。第六章与第七章对绩效管理的内容进行了详细了说明。这两章不仅讲述了绩效管理的内涵和方法，还对教练式绩效管理这一新颖而高效的方法进行了具体阐释，并对其流程作了详细讲解，能够帮助读者了解绩效管理的内涵，提高管理技巧。第九章对人力资源中的尖端部分，即人才资源管理进行了介绍。本章从国家战略出发，为各类机构的人才政策和人才运用提供了方法。第十章讲述了远程工作中的人力资源管理内容，包括远程招聘、远程培训、远程工作人力资源管理，以及传统的人力资源模块是如何更新与发展的，以更好地适应远程工作的需要。在本书中，教练式绩效管理与人才规划是本书的首创，这两部分的加入使本书更加贴近时代背景，有助于读者切实提高自己的人力资源管理能力。

特别提到教练式绩效管理的原因

如何提高员工绩效是各类机构管理者们的永恒话题，在传统绩效管理方法可发挥的作用到了瓶颈期时，引入新方法就格外重要，绩效教练技术由此应运而生并逐渐被管理者所运用。根据国际教练联合会（ICF）的调查数据，在组织内实行教练技术，对个人的平均投资回报率为 3.44%，对组织的平均投资回报率为 7%。英特尔也曾提交一份研究报告，报告显示，教练项目带来的投资回报率超过 600%。可见，教练技术符合知识经济时代对管理者提出的新要求，可以不断帮助组织提高绩效。

教练技术能够带来如此佳绩，奥秘就在于具有创意的教练式管理改革了传统的绩效管理模式，更注重给予员工正向激励，更强调提升员工的责任感，更能够培养员工的觉察力，更重视引领员工自主地进行全脑（全方位）思考，给予员工自由发挥的空间，启发员工跳出固有框架，跃向更能发挥其能力的目标。在通向优质目标的道路上，员工难免会遇到各种障碍，人力资源从业者可以借鉴本书中的技术方法，通过暗喻、举例、替代、组合等对话技术，使员工找到克服阻碍的办法。绩效教练技术还能帮助员工评估目前的职业生涯坐标，找准未来的发展方向，使他们可以把个人行为与组织的价值观和愿景联系起来，使个人成长等容易流于概念化的管理理念能够在持续性的卓越绩效平台上坚定、踏实地落地。

本书作者通过总结多年的教练辅导实战体验，将绩效教练技术进行提炼，形成"教练式绩效管理"一章。通过对本书有关教练技术的学习，相信读者能够结合绩效管理流程，对员工尤其是对为各类机构创造最大价值的核心人才实施有效的激励和引领，提升员工和组织的效能，使员工、管理者和各类机构协同发展，共同受益，实现"三赢"的目标。

培养核心人才的重要性

目前，我国正处于经济发展的转型期，发展目标从高速发展逐渐转变为高质量发展。在这一经济背景下，人力资源中的高质量部分即人才资源的作用越来越突出。2016年7月1日，在庆祝中国共产党成立95周年大会上，习近平总书记连用"识才""爱才""用才""容才""聚才"等词汇，大力号召"广开进贤之路"，进一步明确了人才是成就丰功伟绩的必要因素。

从各类机构的角度出发，管理者需要在了解宏观层面人才需求的前提下，对各类机构自身的人才资源有整体的把握。同时，在各类机构的实际运营中，尤其是在人才的选拔、盘点、运用、评估等流程中，需要对人才资源的管理与人力资源的使用有所区别。除此之外，各类机构更应增加自己的核心人才储备，从多角度发现人才、培养人才，从而帮助组织实现高质量发展。

本书的人才规划章节集合了作者从事人才教育的经验，从宏观角度对人才资源的供需进行说明，同时对各类机构人才使用的关键流程进行了讲解，并指出了人才发展面临的挑战与应对策略。希望本书能够帮助读者更加了解人才资源的重要性，同时在各类机构的战略发展和运营过程中更好地使用人才资源，保证机构自身的高质量发展。

致谢

本书的出版得到了首都经济贸易大学的各位领导和同仁、中国人事科学研究院原院长王通讯老师、中国人民大学彭剑锋教授、北京大学萧鸣教授、清华大学蓝志勇教授等学者的支持和帮助；感谢李梦瑶、周欣悦对本书中部分资料和内容的贡献，以及曹毅在撰写过程中提出的建议。另外，首都经济贸易大学劳动经济学院对本书的出版提供了资助。在此，一并表示衷心的感谢。

此外，在本书的编写过程中作者参考了国内外专家的优秀研究成果，在此向他们表示感谢。

由于时间和水平有限，本书的缺点和不足之处在所难免，真诚欢迎广大读者给予批评指正。

目　录

第一章　人力资源管理概述

本章学习目标

本章介绍了人力资源管理的相关概念、发展趋势及其在企业中的定位。通过本章的学习，读者能够明白人力资源管理的内涵与重要性、人力资源管理部门在企业中应承担的职责，以及人力资源管理各模块之间的逻辑关系。

人力资源管理是在企业战略和以人为本思想的指导下，通过一系列手段对组织内外相关人力资源进行有效运用，以满足组织当前及未来发展的需要，保证组织目标实现与成员发展的一系列活动。现代人力资源管理包括八大模块，即人力资源战略规划、职位分析与职位评价、招聘与甄选、培训与开发、薪酬管理、绩效管理、教练式绩效管理及人才开发。不同模块的目标与职责内容不尽相同，具体的执行方式也有所不同。企业管理者应明确自身在人力资源管理过程中所处的地位与应尽的职责，从而更好地做好人力资源战略规划。

第一节　人力资源管理的相关概念

一、人力资源与人力资本的概念

（一）人力资源的概念

人力资源又称劳动力资源，是指在一个国家或地区中处于劳动年龄、未到劳动年龄和超过劳动年龄但具有劳动能力的人口之和。如果企业能够合理利用人力资源，就能够为社会创造价值，推动社会向前发展。

管理学大师彼得·德鲁克认为，对企业而言，人力资源与其他资源具有显著的不同，它是一种极其特殊的资源，应适用单独的一套指导理论。企业需要不断地对人力资源进行激励，以使其有效地为企业创造价值。

人力资源的特点主要体现在以下六个方面。

（1）能动性。人力资源的核心主体是人，而人能够主动地认识客观世界并对之予以改造，因此人力资源这个集合体能够发挥自身的主观能动性进行探索和实践，从而为企业和社会创造更大的价值。

（2）两重性。人力资源具有两重性，它既是生产者也是消费者。具体而言，人力资源能够发挥自身能力为企业和社会创造价值，因此它是价值的生产者，同时它本身也是消费者。

（3）时效性。对企业和社会而言，人力资源是宝贵的资源。但是，人力资源的劳动能力具有时间方面的限制。人在不同的年龄阶段能够发挥的价值不同，例如，在25~45年龄段，人力资源在各方面的素质最为突出。此时，人力资源管理者要注重时效性，充分利用好人力资源。

（4）社会性。人力资源的核心主体是人，人是具有社会属性的动物，不能游离于社会之外，所以对单个个体而言，由于成长的环境和接受的教育不同，每个人的个性有很大的区别，每个人在不同的条件下所能发挥的价值也不相同，这就需要人力资源管理者根据每位员工不同的个性对其区别对待，在发挥他们个性的同时为企业和社会创造更大的价值。

（5）连续性。人力资源的开发管理与价值发挥不是一蹴而就的，这是一个持续的过程，因此人力资源需要得到不断的投资和开发，从而提升人力资源的质量，以便于其在未来更好地为企业和社会服务。

（6）再生性。人力资源是再生性资源。对企业的员工而言，他们可以通过睡眠等方式补充体力之后创造出新的劳动力，还可以通过大自然繁衍的规律进行。甚至可以这样认为，人力资源是取之不尽、用之不竭的资源。

（二）人力资本的概念

与"物质资本"相对，人力资本也称为"非物质资本"，它是在劳动者身上体现的资本，如劳动者的知识技能、文化技术水平与健康状况等。人力资本的主要特点在于它与人身自由联系在一起，不随产品的买卖发生转移。人力资本对于企业的意义，可以从人力资本的数量、质量及其结构三个方面来理解。

人力资本的数量就是企业人力资源的数量，即社会劳动者的数量。企业增加人力资本的数量可以提高自身的收益，但是这一数量有其边际界限，即当人力资本的数量超过这一界限时则会造成浪费，成为社会经济发展的负担。

人力资本的质量就是社会劳动者在日常的工作中所体现出来的智力水平、知识存量、技能水平及健康状况等。社会劳动者的智力水平、知识存量及技能水平是人力资本质量的本质和核心，是促进社会经济增长的源泉，也是人力资本投资的主要改善项目，能够直接影响劳动者在社会中所能发挥的作用。

人力资本的结构对企业经济效益的提升尤为重要。科学、合理的人力资本结构能够让企业形成数量优、质量高的投资规划，从而更有效地促进企业经济的增长。人力资本的结构涉及的项目较多，企业必须对性别、年龄、工龄、所在部门、学历、专业技能和知识储备等多方面进行全面协调，尽量避免片面化。另外，由于人力资本的结构不是一成不变的，所以企业要不断地做出调整，只有这样才能适应企业的发展需要。

（三）人力资源与人力资本的关系

1. 人力资源与人力资本之间的联系

现代人力资源管理理论大多是以人力资本理论为依据；人力资本理论是人力资源管理理论的重点内容和基础部分；人力资源经济活动及其收益的核算是基于人力资本理论进行的；二者都是在研究人力作为生产要素（在经济增长和经济发展中的重要作用）时产生的。

2.人力资源与人力资本的区别

人力资源和人力资本虽然只有一字之差，但它们却有很大的不同。人力资本可以被视为所投入的物质资本在人身上所凝结成的人力资源，人力资本存在于人力资源中。企业应将人力资源转变成人力资本，使其成为企业的财富，被为企业所用，并不断增值，给企业创造更多的价值。它们的区别主要体现在以下三个方面[①]。

（1）两者所关注的焦点不同。人力资本关注的是收益问题。作为资本，人们自然会更多地考虑其投入与产出的关系，会在乎成本，会考虑利润。人力资源关注的是价值问题，作为资源，企业都想得到最好的，技术越先进越好，员工越能干越好。

（2）两者的性质不同。人力资源所反映的是存量问题。提到资源，人们会更多地考虑寻求与拥有。人力资本所反映的是流量与存量问题。提到资本，人们会更多地考虑如何使其增值。资源是未经开发的资本，而资本是开发利用了的资源。

（3）两者的研究角度不同。人力资源是将人作为财富的源泉与投资对象，是从投入与效益的关系来研究人的问题。人力资源得不到合理开发，就不能形成强大的人力资本，也无法实现可持续发展。人力资本的形成和积累主要依靠培训。如果没有培训，人力资源就得不到合理开发。重视培训，就是重视企业的发展，就是在开发人力资源和积累人力资本。

二、人力资源管理的相关概念

（一）人力资源管理的概念

人力资源管理作为企业的一种职能性管理活动，其最早由工业关系和社会学家怀特·巴克在《人力资源功能》一书中提出。本书作者认为，人力资源管理是根据企业发展战略，运用有效的方法，对组织人力资源的获得、配置、利用，进行规划、指导、组织、控制和协调，最终将人力资源充分发挥到极致的一系列过程。

随着企业规模的不断壮大，人才的重要性逐渐凸显出来，激励员工的手段也更加多样化。因此本书作者认为，现代人力资源管理应包括八大模块，即人力资源战略规划、职位分析与职位评价、招聘与甄选、绩效管理、薪酬管理、培训与开发、人才开发及教练式绩效管理，各模块之间的关系如图1-1所示。

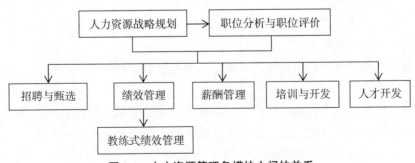

图 1-1　人力资源管理各模块之间的关系

① 李晓谦.浅析人力资源与人力资本的转化［J］.劳动保障世界，2019（02）：17~22.

（二）人力资源管理的发展历程

关于人力资源管理理论的发展历程，学术界具有代表性的观点主要有五阶段论、四阶段论和三阶段论。综合西方学者的研究成果，按照人的价值不断被发现的历程，本书作者认为人力资源管理理论的发展可以被分为以下四个阶段^①。

1. 劳动管理阶段

在此阶段，人的价值和机器的价值没有区别，社会生活两极分化，员工生活条件艰苦，劳资关系紧张，员工出现破坏机器的行为，为缓和这种矛盾，企业管理者开始了早期的福利人事尝试，由单位单方面提供一些资源，用于改善员工及其家庭的生活条件。这种尝试催生了第一个专门的人事管理部门——1910 年普利茅斯出版社成立了人事部，其主要职责是通过工作分析确定合适的人选、培训和引导员工及提供一些后勤服务。

2. 人际关系管理阶段

梅奥主持的霍桑试验证明，工业组织规模越庞大，就越依赖技术上的进步，而且也依赖组织中每位成员自发地进行相互合作。梅奥赞扬了人的自主性，他认为物质条件的改善并不一定促进生产率的提高，员工的满意程度才是提高生产率的关键。

3. 组织行为科学管理阶段

行为科学整合了工业心理学、管理科学和人际关系学等学科的相关部分，承认了人的价值，强调员工不是机器，而是有需要、有动机、有个性的组织成员，因此人力资源管理者，应该从员工的需要出发，激励员工的积极行为，抑制员工的消极行为。这一时期学术界出现了很多人力资源管理方面的书籍。例如，1954 年彼得·德鲁克的《管理实践》和 1958 年怀特·巴克的《人力资源功能》都把管理人力资源作为管理的普通职能来讨论，人力资源管理从模糊的劳动管理、人事管理走上了较为清晰的发展道路。

4. 战略管理阶段

《人力资源管理：一个战略观》一书的出版被认为是战略性人力资源管理诞生的标志。战略性人力资源管理认为，人力资源管理在组织的管理活动中应该处于核心位置而非辅助的位置，它强调人力资源与组织战略的匹配。在此阶段，人的价值首次和物的价值并驾齐驱，并且系统地将人与组织联系起来。该阶段一方面整合了组织行为科学阶段的研究成果，另一方面凸显了人际关系管理阶段对人的价值的尊重。

（三）人力资源管理的功能

人力资源管理的功能如下。

（1）获取。人力资源部根据企业的发展目标来选择合适的员工，即通过一系列的测试招聘到企业所需要的人员。

（2）整合。企业的人力资源部将企业发展战略、企业文化等整合起来，让员工的个人目标与企业的整体发展目标保持一致，发挥集体的优势，实现企业价值最大化。

（3）保持。企业的人力资源部通过升职加薪等激励方法，让员工保持工作积极性，充分

① 刘晓英.人力资源管理理论发展历程的回顾［J］.甘肃省经济管理干部学院学报，2008（02）：9~11.

发挥员工的价值，实现企业发展的战略目标。人力资源部只有积极维护员工的合法权益，为员工营造良好的工作环境，才能有效提升员工的工作积极性。

（4）评价。员工按照组织的要求工作，同时也会获取组织发放的薪酬来满足自身的需要。而薪酬的数量与人力资源部对员工的评价有关。员工是否达到了组织为其设定的目标，是否超额完成了任务，这些都需要人力资源部通过考核和客户满意度调查等手段来进行测量。

（5）发展。企业的人力资源部通过开展培训等活动来提升员工的素质，提高员工的技能，使员工随着企业规模的壮大而不断成长，最大限度地发挥员工的价值，最终实现员工和企业共同发展的目标。

（四）未来人力资源管理的趋势

随着社会环境及组织内部需求的变化，人力资源管理的功能也在不断变化，其具体呈现出以下几种趋势。

1. 全球化趋势

目前，企业竞争领域扩展到全球，越来越多的组织实现了全球化。组织的全球化必然要求人力资源管理策略的全球化。全球化要求企业拥有全球视野和战略眼光，重视全球化人才的培养，拥有开放的心态和学习力，致力于建立系统化的组织管理与制度体系。人力资源管理的全球化趋势应适合企业全球化运作和人力资源多元化的需求。全球化企业要求在其中工作的人才具有全球化思维和创新意识，认同企业的文化，拥有持续学习的习惯等特点。

具体而言，首先企业要通过培训使员工拥有国际化的概念，使其能以全球视野来提高自身竞争力；其次要按照国际市场的要求来看待人才价值，进行跨国域的人员选拔；最后，企业在进行全球化布局的过程中会面临员工的文化背景、种族不同等问题，人力资源管理部门需要做好协同管理，整合不同的薪酬福利制度和劳动制度。

2. 虚拟化趋势

信息化使家庭办公、网络办公和协同工作等工作方式成为可能，低碳经济则促使这些工作形式逐渐普及，相应地，人力资源虚拟化管理也成为一种趋势。人力资源虚拟化管理作为适应信息化、网络化发展的企业组织管理的一种策略，是人力资源管理发展的新趋势。人力资源虚拟化管理能够使企业运用自身最强的优势和有限的资源，最大限度地提高企业的竞争力，使人力资源管理工作变得更具弹性和战略性。人力资源信息化管理与人力资源外包是人力资源管理虚拟化的主要形式。

信息化时代的人力资源管理借助计算机和网络工具，首先完成事务性管理活动，如人事信息管理、福利管理、考勤管理和休假管理等；在此基础上扩展到常规性管理活动，包括网络招聘、网络培训、网络学习、网络考评和网络沟通等。未来，人力资源信息化管理将在系统整合的基础上实现自上而下的战略性人力资源管理的 e 化，即电子化人力资源管理（e Human Resource，eHR）。eHR 不仅能够极大地降低管理成本，提高管理效率，而且能够提升管理活动的价值，使人力资源管理者从低价值的事务性工作中解脱出来，将更多的时间和精力投入到高价值的战略性管理活动中^①。

3. 知识型员工的管理趋势

在新经济时代，知识型员工凭借其自身的特长及较高的个人素质，成为推动企业创新和效益不断增长的核心动力。然而，知识型员工与普通员工具有不同的特点，如何合理开发与有效管理知识型员工，对其采取有效的管理策略是未来的一大趋势。

具体而言，知识型员工在组织中具有很强的独立性和自主性，这就要求组织在授权赋能的同时强化人才的风险管理，要使企业的内在要求与员工的成就意愿和专业兴趣相协调。知识型员工具有较高的流动意愿，不希望终身在一个组织中工作，他们已经由追求终身就业、铁饭碗转向追求拥有终身就业的能力，这为企业留住人才带来了新挑战。除此之外，知识型员工的工作过程难以直接监控，且工作成果难以衡量，这使价值评价体系的建立变得复杂且不确定。因此，企业必须建立与知识型员工工作特征相一致的价值评价体系和价值分配体系。另外，要对领导知识型员工的方式进行根本性的调整，建立知识工作系统并创新授权机制。

第二节　人力资源管理的定位

一、人力资源管理在现代企业中的角色定位

随着知识经济时代的到来，企业界已经就人力资源的作用达成共识，认为人力资源是企业的第一资源，是企业获取竞争优势的根本源泉。这一变化使人力资源管理从传统的强调专业职能角色的人力资源管理转向基于战略的人力资源管理。要想实现这种转变，除了要在理论、技术和方法上解决人力资源管理如何支撑企业战略的问题，还需要对人力资源管理在企业中的角色进行重新定位，在企业的日常运营中强化人力资源管理的战略职能，提升人力资源管理在整个体系中的位置。

1987 年，美国密歇根大学在北美地区开展了一次针对人力资源效能及其对业务成功影响大小的人力资源胜任力调研，被誉为人力资源管理开创者的戴维·尤里奇教授负责了该项目。在此之后，美国密歇根大学开展了每五年一次的全球人力资源胜任力调研，至今已完成七轮人力资源胜任力调研，且调研对象的范围逐渐扩大，具体调研情况如表 1-1 所示。

表 1-1　戴维·尤里奇七轮胜任力调研概况

时间	业务	人力资源	变革	文化	个人
第一轮 1987 年	业务知识	人力资源管理工作	变革	—	—

① David P. Lepak & Scott A. Snell.Virtual HR: Strategic Human Resource Management in the 21st Century.［J］. Human Resource Management Review 1998,8(3): 215~234.

（续表）

时间	业务		人力资源		变革	文化	个人
第二轮 1992 年	业务知识		人力资源管理工作		变革	—	个人信誉
第三轮 1997 年	业务知识		人力资源管理工作		变革	文化	个人信誉
第四轮 2002 年	业务知识	战略贡献	人力资源管理工作	人力资源管理技术	战略贡献		个人信誉
第五轮 2007 年	商业结盟	战略构造者	人才经理和组织设计者	运营执行官	文化和变革的组织者		可信赖的行动派
第六轮 2012 年	战略定位者		人力资源创新者和整合者	技术支持者	变革推动者	能力构筑者	可信赖的行动派
第七轮 2016 年	战略定位者		人力资本管理者	合规的管控者	文化和变革的指导者		可信赖的行动派
			薪酬福利大管家	技术和媒体整合者			
				矛盾疏导者			

2016 年，戴维·尤里奇结合美国密歇根大学第七次全球调研结果，提出了"人力资源九大胜任力模型"（见图 1-2）。

图 1-2 人力资源九大胜任力模型

1. 战略定位者

该胜任力主要考察人力资源从业者可以在多大程度上评估内外部商业环境，并将其转化为有助于使组织获得成功的实际见解。战略定位者是人力资源九大胜任力模型中的关键板块。作为连接人与业务的重要胜任力，战略定位者要求人力资源从业者不仅有商业远见，更能结合组织实际将远见转化为实际行动，切实帮助组织完成战略布局和决策制定。

2. 矛盾疏导者

人力资源从业者必须能够处理组织中的各种矛盾，以最大化地满足各方的需求。九大胜任力的核心成员"矛盾疏导者"指明了人力资源在面对经济转型和组织结构调整时会遇到各方的阻力。要想在各个利益相关者的矛盾中找到并保持自己前进的方向，人力资源从业者必须处理和疏导好各种矛盾。

3. 可信赖的行动派

该胜任力主要考察人力资源能否在组织内部赢得信任和尊重，从而被视为有价值并能创造价值的合作伙伴。可信赖的行动派也是人力资源九大胜任力模型中的关键板块。它强调人力资源从业者的信誉及行动力。无论在日常事务的执行中，还是在组织改革的推动中，人力资源从业者都要树立良好的信誉，以积极的正能量来影响他人。

4. 文化和变革的倡导者

该胜任力主要考察人力资源的组织结构是否能够应对商业需求的变化。要想创造一个能积极应对商业需求变化的组织，人力资源从业者必须做文化变革的先锋，从组织结构上确保变革的可行性。人力资源从业者要认识到企业文化的价值，并能够用商业化语言表达出来，为文化变革规划蓝图，从而有计划地发动变革并管理变革。

5. 人力资本的引进者

人力资本的引进者要求人力资源从业者能够识别并开发适合组织目前及未来业务需求的人才，将对人才的把握与对工作职能的了解相结合，真正为每一位员工找到最能发挥其效能的职位，这也是人力资源从业者在人力资本管理方面的重要能力。

6. 薪酬福利大管家

薪酬福利不仅仅是简单的薪酬和保险。薪酬福利大管家需要为员工创造有形和无形的价值。人力资源从业者在保障员工的薪酬福利有竞争力的同时，还要为员工提供无形的价值，包括创造和展示组织发展前景和工作价值。有意义、有价值的工作相比薪酬福利更能增强员工的归属感和忠诚度，进而提升团队的凝聚力。

7. 合规管控者

随着全球化进程的日渐加快，人力资源管理工作要遵守的法律法规和规章制度也越来越多。因此，人力资源从业者需要对合规有更深刻的理解，肩负起合规管控的责任，保障组织运营的稳定性和可持续性。

8. 数据的设计和解读者

在互联网和信息技术飞快发展的今天，数据分析占据了各行各业的核心地位，人力资源分析已经成为一大热门词汇，因此"数据的设计和解读者"主要在于识别与人力资源有关的数据，包括管理、处理数据以及为决策解读和运用数据。数据能为人力资源决策提供理论依据。在大数据背景下，商业活动对大数据的依赖日趋明显。人力资源从业者对数据的运用和理解能力，已经成为利益相关者对人力资源核心竞争力的期待之一。

9. 技术和媒体的整合者

人力资源从业者必须能够运用技术和社交媒体来辅助组织和团队创造出高绩效。人力资源需要整合各种技术，运用各类媒体来帮助人力资源从业者加强内外部的沟通，提高组织的效率。从内部来看，技术和媒体的整合者要结合技术系统，将其用于人力资源实践中的各个方面，如招聘、培训、薪酬等。从外部来看，技术和媒体的整合者需要采用社交媒体工具，如通过网络招聘、组织员工线上学习、线上进行员工反馈等方式来驱动业务结果。

另外，戴维·尤里奇教授还将人力资源管理者的角色划分为三个不同的层级，即核心驱动者、战略推动者和基础推动者，每个层级对应三种胜任力，具体如表 1-2 所示。依据这个分类，人力资源从业者可以根据自身的职业发展规划学习相应的技能，企业也可以根据自身需要培养和选择合适的员工。

表 1-2　人力资源管理者的角色层级

所属层级	角色
核心驱动者	战略定位者 / 矛盾疏导者 / 可信赖的行动派
战略推动者	文化和变革的倡导者 / 人力资本的引进者 / 薪酬福利大管家
基础推动者	合规管控者 / 数据的设计和解读者 / 技术和媒体的整合者

二、人力资源管理的职责分担

人力资源管理不只是人力资源管理部门的事情，企业各部门都应参与进来，因此企业有必要对每位参与者的职责进行明确的界定。在企业中，参与人力资源管理的责任主体主要包括高层管理者、直线管理人员、人力资源部和每一位员工，他们在人力资源管理中所承担的责任如表 1-3 所示。

表 1-3　参与企业人力资源管理人员的责任分担

高层管理者	• 主持或提出并确立人力资源管理的理念并达成共识 • 主持或参与确定人力资源的发展战略与目标 • 主持或参与制定人力资源的政策与制度体系 • 主持或参与制定整体绩效目标与标准，以及进行绩效面谈，并承担本部门或本系统的绩效责任 • 主持或参与组建各级领导管理团队及核心团队（人才的选拔、配置、应用、开发与激励） • 对所属员工的成长和发展承担责任（人才培育、开发、约束与激励） • 发掘并推荐优秀人才 • 组织成立人力资源决策委员会

直线管理人员	• 参与人力资源管理理念与政策的确定 • 贯彻执行人力资源管理的理念与战略 • 依据部门业务发展需求提出部门用人计划 • 参与部门岗位与职责设计和职务分析 • 设定本部门（团队）绩效目标并制订绩效计划，主持本部门绩效考核面谈，对绩效的最终结果承担责任 • 作为教练，辅导员工制订行动计划，对员工的绩效进行评估 • 与员工进行有效的沟通，对员工的行为进行指导、约束与激励 • 配合公司人力资源的各项举措，提出本部门的解决方案 • 参与人员招募与人才选拔 • 营造良好的团队文化氛围 • 发掘并推荐优秀人才
人力资源部门	• 参与制定公司战略，建设与推进企业文化 • 系统规划与构建人力资源管理体系并推进实施 • 提供人事服务，促进组织内部的沟通交流，营造内部和谐氛围，为员工提供心理咨询服务 • 与业务经理共同承担组织的绩效目标，使人力资源管理流程、活动与业务流程相适应、相匹配，为业务经理提供合理的人力资源解决方案 • 主动参与变革，在变革的过程中引导员工的理念和行为，营造变革的文化氛围，提供变革中人力资源问题的解决方案 • 推进企业内部的知识共享，创建学习型组织
员工	• 由他律到自律 • 自我开发与管理 • 积极参与人力资源管理

资料来源：彭剑锋.人力资源管理概论（第三版）[M].上海：复旦大学出版社，2018.

三、人力资源管理部的具体职责

虽然人力资源管理工作需要企业各部门协同完成，但是由人力资源专业职能人员所组成的人力资源管理部在其中发挥着至关重要的作用。作为人力资源管理工作的设计者和实施者，人力资源管理部需要持续监控管理过程，反馈管理结果并做出改善，其运行质量直接影响企业的人力资源管理水平。

在我国，企业的人力资源管理面临转型升级，为了提升企业的核心能力和竞争优势，人力资源管理部在已确定的职能基础上，需要研究自身应该承担什么样的职责。我们认为，我国企业的人力资源管理部应履行的具体职责如表1-4所示。

表1-4　我国企业的人力资源管理部应履行的具体职责

职责名称	具体内容
人力资源战略规划	<ul><li>分析与了解企业战略</li><li>确保人力资源战略与企业战略相匹配</li><li>进行人力资源供需情况分析</li><li>保障人力资源的供需平衡</li><li>制定核心人才的建设规划</li><li>制定战略性人力资源职能活动规划</li></ul>
职位分析与职位评价	<ul><li>对组织内职位职责、任职资格有着深刻把握</li><li>基于组织战略参与职位体系的设计</li><li>进行职位分析背景信息的调查与收集</li><li>着眼于组织需求建立职位评价体系</li><li>把握组织内部各职位的相对价值</li></ul>
招聘与录用	<ul><li>对人员需求、供给情况做出预测，制定人力资源规划</li><li>通过轮岗等方式提高人岗匹配度</li><li>完善人才信息收集，建立健全人才数据信息库</li><li>组织安排管理人员测评活动，提出人员选拔录用的意见</li></ul>
绩效管理	<ul><li>制订绩效计划</li><li>设计绩效指标体系及考核标准</li><li>进行绩效考核评估</li><li>进行绩效考核结果的应用</li></ul>
教练式绩效管理	<ul><li>明确绩效教练应具备的素质</li><li>明确绩效执行过程中的沟通</li><li>进行绩效执行过程中的激励</li><li>进行绩效结果的引导回馈</li></ul>
薪酬管理	<ul><li>对同行业进行薪酬调查，确定企业薪酬水平</li><li>根据企业战略确定薪酬策略</li><li>设计企业的薪酬体系</li><li>调整薪酬结构，提高员工满意度</li><li>进行日常薪酬管理</li><li>进行员工福利的设置与管理</li></ul>
培训与开发	<ul><li>分析培训需求</li><li>设计培训方案</li><li>具体实施培训</li><li>评估培训效果</li></ul>
人才开发	<ul><li>规划人才的开发</li><li>为人才提供服务</li><li>对人才的使用情况进行评估</li></ul>

传统人力资源管理部的职能侧重事务性工作，更加注重对结果的管理和控制，而忽视了

对过程的引领与把握，今天人力资源管理部必须加强这方面的工作，即人力资源管理部在进行绩效管理时应做好过程中的激励与沟通。除此之外，企业还要不断挖掘人才，用好人才，而人力资源管理部更应该在此方面发挥作用。

本章练习题

1. 什么是人力资源？人力资源具有哪些特征？
2. 什么是人力资源管理？其经历了哪几个发展阶段？
3. 人力资源管理部的职责包括哪些内容？

第二章　人力资源战略规划

本章学习目标

　　本章的主要目的在于明确什么是人力资源战略规划，如何制定切实可行的人力资源战略规划，如何在多变的市场环境中对人力资源战略规划进行预测，如何推进人力资源战略规划的实施。通过本章的学习，读者能够通过企业内外部环境和人员需求的分析，做出完整的人力资源战略规划方案。

　　企业战略的执行过程十分复杂，需要发挥组织的功能，保证各部门能够围绕企业的战略设置部门战略并落地执行，这其中也包括人力资源部。作为企业战略执行的一部分，出色的人力资源管理能够调动员工的积极性，使员工的个人目标与企业的整体目标相一致，从而加快企业战略的实施。企业的人力资源战略需要根据企业战略进行调整。除此之外，在进行人力资源战略规划时，企业还要注重供需平衡的设计，以满足自身战略的需求。将人力资源管理提升到企业战略管理的高度后，人力资源管理就不仅仅是人力资源部的责任，也是企业所有管理者和员工的责任。

第一节　人力资源战略规划导论

一、人力资源战略规划的相关概念

1. 人力资源规划的概念

　　人力资源规划是指根据企业的发展规划和经营战略，在厘清企业现有人力资源存量，并考虑企业未来的人力资源需求和供给状况的基础上进行分析与预测，对岗位规划、人员配置、员工培训和薪酬与福利等内容进行职能性规划。在规划制定后，人力资源部要确保企业在任何时候都能够获得各岗位所需的人才，从而保证组织的长远发展。

2. 战略的概念

　　"战略"一词最早是军事术语，是指军事将领指挥军队作战的谋略。现在，战略一词被引申至政治和经济领域，其含义演变为泛指统领性、全局性、关乎胜败的谋略、方案和对策。由于"战略"一词的特殊含义，已被引用到企业管理学的各个领域，并且受到了各界的广泛关注。美国哈佛商学院肯尼思·安德鲁斯教授认为，从本质上来讲，企业战略是要通过一种模式，把企业的目的、方针、政策和经营活动有机地结合起来，形成自己的特殊战略属性和竞争优势，将不确定的环境具体化，以便较容易着手解决企业的发展问题。

3. 人力资源战略规划的概念

人力资源战略规划有广义和狭义之分。从广义上来说，人力资源战略规划是指人力资源部在确定组织战略的基础上，根据组织内部环境和外部条件的变化，运用科学的方法预测组织未来的任务及该任务对组织提出的要求，以及为完成这些任务、满足这些要求而提供人力资源的过程。从狭义上来说，人力资源战略规划主要是对组织人力资源需求和供给状况进行预测，制定相应的政策和措施，从而使组织的人力资源供给和需求达到平衡，保障组织战略的成功实施。

人力资源战略规划是战略性人力资源管理工作的重要内容，是组织做好战略性人力资源管理工作的第一步，是其他人力资源管理工作的前提和基础。它直接影响着组织战略目标能否顺利实现。人力资源战略规划实质上就是为实现组织战略目标而制定的长远规划。

二、人力资源战略规划的发展历程

早期的人力资源战略规划强调的是人员的供给与需求预测、人力资源的配置及人力资源战略规划的制定等单一的行为，在内容和形式上都比较狭义。人力资源战略规划虽然经过了几十年的发展，但是大多数企业还没有形成一套系统的、专门化的职能。一般而言，人力资源战略规划的发展经历了萌芽阶段、产生阶段、发展阶段和成熟阶段。

1. 人力资源战略规划的萌芽阶段

在资本主义发展的早期阶段，资本的数量对企业扩大生产而言十分重要。在当时，劳动力相对于资本而言是一种过剩的资源，因其数量众多且价格低廉，故企业对劳动者并不重视。在此阶段，企业对人力资源管理缺乏系统的规划，企业常常通过直接招聘与解雇的方式调节人员的供需。

企业对人力资源管理的不重视直接导致劳资双方关系的对立，这主要表现在雇主和工人之间的矛盾和冲突，即工人在岗位上"磨洋工"，消极怠工，企业也对员工采取一种独裁、独断的管理方法。在大多数企业中，总经理把所有的人事管理权，如招聘、解聘、定薪、升职和分配工作等统统下放给车间负责人或部门负责人，而他们的任务是用最少的单位成本得到最多的产出。为了完成任务，他们往往简单地采用高压驱动，将工人视为完成任务的工具，不断榨取其价值。

2. 人力资源战略规划的产生阶段

19 世纪末，企业的生产过程发生了巨大变化，机器代替了手工工具，半熟练和非熟练的操作工人及流水线工人代替了传统的工匠。越来越多的工厂采用所有权和经营权分离的现代企业制度，从而形成了一个专门从事企业日常经营活动的管理者阶层。此时，企业提高生产效率的方法依然是延长工人的劳动时间、降低工人的报酬，这也导致了企业内部劳资关系的对立。

在此阶段，泰勒提出的科学管理方法及福特实行的标准化生产流水线提高了企业的生产效率，促使企业规模不断扩大。这也使劳动分工、专门化、职能制、员工选拔和绩效考核等管理技术在企业中得到广泛应用。企业对生产效率的重视和熟练工人的缺乏使企业已经具备了一些人力资源规划的职能，如进行人力资源供给和需求的预测，以及根据人力资源供给和需求之间的差距制定人力资源规划政策。但是，在此阶段尚未形成系统的人力资源规划理论。

3. 人力资源战略规划的发展阶段

20 世纪 60 年代以后，随着科学技术的迅速发展和企业规模的迅速扩张，企业对高级人才的需求量也逐渐提升，人力资源战略规划工作开始发挥着越来越重要的作用。企业开始将人力资源战略规划工作的重点放在人才的供需平衡上，尤其是管理人员与专业和技术人才的供需平衡。

在这一阶段，企业开始预测未来的人力资源需求以及内部或外部的人力资源供给，根据供需差距制定员工的招聘、选拔方案，新员工安置方案，员工培训和开发方案，以及预测必要的人员晋升和调动方案。1977 年，在美国成立的人力资源战略规划学会标志着人力资源战略规划已经开始成为企业人力资源管理的一项职能。但显然，无论是从理论还是实践角度来看，许多关键的问题还没有得到解决，人力资源战略规划作为一个整体还未形成。

4. 人力资源战略规划的成熟阶段

20 世纪 80 年代以来，企业开始对以前的多元化战略进行反思，如缩减企业规模、采取多次裁员和提前退休的政策等。很多企业实行分权式管理，降低管理费用，争取变成精干型企业，这导致大量人才的流失。同时，很多企业努力减少正式员工的数量，而更愿意雇用兼职员工和短期合同员工来满足企业的需要，这种情况导致企业临时劳动力快速增加。面对这样的形势，企业人力资源战略规划的重点变成强调高层管理者的培养与交接计划，人员精简计划，企业重组、兼并与收购计划，以及企业文化变革等。

企业面对的经营环境瞬息万变，企业的战略与规划日益举足轻重，人力资源战略也因此越来越受到重视。企业开始运用一些科学工具和技术来确定企业的人力资源战略，将人力资源战略与人力资源规划联系起来，从而在不同的人力资源战略下运用不同的规划工具，做出不同的规划。这也就是人力资源战略通常所说的两个一致性，即外部一致性和内部一致性。根据明确的人力资源战略制定人力资源规划，标志着成熟的企业人力资源战略规划管理职能已经形成。

三、人力资源战略规划的制定与执行

1. 人力资源战略规划的内容

（1）人力资源部要理解企业发展的战略及策略目标，明确企业战略的导向和期望，同时要分析本部门的业务现状，明确本部门工作如何支撑企业战略，从而确认人力资源的战略、目标、原则、政策。具体而言，人力资源部要进行三项基础性分析工作：第一，企业战略的解读与分析，即人力资源战略规划首先要反映企业战略的诉求，满足企业战略需要；第二，企业人力资源盘点与战略需求差异性分析（战略需求标杆），即企业人力资源的规划要基于企业的问题和现状，以及企业的资源与能力，要以问题为导向，以战略为依据，提出渐进式系统解决方案；第三，行业最佳人力资源实践研究与差异性分析，即人力资源管理标杆研究和设定。

（2）对组织的人力资源现状进行盘点，了解人力资源的现状，明确人力资源的未来需求，分析人力资源现状与未来需求的差异。

（3）对组织未来的人力资源供给与需求进行预测，发现人力资源的供求缺口，这种缺口可以是数量上的，也可以是质量上的。同时，在进行人力资源供需预测时也应根据情况选择不同的方案。

（4）设计人力资源战略性问题的系统解决方案，调整人力资源管理系统的业务职能，为实现人力资源战略规划的落地做出政策和制度性安排，明确具体措施，制订行动计划。一般来说，人力资源战略规划包括人力资本投资发展规划（总的投入量、人力资源成本），职位系统规划，胜任能力系统规划，人力资源结构规划，核心人才队伍规划，职业通道发展规划，核心人才队伍建设规划，核心人力素质能力提升规划等。

（5）对人力资源战略规划的实施情况进行适时的评估与控制，以保证人力资源规划按预定计划实施或者及时调整人力资源规划，以适应组织战略发展的需要。

2. 人力资源战略规划的分类

（1）按人力资源战略规划所涉及的范围划分。依据人力资源战略规划所涉及的对象和范围，可将其分为两个层面：一是人力资源总体战略规划；二是人力资源规划涉及的各专项业务规划。人力资源总体战略规划是有关计划期内人力资源开发规划利用的总目标、总政策、实施步骤及预算等。人力资源规划所涉及的各专项业务规划涵盖了人员补充计划、人员分配计划、人员提升计划、离退休计划、教育培训计划、工资激励计划、劳动计划等。

（2）按人力资源战略规划期限的长短划分。依据人力资源战略规划期限的长短，可将其分为三种类型，即长期人力资源规划、中期人力资源规划和短期人力资源规划。长期人力资源规划适合规划组织的长期总体发展目标，它是对组织有关人力资源开发与管理的总战略、总方针和总目标等进行系统的筹划，具有战略性和指导性，期限一般为 5 年以上。中期人力资源规划是指 1~5 年的人力资源规划，其适合企业中期发展的总目标、方针、政策和措施。短期人力资源规划是指 1 年以下的人力资源规划，适合企业进行短期调整和短板补充。

（3）按人力资源战略规划的内容划分。依据人力资源战略规划的内容，可以将其分为战略规划、组织规划和制度规划。战略规划是根据企业制定的发展总目标，规划企业人力资源开发和分配的计划，制定相应的方针和政策。组织规划是组织对企业整体架构的设计，即对具体情况和信息进行归纳、处理和应用，进行组织的诊断和评价，从而进行组织设计与调整。制度规划是组织实施企业总体人力资源规划的基本保障，其中包括人力资源管理制度、管理体制等。

3. 人力资源战略规划的子规划

人力资源战略规划是一个整体性的规划，根据组织目标和现状的不同，也可以制定单独的子规划，目前主流的子规划划分情况如下。

（1）外部人员补充规划。这是指根据组织内外部环境变化和组织发展战略，通过有计划地吸收组织外部人员，从而对组织中长期可能产生的空缺职位加以补充的规划。

（2）内部人员流动规划。这是指根据组织内外部环境变化和组织发展战略，通过有计划地组织内部人员流动，实现在未来职位上配置内部人员的规划。

（3）退休解聘规划。这是指根据组织内外部环境变化和组织发展战略，通过有计划地使符合退休标准的人员和不合格的人员离开组织，从而使组织的人员结构更优化、更合理的规划。

（4）职业生涯规划。这是指根据组织内外部环境变化和组织发展战略，通过引导员工的职业发展方向，使员工根据个人能力、兴趣、个性和可能的机会制订个人职业发展计划，从而安排内部员工职业发展的规划。

（5）培训开发规划。这是指根据组织内外部环境变化和组织发展战略，在考虑员工发展需要的前提下，对员工进行有计划的培训和开发，使员工适应未来岗位的规划。

（6）薪酬激励规划。这是指根据组织内外部环境变化和组织发展战略，为了确保员工结构合理、提高员工的工作绩效、激发员工的工作热情而制定一系列薪酬激励政策的规划。

（7）组织文化规划。这是指根据组织内外部环境变化和组织发展战略的需要，不断完善组织文化，使其在未来能更好地引导和激励员工，从而为组织提供更优秀的人力资源的规划。

4. 实践中常用的人力资源规划方案

在执行人力资源战略规划时，人力资源数量规划、结构规划、素质规划将转化为具体的人力资源计划，如接替晋升计划、人员补充计划、素质提升计划、退休解聘计划等。

（1）接替晋升计划。晋升计划实质上是组织晋升政策的一种表达方式，是根据企业的人员分布状况和层级结构，拟定人员的晋升政策。对企业来说，有计划地提升有能力的人员，可以优化岗位配置，发挥相应人员的潜能。对员工个人来说，有计划地提升不仅意味着工资的增加，还意味着工作的挑战性增加、得到的尊重增加。晋升规划一般包括晋升比率、平均年资、晋升时间等指标。

（2）人员补充计划。制订人员补充计划（即拟定人员补充政策）的目的是使企业能够合理、有目标地填补组织中（从长期来看）可能会产生的职位空缺。在劳动力市场供过于求或者企业吸收能力与辞退员工受到限制的情况下，人员补充计划就显得十分重要。人员补充计划可以改变企业内人力资源结构不合理的状况，但这种改变必须与其他计划相配合才是最经济、最实用的。人员补充计划与晋升规划密切相关，因为晋升也是一种补充，只不过补充源在企业内部。晋升体现为企业内低职位向高职位的补充运动，运动的结果是使组织内的职位空缺逐级向下移动，最终集中在较低层次的人员需求上。此时，内部补充就转化为外部补充——员工招聘与录用。这也说明，低层次人员的吸收录用必须考虑若干年后的使用问题。此外，人员补充计划与素质提升计划也有着密切的联系。

（3）素质提升计划。制订素质提升计划的目的是为企业中期、长期发展所需要的职位预先培养人才。例如，美国 IBM 公司对逐级推荐的 5 000 名有发展潜力的员工分别制定素质提升计划，根据可能产生的职位空缺和出现的时间分阶段、有目的地培养他们，当职位出现空缺时，就可以随时进行补充。

（4）退休解聘计划。制订退休解聘计划的实质是为企业建立淘汰退出机制。现在很多企业都已经不再是"铁饭碗"或终身雇佣制，但企业内依然存在大量冗余人员。很多员工只要进了企业，就不会被企业辞退，除非其主动辞职或者犯了重大错误。造成这种现象的一个重要原因就是企业只设计了向上的晋升通道，而忽略了向下的退出通道。人力资源战略规划中的退休解聘计划就是为了弥补这一漏洞而设计的。

接替晋升计划、人员补充计划、素质提升计划和退休解聘计划是相辅相成的，四种计划相互配合运用，其效果会非常明显。此外，根据企业的特殊情况或需求还可以制订其他的计划，如工资与奖金计划、继任者计划等。

第二节　企业战略与人力资源战略

一、企业战略的概念

企业战略是企业运营的指导思想，用来说明企业的运营情况及其未来如何在不断变化的竞争环境中运行。制定企业战略时，需要回答的根本性问题为"企业的业务是什么及应该是什么"，只有明确了这一问题，才能帮助企业明确自己的使命，弄清所追求的目标。

二、人力资源战略与企业战略匹配的意义

人力资源部门是企业重要的职能部门，人力资源战略的制定也必然是为企业战略服务的。人力资源战略必须与企业战略相适应才能发挥其最大功效，从而帮助企业合理利用市场机会，提升企业内部的组织优势，帮助企业实现整体战略目标。人力资源战略与企业战略构想得以落实是企业经营成功的关键因素之一。

企业战略是对企业各种战略的统称，其中既包括竞争战略，也包括营销战略、融资战略、技术开发战略、人才开发战略、资源开发战略等。企业在分析内外部环境的情况下制定企业战略，目的在于使自身保持或取得竞争优势。企业战略通常分为公司层战略和事业层战略。因此，人力资源战略必须建立在与公司层战略和事业层战略发展相一致的基础上，只有这样才能发挥人力资源管理的战略作用，才能通过人力资源管理提高企业的绩效，实现企业的战略目标。

人力资源战略是企业战略的核心组成部分，是企业人力资源部门工作的指导方针。企业战略是企业为了提升竞争优势而制定的长远目标，以及与目标相适应的行为计划。只有当人力资源战略与企业战略相匹配时，才能提高企业的组织绩效和竞争优势，从而促进企业的可持续发展。

三、人力资源战略与企业战略的匹配

人力资源战略与企业战略的匹配具有重大的意义，这种匹配使人力资源战略能提高组织

绩效，正确地指导人力资源管理活动，而人力资源战略的实现也有助于企业实现整体战略目标，进而为企业创造竞争优势。迈克尔·波特提出的竞争战略被誉为当今全球第一权威战略，其提供了三种卓有成效的竞争战略，即成本领先战略、差异化战略和集中化战略。

（1）当企业采用成本领先战略时，主要是通过低成本来争取竞争优势，因此严格控制成本并加强预算便是其管理的重点。为了配合企业的这一战略，企业在制定人力资源战略时，重点应集中在通过有效性、低成本市场、高结构化的程序来减少不确定性，而不是鼓励创新性。

（2）差异化战略思想的核心在于通过创造产品或服务的独特性来获得竞争优势。因此，实施这种战略的企业一般具有较强的营销能力。此时的人力资源战略应强调创新性和弹性、以团队为基础的培训和考评，以及差别化的薪酬策略等。

（3）当企业采用集中化战略时，企业主攻某个特殊的顾客群、某产品线的一个细分区段或某一地区市场，其战略是围绕着很好地为某一特殊目标服务这一中心建立的。

针对不同的企业战略，相匹配的人力资源战略如表 2-1 所示。

表 2-1　迈克尔·波特的竞争战略与人力资源战略的匹配

企业战略	人力资源战略
成本领先战略	（1）提高生产效率 （2）进行详细的工作规划 （3）重视技术的使用和改进 （4）加强绩效的控制 （5）强调任务导向的薪酬 ……
差异化战略	（1）强调创新工作 （2）工作规划要明确、严谨、可行 （3）主张多进行外部招聘 （4）强调创新的薪酬策略 ……
集中化战略	（1）建立人力资源信息规划系统 （2）进行有针对性的招聘 （3）实施参与化的绩效考核 （4）实施团队化的薪酬管理 ……

第三节　人力资源战略规划模型

一、供需平衡的模式

经典的供需平衡模式即基于供给和需求平衡进行人力资源战略规划，把人力资源规划视为一种精确、计量与计划的过程。在这种思想的指导下，企业进行人力资源战略规划时，应重点思考如何准确、有效地预测需求和供给。人力资源规划的目标是寻求供给与需求的平衡，因此人力资源规划的过程也是供给与需求平衡的过程，对于预测方法和数量的强调是人力资源战略规划的中心，这种模式适合于经营领域单一或者经营规模较小的企业。此外，企业对某一类人员进行专项人才资源规划的时候需要明确策略。例如，企业人才过剩需采取什么策略，人才缺乏又需采取什么策略，这些都是基于供需平衡进行的（见图2-1）。

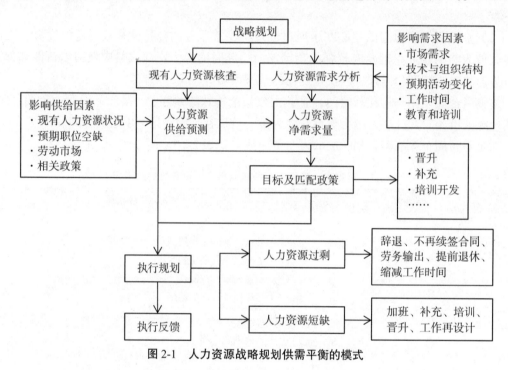

图 2-1　人力资源战略规划供需平衡的模式

二、现状和理想状态的趋近模式

趋近模式实际上是一种战略状态，是一种对标的理念。该模式认为人力资源战略规划是一个模糊的区间，而不是精确的计量。这种模式主要基于企业的愿景与战略，确定企业人力资源的理想与最优状态，比较人力资源现实与理想间的差距。该模式下的人力资源战略规划是采取策略与行动计划，以缩小现状与理想状态的差距。

这是目前国际上最流行的人力资源战略规划模式之一，也是比较完整和系统的人力资源战略规划思考和研究模式，这种模式适用于多元化的大型企业集团的人力资源规划。该模式能够响应企业战略规划，通过人力资源管理的策略、战略性的人力资源实践来支持战略目标的实现，使人力资源管理真正成为战略性资源。

基于现状和理想状态的趋近模式认为，企业的人力资源战略规划应当根据企业的战略来制定。一般来说，企业进行人力资源战略规划时，可采取以下六个步骤。

（1）分析企业战略背景与人力资源现状，在这个过程中，要建立一套定量化的人力资源评价体系，科学地对本企业的人力资源现状进行评价。

（2）根据企业战略分析和人力资源现状，确定人力资源愿景与战略目标。

（3）根据人力资源战略目标，通过人力资源盘点等手段，对企业的人力资源问题进行界定，明确企业在人力资源管理方面存在的不足。

（4）按照人力资源战略目标及问题，制定人力资源核心策略与战略举措。

（5）确定重点任务与行动计划。

（6）建立人力资源战略规划保障机制。

三、基于企业核心竞争能力的人力资源规划模式

该模式的基本逻辑为：企业战略的实现与升级，需要企业核心能力的支撑与驱动，企业核心能力的根本载体是核心人力资源，对核心人力资源进行识别、保有和提升就是获取、保持和提升企业核心能力，从而支撑企业战略的实现和升级。人力资源规划的过程是满足企业战略需要的核心人才队伍建设的过程。企业的核心能力和人力资源核心能力的一体化，被称为能力的匹配关系。因此，通过打造核心人才队伍去支撑整个企业战略目标的模式，被称为基于核心能力的人力资源规划模式。这种模式对高速成长的企业很有效，很多创新型企业只需要抓住核心人才，即几位主要的、关键性的人才，就可以支撑企业的发展。同时，企业以核心人才来带动所有人才发展，打造企业的竞争能力，强调核心能力和核心人才一体化，实现企业核心与员工核心队伍及其核心技能这两种核心之间的有效配置。这个适应企业核心竞争力以及实现核心人才队伍建设与企业战略相适应的过程，就是人力资源战略规划的过程。

第四节　人力资源战略规划的程序

一、人力资源战略规划的具体步骤

人力资源战略规划的流程如图 2-2 所示。

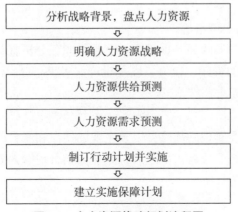

图 2-2　人力资源战略规划流程图

1. 分析战略背景，盘点人力资源

确认现阶段的企业经营战略，明确此战略决策对人力资源战略规划的要求，以及人力资源战略规划所能提供的支持。

明确企业战略之后，需要对现有人力资源进行盘点。明确企业现有人力资源的状况是制定人力资源规划的基础工作。实现企业战略要立足于开发现有的人力资源，因此必须采用科学的评价分析方法。人力资源主管要对本企业各类人力数量、质量、结构、利用及潜力状况、流动比率进行统计。这部分工作需要结合人力资源管理信息系统和职务分析的有关信息进行。如果企业尚未建立人力资源管理信息系统，这步工作最好与建立该信息系统同时进行。一个良好的人力资源管理信息系统，应尽量输入员工个人及其工作情况的资料，以备进行管理分析使用。人力资源信息应包括以下内容。

（1）个人情况，如姓名、性别、出生日期、身体健康状况、婚姻、民族等。

（2）录用资料，包括合同签订时间、候选人招聘来源、管理经历、外语种类和水平、特殊技能，以及对企业有潜在价值的爱好或特长。

（3）教育资料，包括受教育的程度、专业领域、各类培训证书等。

（4）工资资料，包括工资类别、等级、工资额、上次加薪日期，以及对下次加薪日期和加薪数量的预测。

（5）工作执行评价，包括上次评价时间、评价结果或成绩报告、历次评价的原始资料等。

（6）工作经历，包括以往的工作单位和部门、学徒或特殊培训资料、升降职原因、是否受过处分（若受过处分，包括受处分的原因和类型）、最后一次内部转岗的资料等。

（7）服务与离职资料，包括任职时间、离职次数及离职原因。

（8）工作态度，包括生产效率、工作质量、缺勤和迟到早退记录、是否为企业提出建议及其所提出的建议数量和建议被采纳数量等。

（9）安全与事故资料，包括因工受伤和非因工受伤，伤害程度，事故次数、类型及原因等。

（10）工作或职务情况。

（11）工作环境情况。

（12）工作或职务的历史资料等。

这一阶段必须获取和参考的另一项重要信息是与职务分析有关的信息情况。职位分析明确地指出了每个职位应有的责任、权力，以及履行这些职、责、权所需的资格条件，这些条件就是对员工素质水平的要求。

2. 明确人力资源战略

在该阶段要确定企业要实现的战略，以及企业的使命和愿景，明确需要什么样的人力资源战略予以支撑。在明晰企业战略目标之后，企业应结合现有人力资源盘点的结果，制定基于企业整体战略的人力资源战略。

3. 人力资源供给预测

人力资源供给预测是指企业为了保障人力资源供需平衡，结合企业发展战略、内外部环境、行业属性等情况，对企业现有人力资源数量、质量和结构做出的预测。

常用的人力资源供给预测方法包括以下三种。

（1）现场核查法。现场核查法是指对企业现有人力资源数量、质量和结构进行详细核查，了解人力资源现状的方法。该方法对于预测短期人力资源供给最为有效。现场核查的资料来源通常是人力资源管理档案。管理档案分别记录了企业管理人员和非管理人员的数量、技能、素质和现实表现。管理档案一般包含两种清单：技能清单和管理才能清单。其中，技能清单列示了非管理人员的基本信息和工作情况；而管理才能清单则记录了管理人员的基本信息和工作情况。上述两类清单还直接反映出两类工作人员的流动信息。

（2）管理人员替补法。管理人员替补法是指对员工以往工作绩效和综合表现进行记录，决定企业基层管理人员提拔和高层管理人员接替的方法。该方法作为最简单、最有效的供给预测法，对于了解企业管理人才的供给情况、提高后备人才队伍建设的速度至关重要。但由于对关键岗位人员的能力要求不同、审查方法不尽统一等原因，致使企业需要确定多位替补候选人，以针对企业各部门人员的流动情况，综合确定最佳接替人。

（3）马尔可夫分析法。马尔可夫分析法是指通过观察企业员工在某一特定时期内的流动情况，总结归纳人员流动规律，并使用统计分析技术，计算出企业人力资源流动率，然后预测企业未来的人力资源供给情况。该方法通过构建典型的矩阵模型，帮助管理者及时了解企业员工动态，以使其采取适当的措施调整和补充人员。

除此之外，在进行供给预测时也需要对企业外部的供给做出预测，即对能够从高校、劳动力市场招聘到的人力资源数量和质量进行预测。企业在进行外部供给预测时需要注意以下因素。

（1）公司所在地和附近地区的人口密度。

（2）其他公司对劳动力的需求状况。

（3）公司当地的就业水平、就业观念。

（4）公司当地的科技文化教育水平。

（5）公司所在地的经济发展水平。

（6）公司的经济发展状况。

（7）公司当地临时工人的供给状况。

（8）全国劳动人口的增长趋势。

（9）全国对各类人员的需求程度。

（10）各类学校的毕业生规模与结构。

（11）相关就业法规、政策的影响。

4. 人力资源需求预测

人力资源需求预测是指企业根据发展战略目标，对未来人力资源在数量、质量和结构等方面的需求进行预测和估算的方法。该方法旨在提升企业人力资源供给与需求的匹配度，完善人力资源管理体系。在预测人员需求时，企业应充分考虑以下影响因素。

（1）市场需求、产品或服务质量升级或者企业决定进入新的市场。

（2）产品和服务的要求。

（3）人力稳定性，如计划内更替（辞职和辞退的结果）、人员流失（跳槽）。

（4）培训和教育（与公司变化的需求相关）。

（5）为提高生产效率而进行的技术和组织管理革新。

（6）工作时间。

（7）预测活动的变化。

（8）各部门可用的财务预算。

在预测过程中，预测者及其管理判断能力与预测的准确与否关系很大。一般来说，商业因素是影响员工需要类型、数量的重要变量，预测者会通过分离这些因素并收集历史资料来做出基础的预测。需求预测法通常包括以下四种方法。

（1）经验预测法。经验预测法是指管理人员根据以往的工作经验，结合企业现有信息，推测企业未来对人力资源需求的方法。由于管理者个人存在经验偏差，难以自行判断人力资源需求的确切数据，因此为了提高需求预测的准确度，还应当结合多人预测和查阅历史记录等方法。该方法多适用于发展较稳定的中小型企业，对于组织规模较大、难以预测未来发展状况的大型企业则适用性较差。

（2）驱动因素分析法。驱动因素分析法是指通过分析影响企业发展的关键因素，预测企业未来对人力资源数量、质量和结构需求状况的方法。该方法具有针对性强、准确度高、适用性广等特点。由于企业人力资源需求状况的影响因素众多，在预测过程中，企业很难将可能的影响因素全部考虑在内，因此该方法在应用过程中面临着巨大的挑战。

（3）德尔菲法。德尔菲法也称专家调查法，是指由若干专家和企业预测组织者组成一个预测机构，按照规定的程序，以匿名的形式征询专家对所给问题的意见或判断，然后进行整理、归纳、统计，再匿名反馈给各专家，再次征求意见，再集中，再反馈，直至达成一致意见的方法。德尔菲法能充分发挥各位专家的才智，把各位专家意见的分歧表达出来，集思广益，专业性较高。

（4）回归分析法。回归分析法是利用数学模型，从过往的离散数据中找出规律，对未来需求进行预测的方法。趋势分析是最简单的回归分析，是利用时间因素对趋势的影响做出预测，即把过去趋势直接导向未来，依据过去某一特定时期内企业的人员数量变化来预测未来的人员需求情况。计量模型分析法是回归模型中一种被广泛应用的方法，其原理是寻找一个与人力资源的需求量之间相关的因素，根据这个因素得出一个回归方程，但该因素必须符合两个要求：①该因素必须与人力资源的需求量有极高的相关性；②该因素的变量的历史数据必须是易获取的。这些要求也是计量模型分析法的难点所在。回归模型的显著性水平越高，对人才需求的预测就越准确。

5. 制订行动计划并实施

企业在运营过程中，始终处于一种动态的人力资源供需平衡状态，这就要求组织在对企业整体战略、人力资源战略、体制等方面有了明确的认识和规划后，根据现实情况制订计划并实施。在实施过程中可不断地调整人力资源结构，使企业的人力资源始终处于供需时点平衡状态。通过这个过程，企业可以有效地提高人力资源利用率，降低企业人力资源成本。无论采用何种预测方法，最后一定会出现人员缺乏与人员过剩这两种情况，对此我们可采取如下方法尽量避免这些情况的发生。

（1）人员缺乏的调整方法

① 外部招聘。外部招聘是最常用的人力资源缺乏的调整方法，当人力资源总量缺乏时，采用此种方法比较有效。在人力资源缺乏报告中，如果缺乏的员工处于企业的关键核心岗位，则企业可以首先通过内部调整、内部晋升等计划予以补充，然后再进行外部招聘；如果缺乏的员工可替代性强且劳动力市场可选人员较多时，则可直接通过外部招聘补充。

② 内部招聘。内部招聘是指当企业出现岗位空缺时，优先从企业内部选拔合适的人才来填补空缺职位。内部招聘在提高招聘效率的同时也节约了招聘成本，从企业内部招聘的员工更熟悉企业的规章制度与企业文化，提高了招聘的信度与效度，这种招聘方式使员工与企业共同成长，在企业内形成积极进取的氛围，也成为激励员工的有效手段。这种招聘方式的弊端在于容易导致企业的人心不稳，不利于企业的创新和个人的创新。

③ 内部晋升。内部晋升是指将企业内部符合条件的员工从现有岗位晋升到更高层次岗位的过程。获得内部晋升的员工大多已在现有岗位上取得了不错的业绩，其能力毋庸置疑，比招聘新人更为可靠。同时，内部晋升有利于激励员工努力工作。内部晋升的员工适应期短，与企业文化也更加融合。

④ 继任计划。继任计划在国外比较流行。继任计划是指发现并追踪具有高潜质的人才的过程。它是为首席执行官、副总裁、职能部门和业务部门的高层经理等职位寻找并确认具有胜任能力的人员，是为组织储备核心的人力资本，其实施过程涉及人力资源培训与开发、职业生涯管理和绩效测评等方面。

⑤ 技能培训。对员工进行技能培训不仅能让员工胜任现在的工作，也能为员工轮岗奠定基础。技能培训不仅可以让员工适应更高岗位的需求，还可以有效解决企业转型后的岗位适应与冗员问题。

⑥ 调整工作范围。当企业人才供不应求或者短时间内无法招聘到合适的人才时，可通过修改岗位说明书来调整员工工作范围，适当增加工作职责，进而完成工作。与之相适应，员工的薪酬待遇也应予以调整。

（2）人员过剩的调整方法

① 提前退休。企业可以采取提前退休的方法提高企业运营效率，降低多余劳动力造成的巨大成本。实施提前退休计划时，企业需要筛选退休对象，随后与其进行协商，从而避免出现纠纷。

② 减少人员补充。企业在短时期内减少人员的招聘数量，从而减少人员总量的增加速度。这种方法一般在特殊情况下才会采用，通常情况下企业都不会放弃外部招聘的渠道。

③ 增加无薪假期。当企业出现短期人员过剩的情况时，可以采取无薪休假来缓解人力

过剩造成的成本压力。如果企业是临时性使用无薪假期手段,应该与关键员工保持联系,尽量避免关键人员的流失。

④ 裁员。裁员是最为有效的方式,也是企业的最终手段。裁员虽然能快速解决人员过剩问题,但会向外界传递消极的信号,对企业造成不利影响。同时,裁员要严格依据《劳动合同法》等法律法规,且要做好后续的沟通与补偿工作。

当计划设置完毕后,就要实施人力资源规划。在具体实施的过程中,上述方法也需要与其他方法配套使用,从而更好地发挥作用。配套方法有人才引进政策优化、考核晋升制度改进、人才培训培养方法、福利待遇提升等。在实施人力资源规划的过程中,要确保人力资源规划与企业的发展战略相匹配,以保障规划具有合理性和可实践性。

6. 建立实施保障计划

企业人力资源规划的顺利实施必须依靠企业一系列制度和条件的支持。首先,人力资源规划是为实现企业战略目标服务的,因此人力资源规划的有效实施离不开企业战略的指导。人力资源规划要根据企业战略规划的要求规划人才数量、质量和结构。清晰、明确的企业战略规划是人力资源规划实施的前提。

其次,人力资源规划工作的开展需要以完备的企业人力资源基础功能为基础。这些基础功能包括招聘、培训、绩效考核等。其中,招聘功能主要保障人力资源规划中员工的数量、质量及结构;培训主要涉及人才的质量,可帮助企业培养适合岗位的人才,及时填补空缺,为企业服务;绩效考核则关注员工的绩效与能力,为员工的职业发展提供依据。因此,完备的人力资源基础功能对人力资源规划实施的成败起着决定性作用。

最后,完善的人力资源规划流程和良好的执行文化对企业来说非常重要。人力资源规划工作是个系统工程,期间涉及多项工作,没有详尽合理的人力资源规划流程是很难让规划成功付诸实施的。此时,人力资源部经理必须就规划内容与相关部门和企业高管层确定合理的规划实施计划与流程,从人力资源规划的设计到实施,都要制定合理可行的工作流程,明确各部门的责任与义务,以保障工作顺畅开展。

另外,在人力资源规划的整个实施过程中,各个部门之间的配合与协调尤为重要。因此,切实可行的人力资源规划一定是建立在内部充分沟通、相互协作的基础上。根据企业人力资源管理的特点,建立一个在决策层、一线经理和人力资源部门之间科学分工协作的三维立体管理模式,将有助于人力资源战略规划的实施。

二、人力资源战略规划的执行

1. 人力资源战略规划的执行者

传统意义上的人力资源工作主要是人事资源部门的责任,如负责招聘、培训、员工发展、薪酬福利设计等方面的工作。随着现代企业对人力资源部门的重视,人力资源部门的角色逐渐发生了转变,人力资源部门不再是单纯的行政管理的职能部门,而是逐步向企业管理的战略合作伙伴转变。同时,现代人力资源管理工作不仅仅是人力资源部门的职责,也是各层管理者的职责,人力资源战略规划也是如此。企业人力资源战略规划的基础是接替晋升计划、人员补充计划、素质提升计划、退休解聘计划等,而这些计划都是在各部门的负责人制订本部门的人员调配补充、素质提升、退休解聘等计划的基础上层层汇总到人力资源部门,再由人力资源管理者依据人力资源战略分析制定出来的。

人力资源战略规划应由健全的专职部门来推动,企业可考虑采取下列几种方式。

(1)由人力资源部门负责办理,其他部门与其配合。

(2)由某个具有部分人事职能的部门与人力资源部门协同负责。

(3)由各部门选出代表组成的跨职能团队负责。

人力资源战略规划也是各级管理者的职责(见图2-3),在推行过程中各部门必须通力合作而不是仅靠负责规划的部门推动。

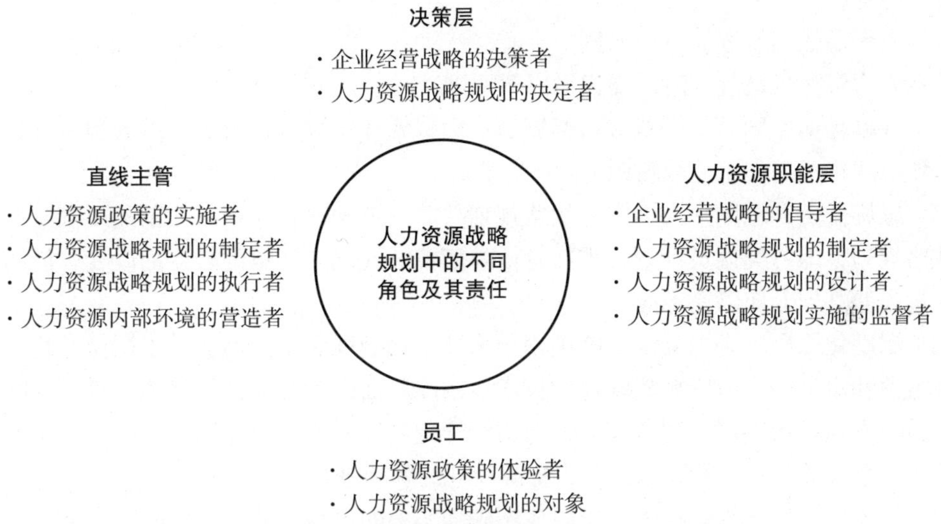

决策层
· 企业经营战略的决策者
· 人力资源战略规划的决定者

直线主管
· 人力资源政策的实施者
· 人力资源战略规划的制定者
· 人力资源战略规划的执行者
· 人力资源内部环境的营造者

人力资源战略规划中的不同角色及其责任

人力资源职能层
· 企业经营战略的倡导者
· 人力资源战略规划的制定者
· 人力资源战略规划的设计者
· 人力资源战略规划实施的监督者

员工
· 人力资源政策的体验者
· 人力资源战略规划的对象

图2-3 人力资源战略规划中的不同角色及其责任

2. 人力资源战略规划的执行

人力资源战略规划的执行主要涉及三个层次,即企业层次、跨部门层次和部门层次。

(1)企业层次。企业层次上的人力资源战略规划需要"一把手"的亲自参与,尤其是在分析企业经营战略对人力资源战略规划的影响、人力资源战略规划对人力资源管理各个体系的影响,以及制定相关指导方针、政策等方面,都必须由企业参与高层决策。

(2)跨部门层次。跨部门层次上的人力资源战略规划需要企业副总裁级别的管理者执行,即由副总裁级别的管理者对各个部门人力资源战略规划的执行情况进行协调和监督,并对人力资源战略规划的实施效果进行评估。

(3)部门层次。部门层次上的人力资源战略规划又分为以下两种情况。

① 人力资源部门。人力资源部门不但要完成本部门的人力资源战略规划工作,还要担任"工程师+销售员"的角色。人力资源部门的员工既要做人力资源战略规划的专家、制定者,又要做人力资源战略规划的"销售员"与指导者,指导其他部门的人力资源战略规划工作顺利进行。

目前，有的企业将人力资源部门经理改为人力资源客户经理，要求人力资源经理持续提供面向客户的人力资源产品和服务。在进行人力资源战略规划时，人力资源客户经理就会为各个部门提供人力资源战略规划的系统解决方案，并为各类人才尤其是核心人才提供个性化的服务，如制订专门的继任者管理计划等。

② 其他部门。人力资源战略规划工作应该是每个部门经理工作的组成部分。但在企业中，许多部门经理是从业务人员中提拔上来的，他们对于管理和人力资源管理都没有经验。对于新提拔的经理，人力资源部应给予培训，并把人力资源战略规划作为经理业绩考核的重要内容之一，特别是要考核其培养下属和评估下属业绩的能力。部门经理应该主动与人力资源部门沟通，共同实现人力资源战略规划的目标，而不仅仅是在需要招聘或辞退员工时才想到人力资源部门。

3. 人力资源战略规划的执行原则

执行人力资源战略规划时需要遵循以下原则。

（1）战略导向原则。依据战略目标制定人力资源战略规划以及具体的人力资源计划，避免人力资源战略规划与企业战略脱节。

（2）螺旋式上升原则。人力资源战略规划并非一劳永逸，企业每年都需要制定新的人力资源战略规划，即各类人员计划都需随着内外环境的变化、战略的转变而改变，但同时它们都是在过去的基础上加以完善的。

（3）制度化原则。人力资源战略规划分为技术和制度两个层面。技术层面是指前面所说的各种定性和定量的人力资源战略规划技术。制度层面，一方面是指将人力资源战略规划制度化；另一方面是指制定、调整有关人力资源管理制度的方向、原则，从机制的角度理顺人力资源各个系统的关系，从而保证人力资源管理的顺利进行。

（4）人才梯队的原则。在人力资源战略规划实施的过程中建立人才梯队，从而保障工作人员的层层供给。

（5）关键人才优先规划原则。对企业中的核心人员或骨干人员进行规划，即设计此类人员的晋升、加薪、替补等通道，以保证此类人员的充分供给。

三、影响人力资源战略规划实施效果的主要因素

随着组织创新理论的发展，对于影响人力资源战略规划实施的因素，许多人力资源专家和学者都形成了自己的观点。结合这些观点，我们认为，影响人力资源战略规划的因素主要体现在以下三个方面。

1. 企业资源的优化配置

企业资源是人力资源战略规划的基础，而人力资源是人力资源战略规划能否顺利实施的关键。人力资源的培养与资源的投入是分不开的，要使这些资源发挥最大的效益，需要对企业内部不同的人力资源进行合理配置，并在财力和物力上给予支持，促进资源的开发利用，提高资源的使用效率。企业资源和企业人力资源战略规划构成了一个促进资源积累、开发和增加的不断循环的过程，成为战略规划有效实施的保证。

2. 战略规划任务的落实

要使人力资源战略规划得以有效实施，必须把人力资源战略规划方案进行分解和细化。规划方案的分解要从空间和时间两个方面进行。空间分解是指将人力资源战略规划的内容分解到各个企业部门，再以从上至下的顺序分解到具体的岗位和个人，使各个部门、各个岗位及个人明确自己的责任和目标。这些分解的内容都与企业战略目标相匹配，使每个部门和员工都能明确自己在战略规划运行过程中的地位、任务和责任，从而争取他们的支持，保证战略规划有效实施。

时间分解是指将人力资源战略规划的战略目标从时间上分解成一个个短期目标，明确规定完成目标的程度与期限，并且必须定期形成执行过程进展情况报告。进行时间分解要确保分解后的各个短期目标在既定的时间内完成，使规划的战略目标容易实现，且利于监督、控制。

3. 组织变革

组织变革的目的是根据外部环境和内部环境的变化，及时对组织中人力资源的要素进行结构性变革，以适应未来组织发展的需要。企业在实施人力资源战略规划时，需要对组织的人员、结构进行变革，使管理者、员工能更好地适应环境。

本章练习题

1. 什么是人力资源规划？其功能和内容是什么？
2. 人力资源规划有哪几种模式？
3. 企业在制定人力资源战略规划的过程中应该遵循的原则是什么？
4. 对企业来说，应该如何制定人力资源规划？其包括哪些步骤？
5. 人力资源战略规划的需求预测技术有哪些？

第三章　职位分析与职位评价

本章学习目标

　　本章的主要目的在于了解职位分析与职位评价的性质。通过本章的学习，读者能够应用职位分析方法收集职位分析信息，编写职位说明书，并根据不同职位的相对价值大小进行职位评价。

　　职位分析与职位评价是所有工作开展的基础环节。如果企业的职位分析工作做不到位，会导致职责不明晰，工作开展困难，而且还会打消员工的积极性，引发一系列组织问题。因此，企业要采用访谈法、问卷调查法等方法进行职位分析，根据分析结果编制职位说明书，明确工作职责。一套完整的职位体系不仅能够理顺工作流程，简化管理过程，降低管理成本，提升运营效率，而且能建立清晰的员工职业发展路径，为建立公平合理的薪酬体系及绩效管理体系奠定良好的基础。

第一节　职位分析

一、职位分析的内容

（一）职位分析的定义

　　职位分析是对某一职位的工作内容做出明确规定，对完成这一工作所需的知识和技能做出明确要求的过程。职位分析是人力资源管理工作的基础。职位分析的成果主要包括两种：一种是职位说明书；另一种是职位分析报告。

　　职位说明书是对企业职位的任职条件、职位目的、汇报关系、沟通关系、职责范围、负责程度和考核评价内容进行的定义性说明。它既是一般员工的工作指南，也是企业确定人力资源规划、员工能力模型、薪酬考核和培训开发等人力资源职能管理工作的参考依据。职位分析报告是对职位分析过程中所发现的组织与管理上的矛盾和问题的阐述，以及为这些矛盾和问题提供解决方案，为组织有效性的诊断提供依据。

（二）职位分析的原则

　　要想做好职位分析工作，就必须遵循以下原则。

　　1. 目的原则

　　如果职位分析是为了明确工作职责，那么分析重点在于工作范围、工作职能和工作任务的划分；如果职位分析的目的是选聘人才，那么分析重点在于任职资格的界定；如果职位分析的目的是决定薪酬的标准，那么分析重点在于对工作责任、工作量、工作环境和工作条件的界定等。

2. 经济原则

职位分析是一件费时、费力、费钱的工作，所以组织应根据职位分析的目的合理控制成本。

3. 系统原则

对某一职位进行分析时，不能单独对这个职位进行分析，要注意该职位与其他职位的关系及该职位在整个组织中所处的地位，从总体上把握该职位的特征及对员工的工作要求。

4. 职位原则

我们要从职位的角度分析职位的内容、性质及员工胜任该职位需要具备什么样的资格与条件。也就是说，职位分析的对象是具体的职位，而不是任职者。

5. 应用原则

应用原则是指在职位分析工作结束后，要按照最终形成的职位说明书的要求，在组织内部认真、严格、全面地执行。

6. 动态原则

组织所处的环境、组织的战略、业务流程及工作方法都可能会发生变化，这就要求组织适时地对职位分析的结果进行调整并动态地执行分析成果。

二、职位分析的流程

（一）确定职位分析的目的

在实际操作中，职位分析的实施主体主要有三类。第一类是人力资源部门。人力资源部门作为职位分析的实施主体，可以帮助组织节省成本，但也会耗费大量的人力和时间，因为其对各部门业务了解程度有限。第二类是组织内各部门。各部门非常熟悉本部门的工作，收集的信息也比较全面，但形成的职位分析文件可能并不专业。第三类是组织外部的咨询机构。咨询机构作为职位分析的实施主体能使分析结果更加客观、有效，但组织需支付咨询费用，同时咨询顾问并不了解企业的具体情况，这有可能导致职位分析结果不符合组织的实际情况。

不同实施主体的职位分析目的不同，所以在调查、分析过程中，收集信息的侧重点、收集信息的方法、形成的分析结果及结果的用途等也就不同。因此，组织在实施职位分析之前，应当建立以目标为导向的职位分析系统，明确职位分析的目标及其成果的具体用途。

（二）调查职位的背景信息

在确定了职位分析的目的后，接下来需要调查职位的背景信息。信息的获取既可以通过组织内部资料调查，也可以通过组织外部资料调查。组织内部资料主要包括组织结构图、工作流程图、职位职责和组织战略等。组织外部资料主要是一些行业内或专业领域内的相关政策规定、外部组织相似职位的信息及国内外颁布的工作分类标准等。

（三）进行职位分析前的信息收集工作

在进行职位分析之前需要收集相关信息，其中包括与职位及与任职者相关的信息。组织需要对收集到的信息进行整理、分类，甄选出有用的信息，并对它们进行分析、归纳与总结，最后确认分析对象的任职资格条件。

（四）职位分析成果的执行与反馈

职位分析成果即职位说明书和职位分析报告，这些成果文件具体描述了相关职位的职责及任职者的任职资格。在执行这些成果文件的过程中，组织要听取员工的反馈意见与建议，从而对成果文件进行必要的修正。需要注意的是，组织战略和组织结构、技术水平并非一成不变，因此职位说明书应该进行适时的调整。

职位分析是一个动态的过程，具体的职位分析模型如图 3-1 所示。

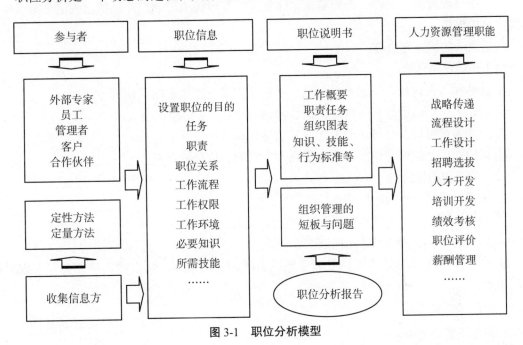

图 3-1　职位分析模型

三、职位分析的方法

我们要依据职位分析的目标、对象及操作要点等确定分析方法。下面介绍几种常见的职位分析的方法。

（一）访谈法

1.访谈法的概念

访谈法又称面谈法，是指职位分析主体就某项工作与任职者及其主管进行面谈的方法。通过这种方法可以对任职者的工作态度等进行详细的了解，这不仅是开展后续工作的基础，而且可以为其他职位分析方法提供资料。例如，通过访谈法获取的信息有助于开发职位分析问卷。访谈法是目前在我国企业中运用最广泛、最成熟且最有效的工作职位分析方法。

2. 访谈法的操作流程

访谈法的操作流程一般分为三个阶段，即准备阶段、实施阶段和整理阶段。

（1）在准备阶段，职位分析的实施主体应确定访谈对象、访谈方式，并设计访谈内容提纲。该阶段的访谈内容主要包括工作目标、工作内容、工作性质和范围、工作责任、工作中遇到的问题、任职者对薪酬与考核等制度的意见和建议等。例如，"你的主要职责是什么""你的工作由谁（或哪个部门）分配""向谁（或哪个部门）汇报工作""你的工作中最具挑战性的是什么"。

（2）在实施阶段，一般由专业的访谈人员对访谈对象进行提问，并准确捕捉对话中的信息，收集有关资料。

（3）在整理阶段，职位分析的实施主体要及时整理访谈记录，并根据访谈记录形成相关的文字分析报告。

3. 访谈法的优势与劣势

（1）访谈法的优势

① 能够深入探讨与工作相关的信息，了解任职者的工作态度及动机等。

② 访谈人员可以根据实际情况提出合理的问题。

③ 访谈人员可以及时与任职者沟通并引导任职者参与其中。

④ 运用面广，能够简单而迅速地收集多方面的职位分析资料。

（2）访谈法的劣势

① 访谈人需接受专门的培训。

② 费力费时，且工作成本较高。

③ 收集到的信息往往已经扭曲或失真。

④ 容易被员工认为是其工作业绩考核或薪酬调整的依据，所以他们往往会夸大或弱化某些职责。

（二）问卷调查法

1. 问卷调查法的概念

问卷调查法是指由任职者填写经过精心设计的调查问卷，以此获取其工作绩效信息的方法。

根据载体的不同，问卷调查可分为纸质问卷调查和网络问卷调查。纸质问卷调查就是调查公司通过雇佣人员来分发并回收纸质问卷。纸质问卷调查的缺点是分析与统计结果比较麻烦，且成本比较高。网络问卷调查是依靠网站设计以发放问卷，最后给出分析结果。网络问卷调查的优点是无地域限制，成本比较低，其缺点是答卷质量无法保证。

2. 问卷调查法的操作流程

问卷调查法的操作流程一般包括四个环节：一是设计问卷内容，主要包括职位信息、职位职责、绩效标准、组织结构和任职资格等；二是问卷测试及修订环节，在此环节需要完成的工作是对问题进行测试，并予以修订；三是问卷的发放和回收环节，在此环节应注意说明填写规范，统一填写标准，并及时收回问卷；四是问卷的处理环节，在此环节要完成的工作是对回收的问卷进行整理、分类，将相同职位的问卷调查结果进行对比分析，提炼有价值的信息，并编制问卷调查分析报告。

在实施问卷调查的过程中，需要注意以下几点：针对要编写的职位说明书的项目，专门设计题目，由任职者填写与选择，由此收集与该职位相关的信息；任职者在填写问卷之前，调查人员最好就填写要领对其进行必要的指导；由任职者的直接上级审阅问卷后再让其填写；调查问卷的内容要简明、扼要。

3. 问卷调查法的优势与劣势

（1）问卷调查法的优势

① 标准化程度高、收效快。

② 能在短时间内通过调查很多研究对象来获得大量的信息，并且能对这些信息进行数据化处理，该做法既经济又省时。

（2）问卷调查法的劣势

① 任职者出于各种原因（如自我防卫、理解错误等），可能对问题做出虚假或错误的回答。

② 对问卷的设计要求较高。

③ 回收率通常较低。

（三）工作日志法

1. 工作日志法的概念

工作日志法是由任职者按时间顺序详细记录自己在一段时间内的工作内容与工作过程，以此形成某个职位在一段时间内工作活动的全景描述，然后经过归纳、分析，达到职位分析目的的方法。工作日志法有两大作用：一是提醒作用，即员工在实际操作过程中可能会因为同时进行多项工作而忽略重要的事情，员工可以通过及时查看工作日志的方式避免发生这种情况；二是跟踪作用，即组织管理者可以根据工作日志对员工的重要事件进行跟踪，降低相关风险。

2. 工作日志法的特点

（1）详尽性。工作日志是在完成工作以后逐日及时记录的，具有详尽性的特点。

（2）可靠性。通过工作日志法所获得的工作信息可靠性很高。该方法适用于确定有关工作职责、工作内容、工作关系和劳动强度等方面的信息。

（3）失真性。工作日志法是由任职者自行填写的，信息失真的可能性较大，任职者可能更注重工作过程，而对工作结果的关心程度不够。运用该方法进行工作分析对任职者的要求较高，任职者必须全面了解工作的职务情况和要求。

（4）烦琐性。工作日志法的信息整理工作量大，且信息归纳工作烦琐。

3. 工作日志法的操作流程

工作日志法的操作流程主要包括三个阶段。一是准备阶段。该阶段要完成的主要工作是设计工作日志表单。一份完整的工作日志表单应该包括三部分内容，即填写说明、任职者信息和工作日志。二是填写阶段。在此阶段中，组织管理者应通过工作分析交流会等方式对任职者进行监控，保证任职者按要求及时填写工作日志。三是信息整理、分析阶段。在此阶段中，组织管理者须按照工作内容、工作职责和工作频次等内容编制工作日志统计表（示例见表3-1）。

表3-1　工作日志统计表示例

工作内容	工作职责	临时频次	常规频次
处理结账事宜	处理分公司申请的结账事宜		6
整理、汇总财务资料	整理、汇总分公司的财务资料等		8
确定员工工资	确定本部门员工的工资		2
处理各类费用	处理在职、离职人员各类费用		7

4. 工作日志法的优势与劣势

（1）工作日志法的优势

① 信息的可靠性高。该方法适用于确定有关工作职责、工作内容、工作关系和劳动强度等方面的信息。

② 所需费用较低。

③ 对于高水平与复杂性工作的分析，经济省时。

（2）工作日志法的劣势

① 将注意力集中于活动过程，而不是结果。

② 使用范围较小，只适用于工作循环周期较短、工作状态稳定的职位分析。

③ 信息整理的工作量大，且信息归纳工作烦琐。

④ 任职者在填写日志时有可能因为不认真而遗漏很多工作内容，从而影响分析结果。

（四）工作要素法

1. 工作要素法的概念

工作要素是指工作中不能再继续分解的最小活动单位。它是形成职责的信息来源和分析基础，但并不直接体现在职位说明书中。工作要素法是一种典型的开放式人员导向性工作分析方法。它主要是确定对完成特定工作有显著作用的工作要素。工作要素法所关注的工作要素一般包括以下几个方面。

（1）知识，如专业知识水平、外语水平等。

（2）技能，如计算机操作能力、驾驶技术等。

（3）能力，如沟通能力、判断能力和表达能力等。

（4）工作习惯，如工作时间、敬业程度等。

（5）个性特征，如外向、热情、自信、主动和积极等。

2. 工作要素法的操作流程

（1）提出并整理工作要素。在这一流程中，主题专家小组成员运用头脑风暴法列举出对实现目标工作有显著影响的工作要素。工作要素根据完成目标工作所需要的知识、技能、能力、工作习惯和个人特征提出，每个提到的工作要素都应与目标工作相联系的，所有工作要素的组合要能够覆盖目标工作的要求。

（2）划分工作分析维度。在这一流程中，组织要成立焦点小组，小组成员对所有工作要素进行筛选、归类后，划分工作分析的维度和子维度，然后以小组讨论的方式将各个子维度分别归类到不同的职位分析维度下，最终形成工作要素隶属清单。工作要素隶属清单示例如表 3-2 所示。

表 3-2　工作要素隶属清单示例

维度	心理调节能力	突出的智力能力
子维度	• 应对困难和挫折的能力 • 心理控制能力 • 适应能力 • 忍耐力	• 判断能力 • 抽象能力 • 记忆力 • 逻辑思维能力 • 推理能力 • 信息接受能力 • 快速思维能力 • 理解力 • 想象力 • 创造力 • 敏感性

3. 工作要素法的优势与劣势

（1）工作要素法的优势

① 开放性程度较高，适应性强。

② 标准化程度较高，更加客观。

③ 在人员选拔和培训应用方面效果更好。

（2）工作要素法的劣势

① 对主题专家组的依赖性强，初始工作要素太多，浪费时间和人力。

② 评分过程复杂，需要强有力的控制。

（五）临界特质分析系统

1. 临界特质分析系统的概念

临界特质分析系统是完全以个人特质为导向，其目的是为了提供标准化的信息以辨别员工为基本完成和高效完成某类工作具备哪些品质特征（临界特质）。临界物质分析系统特质如表 3-3 所示。

表 3-3　临界特质分析系统特质

工作范畴	工作职能	特质因素	具体描述
身体特质	体力	力量	能举、拉和推较重的物体
		耐力	能长时间持续地耗费体力
	身体活动性	敏捷性	反应迅速、灵敏,协调性好
	感官	视力	能辨别出各种颜色、物体形状等
		听力	能辨别出各种声响
智力特质	感知能力	感觉、知觉	能观察、辨别细微的事物
		注意力	在精力不集中的情况下仍能观察入微
		记忆力	能持久记忆需要的信息
	信息处理能力	理解力	能理解口头表达或书面表达的各种信息
		解决问题的能力	能演绎和分析各种抽象信息
		创造力	能产生新的想法或开发新的事物
学识特质	数学能力	计算能力	能解决与数学相关的问题
	表达能力	口头表达的能力	口头表达清楚、简练
		书面表达的能力	书面表达清楚、简练
	行动力	计划性	能合理安排活动日程
		决策能力	能果断选择行动方案
	信息与技能的应用能力	专业知识	能处理各种专业信息
		专业技能	能进行一系列复杂的专业活动
动机特质	适应能力	适应变化的能力	能自我调整、适应变化
		适应重复的能力	能忍受重复性活动
		应对压力的能力	能承担关键性、压力大的任务
		适应孤独的能力	能独立工作或忍受较少的人际交往
		适应恶劣环境的能力	能在炎热、严寒或嘈杂的环境中工作
		适应危险的能力	能在危险的环境中工作
	控制能力	独立性	能在较少的指导下完成工作
		毅力	能坚持完成一项工作任务
		主动性	主动工作并能在需要时承担责任
		诚实	遵守道德规范
		激情	有上进心
社交特质	人际交往能力	仪表	衣着打扮达到适当的标准
		忍耐力	在紧张的气氛下也能与他人和睦相处
		影响力	能影响他人
		合作力	能适应团队作业

2.临界特质分析系统的操作流程

在进行临界特质分析时，要由直接主管、其他主题专家组成成员和任职者讨论并确定在该职位上达到可接受（优秀）的绩效水平与哪些特质相关、要求达到哪种等级、这种要求是否切合实际等。临界特质分析的操作流程如下。

（1）选择和培训分析团队成员。临界特质分析由一组分析人员（包括1名主持人和至少5名分析人员）完成，选定分析人员后要对其进行培训。培训的内容主要包括工作分析的目的、方法及临界特质分析的注意事项等。

（2）完成临界特质分析卡。临界特质分析始于填写临界特质分析卡（见表3-4）的分析。填写临界特质分析卡的分析一般分为三步：第一步是通过评定每个特质的重要性和独特性来评定它们与工作的相关性；第二步是确定为达到可接受的绩效水平需要各相关特质达到哪一个等级；第三步是确定如果任职者期待取得优秀的工作绩效，那么其需要达到哪一个等级的特质水平。

（3）整理并总结临界特质分析卡。在分析人员填写完临界特质分析卡后，主持人需要整理、汇总临界特质分析卡的内容，得到最终的特质分析结果。

表3-4　临界特质分析卡

范围	特质	第一步			第二步		第三步		主持人		
		A	B	C	D	E	F	G	H	I	J
身体特质	力量	1	1	1	0	2	1	2	0	2	2
	耐力	1	1	1	1	2	1	2	2	2	4
	敏捷性	1	1	1	1	2	2	2	2	4	6
	视力	1	0	0							
	听力	1	0	0							
智力特质	感觉、知觉	1	1	1	1	2	2	2	2	4	6
	注意力	1	1	1	1	2	1	2	2	4	6
	记忆力	1	1	1	1	2	1	2	2	2	4
	理解力	1	1	1	1	2	2	1	2	3	5
	解决问题的能力	1	1	1	2	1	2	2	2	4	6
	创造性	0	0	0							
学识特质	计算能力	1	1	1	1	2	2	2	2	4	6
	口头表达的能力	0	0	0							
	书面表达的能力	1	0	0							
	计划性	1	0	0							
	决策能力	1	0	0							
	专业知识	1	1	1	1	2	1	2	2	2	4
	专业技能	1	1	1	1	2	2	2	2	4	6

（续表）

范围	特质	第一步			第二步		第三步		主持人		
		A	B	C	D	E	F	G	H	I	J
动机特质	适应变化能力	1	1	1	1	2	1	2	2	2	4
	适应重复	1	1	1	1	2	1	2	2	2	4
	应对压力的能力	1	1	1	2	1	2	2	2	4	6
	适应孤独的能力	0	0	0							
	适应恶劣环境的能力	1	1	1	1	1	1	2	1	2	3
	适应危险的能力	1	0	0							
	独立性	1	1	1	1	2	1	2	2	2	4
	毅力	1	1	1	1	2	1	2	2	2	4
	主动性	1	1	1	1	2	2	2	2	4	6
	诚实	1	1	1	1	2	1	2	2	2	4
	激情	1	1	1	2	2	3	1	4	5	9
社交特质	仪表	0	0	0							
	忍耐力	1	0	0							
	影响力	1	0	0							
	合作力	1	1	1	1	2	1	2	2	2	4

注：需要说明的是，表3-4中H列的值等于D列的值和E列的值乘积，I列的值等于F列的值和G列的值乘积，J列的值等于H列的值和I列的值之和。

3. 临界特质分析系统的优势与劣势

（1）临界特质分析系统的优势

①分析结果比较准确。

②适用范围广泛。

（2）临界特质分析系统的劣势

①实用性不强。它的引进和实施需要大量人力和财力的支持，容易超出企业的实际能力。

②过于精确。它的分析结果限制了管理者的自由，即限制了人为修改分析结果的自由。

③过于复杂。它的技术背景、系统内部的逻辑性及其依据的理念都可能超出了部分人力资源专家和一线管理者的能力范围。

（六）工作任务清单分析法

1. 工作任务清单分析法的概念

工作任务清单分析法是一种典型的工作倾向性工作分析方法。工作任务清单系统（见图3-2）包括两个子系统：一是用于收集工作信息的方法技术；二是与信息收集方法相匹配的用于分析、综合和报告工作信息的计算机应用程序软件。

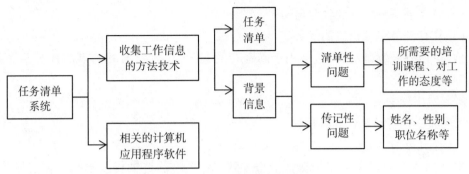

图 3-2　工作任务清单系统

　　收集工作信息的方法技术实际上是一种高度结构化的调查问卷，一般包括两部分。一部分是背景信息，包括传记性问题与清单性问题。传记性问题是指那些可以帮助分析者对调查对象进行分类的信息，如姓名、性别、职位名称、任职部门、服务期限、教育水平、工作轮换愿望和职业生涯意向等。清单性问题是为了更加广泛且深入地了解有关工作方面的背景信息而设计的问题。它为调查对象提供了一套包括问题与答案选项的清单，清单的内容包括所用的工具、设备，所需要的培训课程，对工作的态度等。另一部分是任务清单。任务清单是把工作按照职责或其他标准以一定的顺序排列，然后由任职者根据自己工作的实际情况对这些工作任务进行选择、评价等，最终理顺并形成该工作的工作内容。

　　2. 工作任务清单分析法的操作流程

　　工作任务清单分析法的操作流程主要包括以下步骤。

　　（1）构建任务清单。构建任务清单有多种方式，清单内容可以来自对所研究工作的观察或工作日志，也可以来自其他任务清单，还可以借助主题专家法进行的人物描述。人力资源部的任务清单构建一般采用部门目标分解的方法，首先明确本部门的目标，然后再把工作逐步分解为各个任务项目。

　　（2）利用任务清单收集信息。如前所述，任务清单实质上是一个高度结构化的调查问卷，是用于收集信息的工具。在收集信息的过程中，需要注意以下几个方面。一是调查范围与对象的确定。既可以选取两个以上行业的多家企业的人力资源部的员工，这样能得到有关人力资源部工作任务较全面综合的信息；也可以选取一个行业的多家企业的人力资源部的员工，这样能收集到该行业的企业人力资源部工作任务的大量数据，所得结论具有行业特点。二是调查方式的选择。如果采用集体调查的方式，那么就可以由调查实施者本人发放并回收问卷。如果采用单独调查的方式，即由被调查者选择应答的时间和地点，那么可以通过正式的组织渠道发放并回收问卷。组织者需要根据实际情况选择合理的调查方式，以确保问卷回收率。三是选择适当的信息源，与工作执行相关的信息一般由任职者本人提供，而任务评价信息一般由管理者提供。

　　（3）分析任务清单所收集的信息。我们要借助计算机程序或一些普遍应用的软件如社会科学统计程序（SPSS），对任务清单所收集到的信息进行分析。

3. 工作任务清单分析法的优势与劣势

（1）工作任务清单分析法的优势

① 信息可靠性较高。该方法适用于确定有关工作职责、工作内容和工作关系等方面的信息。

② 所需费用较少。

③ 难度较小，容易被任职者接受。

（2）工作任务清单分析法的劣势

① 对"任务"的定义难以把握，结果导致"任务"的精细程度不同，有的任务简单，有的任务复杂。

② 使用范围较小，只适用于分析循环周期较短、内容比较稳定的工作。

③ 整理信息的工作量大，且信息归纳工作比较烦琐。

④ 任职者在填写任务清单时容易受当时所做工作的影响，导致遗漏其他时间进行的且比较重要的工作任务。

四、职位说明书

职位说明书是通过职位描述把直接的实践经验进行归纳、总结，最终上升为理论形式，使之成为指导性的管理文件。职位说明书对企业职位的任职条件、职位目的、指挥关系、沟通关系、职责范围、负责程度和考核评价的内容进行了定义性说明。某食品行业销售部业务主管职位说明书示例如表 3-5 所示。

表 3-5　某食品行业销售部业务主管职位说明书示例

职位名称	业务主管		职位编号	
所在部门	销售部		职位定员	
直接上级	销售经理		工资等级	
直接下级			薪酬类型	
职位等级			职位分析日期	
本职工作：进行市场开发，签订销售合同；跟踪订单，对客户进行售后服务				
职责与工作任务				
职责一	职责描述：协助销售经理制订销售计划			
	工作任务	协助销售经理制订本部门年度销售计划，并制订个人年度销售计划		
		收集和分析所负责销售区域的销售信息，为公司决策提供参考意见		
职责二	职责描述：寻找代理商，对所负责销售区域市场代理商进行开发与维护			
	工作任务	寻找和了解代理商信息，对代理商提出评价意见，负责拟定代理商合作协议		
		持续掌握代理商情况，与代理商保持良好关系，做好代理商与公司之间信息沟通的桥梁		
		根据公司销售政策提出所负责区域内的代理商政策建议，并监督代理商实施公司的销售政策		

（续表）

职责三	工作任务	职责描述：负责销售，完成销售目标
		向代理商传达公司产品信息、企业文化与销售政策
		积极争取代理商订单，完成销售目标
		组织和参加与代理商的商务谈判，拟定销售合同
		协调销售合同履行中与代理商的接洽，促进货款的回收
职责四	工作任务	职责描述：收集所负责区域的销售市场信息
		协调代理商，定期收集市场信息
		定期走访市场，了解有关市场用户、竞争对手和渠道等一手信息，以及相关政策
		开发多种渠道，以获得销售市场的相关信息
职责五	工作任务	职责描述：负责销售区域的市场推广工作
		针对所负责销售区域的特点，提出市场推广建议
		根据公司市场推广方案，协调和参与推广方案在本销售区域内的实施，并针对实施情况收集评价数据
职责六	工作任务	职责描述：协助产品创新
		针对市场特点，提出新产品开发建议
		协助新产品开发中的产品试销与市场推广，做好信息反馈
职责七	工作任务	职责描述：参与售后服务
		参与协调代理商退换货
		参与质量问题分析，协调回收或检查代理商所退换货物的原件
		组织对代理商进行简单的技术培训

权力

授权范围内的合同签订权

客户服务条款的建议权

新产品开发建议权

推广方案的建议权

工作协作关系

内部协作关系	销售部、财务部、技术研发部和质检部等
外部协作关系	代理机构、销售区域内相关政府机构和行业协会等

任职资格

教育水平	大学专科以上
专业	食品专业或营销管理相关专业
培训经历	市场营销管理、销售管理、公共关系和营销技能培训
经验	两年以上工作经验，一年以上本行业或相关行业营销或管理经历

（续表）

知识	熟悉食品行业知识，掌握市场营销相关知识，具备财务管理等方面的知识，了解公司所经营产品的技术知识
技能技巧	熟练使用 Word、Excel 等办公软件
个人素质	具备判断与决策能力、人际交往能力、沟通能力、计划与执行能力和客户服务能力
其他	
备注	

（一）编制职位说明书的注意事项

（1）要用恰当的文字清晰地描述职位说明书的每项内容。为了增强其可读性，尽量避免使用管理学术语。

（2）根据对所收集信息的分析结果，明确地指出每个职位的职权范围。

（3）不能为了追求简明扼要而用过于抽象的词语，尤其是对职责与知识及能力的描述，必须具体完整。

（4）无论是职位说明书的结构还是其语言文字，都应该在清晰、准确的前提下尽量简洁明了。

（5）在设计完职位说明书的内容提纲后，编制人员需要将其与职位分析结果进行对比，准确无误后交由组织管理者审核，审核通过后方可编制职位说明书。

（二）职位说明书的内容

职位说明书主要包括两部分内容：一部分是职位描述，它主要对职位的工作内容进行概括；另一部分是任职资格，它主要对任职者的工作标准和工作规范进行概括。

1. 职位描述

职位描述是指对职位本身的内涵和外延进行规范的描述。其主要内容包括工作的目的、职责、任务、权限、业绩标准及压力等。

职位描述包括核心内容和选择性内容，前者是职位描述所必须包含的内容，如果缺少这部分内容，我们就无法对本职位与其他职位加以区分；后者并非所有职位描述所必须包含的内容，这部分内容可由职位分析专家根据预先确定的职位分析目标或者职位类别，有选择性地进行安排。职位描述的内容如表 3-6 所示。

表 3-6 职位描述的内容

分类	内容项目	项目内涵	应用目标
核心内容	工作标识	工作名称、所属部门、直接上级职位、所辖人数和工作水平等	传递职位基本信息
	工作概要	关于该职位的主要工作目标和内容	
	工作职责	该职位必须完成的任务和担负的责任	
	工作关系	该职位在组织中所处的位置	晋升调动管理

（续表）

分类	内容项目	项目内涵	应用目标
选择性内容	工作权限	该职位在人事、财务和业务上做出决策的范围和层级	组织优化、职位评价
	履行程序	对各项工作职责完成方式的详细分解与描述	绩效考核、上岗引导
	工作范围	该职位能够直接控制的资源的数量和质量及其活动范围	管理人员的职位评价、上岗引导
	职责的量化信息	职责的评价性和描述性量化信息	职位评价、绩效考核
	工作环境	职位存在的物理环境	职位评价
	工作压力	职位对任职者造成的工作压力	职位评价
	工作特点与涉及范围	工作的独特之处及涉及范围	上岗引导、职位评价
	业绩标准	对如何衡量每项职责完成情况的规定	提取职位层级绩效考核指标

（1）工作标识。工作标识是关于职位的基本信息，是某一职位区别于其他职位的标志。通过工作标识，可以向职位描述的阅读者传递关于该职位的基本信息，使其对该职位有大概的认识。

（2）工作概要。工作概要是指简洁、明确地表述某一职位的工作目标和内容。任何职位的存在价值都在于它能够帮助组织实现战略目标，因此一般都是通过战略目标分解的方式来明确职位目的。在战略目标分解的过程中，需要回答以下几个问题。

① 组织的整体战略目标中，哪些目标与该职位密切相关？

② 该职位要实现这些目标应做出哪些贡献？

③ 如果该职位不存在，那么实现组织战略目标的过程中将会遇到什么困难？

④ 该职位存在的意义是什么？

工作概要书写示例如图3-3所示。

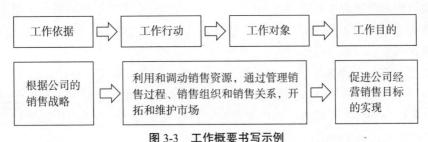

图3-3 工作概要书写示例

（3）工作范围。工作范围是指某一职位的任职者所能掌控资源的数量和质量，以及该职位的活动范围。它代表了该职位能够在多大程度上对企业产生影响或给企业带来损失。工作范围并非所有职位描述中所必须的内容，这部分内容常用于管理职位、以职位评价为目标的职位描述。工作范围书写示例如表 3-7 所示。

表 3-7　工作范围书写示例

包含的内容	具体说明
人力资源	直接下级的人数与级别、间接下级的人数与级别等
财务资源	年度预算、项目成本、年度收入（营业额）、年度利润和销售回款等
活动范围	不同的职位存在较大的差异。例如，销售职位的"每星期接待客户的人数"，人事经理的"每星期进行内部沟通的次数"等

（4）工作职责。工作职责是指某一职位通过一系列的活动来实现组织的目标，并取得一定的工作成果。它是在工作标识与工作概要的基础上，进一步细化的职位工作内容。

对工作职责进行分析与梳理的方法主要有两种：一种是基于战略的职责分解，它侧重于对具体职责内容的界定，主要回答的问题是"该职位需要赋予相关人员什么样的职责，来为组织创造价值"；另一种是基于流程的职责分析，它侧重于对角色与权限的界定，主要回答的问题是"在每项工作中，该职位相关人员应该扮演什么样的角色，应该如何处理与各流程之间的关系"。

（5）工作权限。工作权限是指组织根据某一职位的工作目标与工作职责，赋予某决策范围、层级与控制力度。它主要用于管理人员的职位描述与职位评价。另外，通过在职位说明书中对该职位任职者拥有的工作权限进行详细阐述，可以进一步增强组织的规范化、任职者的职业化意识，同时也有助于培养任职者的职业化能力。

（6）业绩标准。业绩标准又称业绩变量，是指在明确界定某一职位工作职责的基础上，对如何衡量每项职责的完成情况的规定。它是提取职位层级的绩效考核指标的重要基础和依据。在以考核为导向的职位描述中，业绩标准是其所必须包含的内容。但是，业绩标准并不等同于绩效考核中的考核指标，它主要是告诉我们应该从哪个方面或角度去构建该职位的考核指标体系，而没有提供具体的考核指标。

提取业绩指标的思路是以结果为导向，将职责所要达成目标的完成情况作为业绩标准；通过分析履行职责的过程中存在哪些关键点，从中找到对完成效果影响最大、最重要的关键点，将其作为业绩标准；反向提取，主要是回答这样一个问题"该项职责如果履行得不好，其负面影响有哪些。"

（7）工作关系。工作关系主要包括两部分内容：一部分是某一职位在组织中所处的位置，可用组织结构图（见图 3-4）来反映；另一部分是某一职位任职者（在工作过程中）与组织内外部单位之间的工作联系，包括联系对象、联系方式、联系内容和联系频次等。工作联系的书写示例如表 3-8 所示。

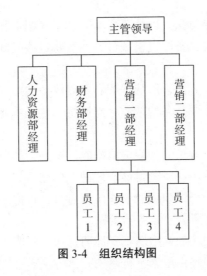

图 3-4　组织结构图

表 3-8　工作联系的书写示例

内外部联系	联系对象（部门或单位）	联系的主要内容
与公司总部各部门的联系	财务部	薪酬预算、薪酬发放
	行政部	文件、档案管理
	总部各部门	人员招聘、培训、调动和考核
与子公司的联系	子公司人事部	业务指导
	子公司总经理	业务协商
与外部单位的联系	人才市场、高校和猎头公司	人员招聘
	外部培训机构	人员培训

（8）工作环境与工作压力。工作压力是指由于工作本身或工作环境的影响给任职者带来的压力。在薪酬理论中，如果出现工作压力因素，组织管理者应该给予员工额外的补偿性工资。在众多的工作压力因素中，我们要关注工作时间的波动性、出差时间的百分比和工作负荷的大小三个方面的内容。在职位描述中，我们会将这些内容划分为若干等级，进行等级评定，从而为职位评价提供参考信息。

一般情况下，工作环境的分析主要针对操作工人的职位描述，其目标是界定工作的物理环境在多大程度上会对员工造成身体上的不适或者影响其身体健康。在制造型企业中，工作环境分析是传统的"职位分析"的核心内容。随着后工业化时代的到来，工作环境因素已经逐步丧失了其传统的地位，尤其是针对管理人员和专业人员的职位分析，对"工作环境"的界定已无实际的意义。

2. 任职资格

任职资格也称工作规范，是指为了保证工作目标的实现，对任职者必须具备的知识、技能、能力和个性等方面的要求。构建职位的任职资格主要有以下五种途径。

（1）以工作为导向的推导方法，即从工作本身的工作职责和任务出发，分析任职者要完成这些工作职责与任务所需要具备的资格条件，然后将这些条件系统化、规范化，由此形成该职位的任职资格。

（2）以人员为导向的推导方法，即从任职者获得成功的关键行为或高频率、花费大量时间的工作行为出发，分析其需要具备的素质，然后将这些素质要求系统化、规范化，由此形成该职位的任职资格。

（3）基于定量化职位分析方法的任职资格推断，这是一种介于逻辑推导与严格的统计推断方法两者之间的方法。它并不对所测得该职位的工作绩效与素质要求的相关性进行数据分析，而是依赖定量化问卷所测得该职位的工作维度得分，根据已经建立的各维度与素质之间的相关性来判断该职位任职者所需要具备的素质。

（4）基于企业实证数据的任职资格体系，即通过建立任职资格中的各项要素与任职者的实际工作绩效的关系，对任职资格要素进行筛选。该方法通过统计手段，保证了任职资格与工作绩效的高度相关，因而是一种高度精确而有效的方法。但是，由于进行任职资格要素与工作绩效的相关分析需要大样本，所以无法针对某一职位单独采用，但可以针对企业全体员工进行测试。该方法适用于建立企业各职位所共同需要的任职资格要素，以及某一职位簇所需要的任职资格要素。

（5）基于公共数据资源的任职资格体系，即借助管理学、组织行为学和人力资源管理实证研究中的成熟结论来判断某一职位的任职资格。

职位分析中的任职资格包括显性任职资格和隐性任职资格两大类。

① 显性任职资格。显性任职资格包括正式教育程度、工作经验或职业培训、工作技能三部分。

a. 正式教育程度。分析正式教育程度的方法有两种：一种是用完成正规教育的年限与所学专业来加以界定；另一种是以任职者实际所达到的教育水平与参加的职业培训来确定。

b. 工作经验或职业培训。对工作经验的度量可以采用两种不同的尺度，即社会工作经验、工龄与员工职业生涯。职业培训是指作为该职位的一般任职者的培训需求，即每年需要多长时间的工作培训，以及培训的内容与方式等。企业通常以培训开发的政策、制度和模块为基础来构建培训体系。

c. 工作技能。工作技能是指对与工作相关的工具、技术和方法的运用。事实上，某一职位所要求的工作技能会随着职位职责的不同存在很大的差异，但在职位说明书中，为了便于对不同职位的技能要求进行比较，我们往往只关注对所有职位均通用的技能。工作技能书写示例如表 3-9 所示。

表 3-9　工作技能书写示例

行为能力特质	核心能力	领导能力、沟通能力、分析能力、实施能力、创新能力、判断能力、公共关系能力和项目管理能力
	团队协作	与各部门进行良好协作，赋予下属相关授权力，与其他部门协商解决问题

（续表）

采取与公司价值观一致的行为和活动	持续改进	持续改进执行制度及流程运行的效率，坚持关注细节、关注成本、关注风险
	客户服务	主动积极地与内外部客户沟通，高效协调内外部关系
	学习创新	通过学习提高本部门员工的分析能力和新知识与技能的综合运用能力
	责任感	勇于承担责任

② 隐性任职资格。隐性任职资格也称工作能力要求，是指在任职资格体系中，任职者为完成某项工作所需要具备的能力和素质要求。组织分层分类能力要素是隐性任职资格的重要组成部分。组织分层分类能力要素体系中包括三种要素：一是通用要素，即组织所有职位的任职者都必须具备的能力要素；二是共用要素，即组织中某一职位任职者都必须具备的能力要素，但不包括通用要素中的能力要素；三是特殊要素，即组织中某一职位的任职者所必须具备的个性化的能力要素，但不包括通用要素和共用要素中的能力要素。某企业分层分类能力要素体系示例如图 3-5 所示。

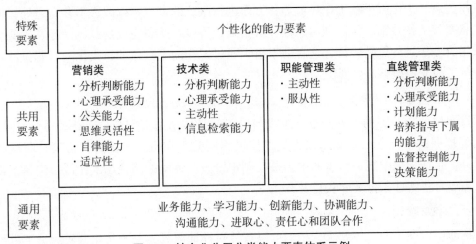

图 3-5 某企业分层分类能力要素体系示例

五、职位分析结果的应用

职位分析的结果被广泛应用于人力资源管理的各个方面，它是组织开展各类人力资源管理活动的参考依据。

（一）人力资源规划

职位分析是人力资源管理中一项重要的技术，是开展人力资源管理工作的基础。职位分析的结果应用于人力资源规划的整个过程。组织可以根据组织整体发展规划、各部门需求及工作分析的结果来确定所需的人员，并了解组织内已有的人力资源状况。

（二）招聘与录用

如果企业人力资源部门对所要招聘的职位工作职责不了解、任职规范要求不清晰，招聘工作将难以获得成功。通过职位分析形成的职位说明书界定了不同职位的任职资格，规定了符合工作要求的人员录用标准，可以客观、公正地评价求职人员，从而使甄选录用工作科学化、正规化，从源头上对工作绩效的影响因素进行控制。

（三）绩效管理

绩效管理的过程就是将员工的实际工作绩效与其要求达到的工作绩效标准进行对比的过程。员工应当达到何种绩效标准，以及需要完成哪些特定活动都需要通过工作分析来确定。根据职位说明书提供的关于某项工作的具体内容，制定出符合组织要求的绩效标准，然后据此对员工工作的有效性进行客观评价和考核。

（四）薪酬管理

职位分析是组织制定薪酬政策、建立健全薪酬体系的基本依据。

（五）职位优化

职位优化是为了有效地实现企业目标、提高工作绩效，对各个职位的工作内容、工作职责和工作关系等有关方面进行变革和设计。通过职位分析，我们可以对工作内容、工作职责、工作关系、工作流程和工作环境等各方面进行系统的审视，以改进不合理之处，提高员工的满意度和工作效率。我们利用职位分析结果，可以对所要完成的具体任务及完成该任务所需采用的方法进行重新确认，这有助于组织通过工作的丰富化和扩大化来对职位进行再设计，使员工与职位能够高度匹配。

（六）员工晋升与开发

通过职位分析，有助于我们根据组织与员工的具体情况来判断员工是否适合某项工作。在不需要培训的情况下，企业可以为员工提供不同的工作机会，提高其与某一职位的匹配度。另外，企业应该根据职位说明书为员工制定晋升、流动的路径图，让每一位员工都能清楚自己需要具备哪些条件才能获得晋升。

（七）员工培训

根据职位说明书的具体要求，组织可以有针对性地对具有一定文化素质的员工进行专业知识和技能的培训，提高员工胜任某一职位的能力素质；也可以对一些任职条件不足，但其他方面优秀且符合公司要求的员工进行教育和培训，提升其能力和素质，最终使其达到职位说明书的任职要求。

第二节　职位评价

一、职位评价的概念

（一）职位评价的定义

职位评价就是根据各职位对组织经营目标的贡献，通过专门的技术和程序对组织中的各个职位的价值进行综合评价。通过职位评价，我们可以确定组织中各个职位相对价值的大小，从而建立一个合理、系统、稳定的组织结构，开发一个工作价值的等级制度，在此基础上确定各职位的薪酬级别和职位待遇。

（二）职位评价的特点

1. 职位评价"对事不对人"

职位评价的对象是组织中客观存在的具体职位。它主要是对职位的职责、任职资格及条件等进行评价，而非以"人"为中心对职位的现有任职者进行评价。

2. 职位评价是对各职位在组织中的贡献价值的评价

职位评价是对各职位在组织中的贡献价值进行比较、评价的过程，而非对任职者的职位绩效进行评价。

3. 职位评价衡量的是各职位之间的相对价值，而非绝对价值

职位评价是对同一组织不同职位间的相对价值进行评价，即根据预先设定的薪酬级别及职位待遇对各职位进行评价，得出各职位的相对价值，然后再根据评价结果，将各职位之间的相对价值划分为一定的等级，使不同的职位间具有一定的价值可比性，而非确定薪酬的绝对价值。

（三）职位评价的原则

1. 系统性原则

职位评价并不是独立进行的。从大的角度来说，它是职位分析与薪酬设计相联系的桥梁，起着承上启下的重要作用；从小的角度来说，职位评价过程中的各个环节都是密不可分的。

2. 实用性原则

我们在选择评价方法、设计评价体系时既要考虑它们所能达到的效果，也要考虑组织的实际承受能力及其进行职位评价的现实意义，进而选择实用、有效的评价方法。

3. 标准化原则

职位评价的标准化是指对同一组织内不同工作间的评价体系、评价方法和评价程序做出统一规定，以此作为评价工作中共同遵守的准则和依据。职位评价的标准化具体表现在评价要素选择的统一性、各评价要素分级及定义的统一性、评价技术方法的统一性和数据处理的统一性等方面，这样可以确保证职位评价结果的公平、公正。

4. 员工参与原则

职位评价的结果和薪酬息息相关，因此员工非常关心职位评价的结果。同时由于员工对自己的本职工作最为了解，所以让员工适当地参与到职位评价工作中，不仅可以增强评价工作的透明度和公正性，而且可以使职位评价的结果容易被员工接受。

5. 结果公开原则

职位评价的结果必须向组织中的所有员工公开，同时加上透明化的职位评价标准和工作等级结构，这些将有助于员工对组织战略目标和价值取向的理解与认同。此外，公开职位评价结果可以减少薪酬管理中可能出现的不公正现象，从而提高员工对薪酬的满意度。

6.战略性原则

职位评价必须从组织的战略目标及实际现状出发，选择能促进组织生产和管理工作发展的评价因素。因为当组织处于不同发展阶段或面对不同市场的时候，同一工作对于组织的贡献大小是不一样的，所以在进行职位评价时也应做出相应的调整。

二、职位评价的流程

（一）职位评价的准备阶段

1.确定职位评价的目的

通常情况下，职位评价的目的是建立合理的薪酬体系，而这是为了保障组织战略目标的有效实现。因此，在确定职位评价的目的之前，须先确定组织的战略目标，构建薪酬体系。

2.了解组织的现状

组织是一个错综复杂的系统，各项工作之间有着密切的联系。在考察组织各项工作之前，我们必须先对整个组织有所了解，如组织的发展历史、战略目标、性质、所属行业特性、规模、产品和市场生产流程，以及人员状况等。

3.形成职位说明书

职位评价是以工作分析为基础而进行的，因此在进行职位评价之前必须先做好工作分析。职位说明书是工作分析的重要成果文件，其中包含工作职责、任职资格和工作环境等重要信息，是职位评价的参考依据。

4.确定职位评价的主体

职位评价的主体是职位评价委员会。一般来说，职位评价委员会包括四个部分。一是职位评价指导委员会。其主要负责审查、批准职位评价方案，对职位评价的各个环节加以控制，并适时检查方案执行的进度，同时承担着对所用程序和结果的协调工作，因此该委员会一般由组织高层管理人员和工会代表组成。二是职位评价实施委员会。该委员会一般参照分析小组提出的技术性建议，按照所采用要素的重要程度对工作进行排列。三是分析小组。各个委员会的工作都要根据该小组提供的论据来展开，其领导成员必须能解决评价中发生的技术问题。四是申诉委员会。一旦建立了新的工作结构，并且每一项工作都划分了等级以后，可能会引起员工的反对，而这时就需要申诉委员会决定有争议工作的等级分类是否合适。

5.选择评价方法，建立评价体系

在确定了所评价的职位之后，需要确定评价方法。通常来说，不同职位之间的工作职责具有较大的差异，因而不能采用同一种职位评价方法来评价所有职位。

职位评价指标、各指标的分级定义，以及各指标的权重共同构成了职位评价体系。大多数职位评价指标都是由技能、责任、努力程度和工作环境四大类组成，组织可以视自身的特点及现状来选择。

（二）职位评价的实施阶段

1.培训职位评价人员

在培训过程中，除了要向职位评价人员清楚地传达组织进行职位评价的目的，以及职位评价所能为组织和员工带来的利益，还必须使他们准确掌握职位评价方法和评价流程，了解职位说明书中所包含的内容，以及被评价工作的其他相关信息。

2. 工作的初评和正式评价

在正式评价之前，需要对职位进行初评，这样可以使评价者能够对职位评价体系从逐步熟悉过渡到灵活运用，还可以有效地检验评价因素及评价方法的选择是否具有很强的代表性和适用性。初评通过后，就可以对职位进行正式评价，确定组织内所有工作的相对价值，形成工作等级。

（三）职位评价结果的应用阶段

1. 工作等级转换成薪酬等级

工作等级只是对工作的相对价值进行排序，但并没有确定各等级的绝对薪酬水平，所以将工作等级转换为薪酬等级是建立薪酬体系的第一步。

2. 与员工进行沟通并建立申诉机制和程序

在整个工作分析和评价的过程中，组织都应该和组织内成员进行沟通交流，使评价的目的、方法、标准等透明化，同时让他们参与到职位评价的工作中，这有助于他们对评价过程和结果的理解与接受。另外，组织应该建立申诉机制和程序，给予员工发表个人意见的机会，避免由于员工不满或无法得到科学合理的解释，而使组织内部产生不安定因素。

（四）职位评价完善与维护阶段

随着组织经营状况的不断变化、组织战略目标的转移，以及一些工作内容的变更，当初的职位评价体系已经不能满足现在的工作需要，这就要求组织不断完善职位评价体系。

为了使职位评价体系与时俱进，企业需要建立一套定期检查维护的制度体系，对评价体系进行实时调整，以保证职位评价体系能够满足组织发展的需要。

三、职位评价的方法

最常见的职位评价方法有四种，即职位排序法、职位分类法、要素计点法和因素比较法。

（一）职位排序法

职位排序法是依据事先确定的职位评价要素，按照一定的标准对各个职位的相对价值进行整体比较和排序的一种职位评价方法。该方法适用于组织结构稳定、人员规模较小的企业。当企业从节约时间和成本角度考虑时，职位排序法是职位评价的备选方法之一。

企业中常用的职位排序法有三种，分别是简单排序法、交替排序法和配比排序法。各种方法的具体介绍如下[①]。

1. 简单排序法

简单排序法又称直接排序法，是指由职位评价人员依据对企业各项工作的认识与了解，

---

① 杨岗松. 岗位分析和评价从入门到精通 [M]. 北京：清华大学出版社，2015.

凭主观经验对职位的相对价值进行判断并为其排序的方法。简单排序法的实施步骤如下。

（1）组建职位评价小组。选择了解企业工作和业务流程且熟悉被评价职位的人员组成职位评价小组，其主要负责做好评价表单设计等工作。

（2）选择评价因素，确定评价标准。根据被评价职位的工作性质选择评价因素，并确定评价标准。一般常用的评价因素和评价标准包括工作复杂程度、工作量大小和职位贡献大小等。

（3）收集分析资料。收集被评价职位的职位说明书及与该职位相关的资料和数据，提前了解该职位的具体情况。

（4）评价汇总排序。根据职位评价因素和评介标准对被评价职位逐一进行评判，然后汇总职位评价人员的评价结果，按照评价分数的均值确定被评价职位的最终排序。简单排序法示例如表3-10所示。

表3-10　简单排序法示例

职位代码	A-001	A-002	A-003	A-004	A-005
评价人1	1	3	2	5	4
评价人2	2	3	5	4	1
评价人3	2	5	4	3	1
评价人4	3	2	5	1	4
评价人5	4	1	2	5	3
合计	12	14	21	15	13
均值	2.4	2.8	4.2	3	2.6
排序	1	3	5	4	2

在实际应用中，企业为确保简单排序法的准确性和可靠性，可以要求职位评价人员对被评价职位进行多维度评价。常用的评价维度包括职责、知识、技能、工作量和工作环境等。当然，企业还可以对评价维度中的各个指标进行权重划分。

2. 交替排序法

交替排序法又称两极排序法，是指将所有被评价职位按照衡量指标依次选择最重要职位和最不重要职位，对它们分别编号，最终完成职位排序的方法。下面以某公司管理职位排序为例，来介绍交替排序法的实施步骤。

（1）该公司共有9个管理职位，按照衡量指标从9个职位中选择最重要和最不重要的职位，分别放置在首位和末尾，具体如表3-11所示。

表3-11　交替排序法示例

职位代码	C①	E②	G③	F④	B⑤	D④	I③	H②	A①
职位排序	1	2	3	4	5	6	7	8	9

（2）职位代码 C 最重要，排序为 1；职位代码 A 最不重要，排序为 9。将余下的 7 个职位按照上述方法进行排列，依此类推，完成所有职位的排列。

（3）最终获得所有职位的排序。

3. 配比排序法

配比排序法又称两两比较法，是指将各个职位按照评价要素与其他职位进行一一对比的方法。配比排序法（职位责任要素）示例如表 3-12 所示。

表 3-12　配比排序法（职位责任要素）示例

职位代码	A-001	A-002	A-003	A-004	A-005	A-006	排序
A-001	0	√	√	√	√	√	6
A-002	×	0	√	√	×	√	4
A-003	×	×	0	×	×	√	2
A-004	×	×	√	0	×	√	3
A-005	×	√	√	√	0	√	5
A-006	×	×	×	×	×	0	1
汇总	−5	−1	+3	+1	−3	+5	

注：将表 3-12 纵列职位与横行职位对比，以横行职位为对比基础，如比本职位（A-001 职位）责任大（高或重）者打"√"，反之打"×"。

依次对各个评价要素进行配比排序，将各评价要素的评价结果整理汇总，获得最终职位排序。配比排序汇总统计示例如表 3-13 所示。

表 3-13　配比排序汇总统计示例

职位评价要素	A-001	A-002	A-003	A-004	A-005	A-006
职责	6	4	2	3	5	1
知识	5	6	1	2	4	3
技能	6	5	4	2	3	1
工作量	5	4	6	3	2	1
工作环境	5	6	1	4	3	2
汇总	27	25	14	13	18	8
最终排序	6	5	3	2	4	1

配比排序法是将每个职位两两进行比较，在被评价职位数量不多时，能够快速完成职位评价工作。如果职位数量过多，成对配比的数量将会非常大，因此该方法适用于职位数量较少的评价。

配比排序法的优势如下。

（1）简单、易操作，且省时省力。

（2）适用于企业规模小、职位数量较少的情况。

（3）适用于新设立职位与现有职位的比较与排序。

配比排序法的劣势如下。

（1）缺乏评价标准，评价过程是根据职位评价人员的工作经验和主观感觉决定的，这容易造成评价结果不准确。

（2）无法确定各职位之间的相对价值，也无法量化区分职位的价值大小和差异大小，因此不能据此确定薪酬等级。

（3）排序法必须由熟悉企业工作和被评价职位的人员进行评价。

（二）职位分类法

1.职位分类法的概念

职位分类法又称分级法或等级描述法，是指主要从横向和纵向两个角度，对组织中的所有工作进行分类的方法。从横向的角度来看，职位评价人员是指按照工作性质和特点将组织中的所有工作分为大类、中类和小类的方法；从纵向的角度来看，职位分类法是指按照工作责任大小、技能要求、劳动强度和工作环境等要素指标对工作进行分级，并赋予每个类别、每个级别明确的定义，为工作建立起一套完整的分级体系的方法。

2.职位分类法的实施步骤

职位分类法的实施步骤如图 3-6 所示。

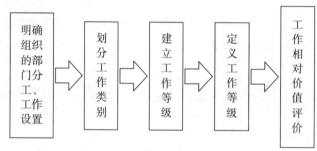

图 3-6　职位分类法的实施步骤

（1）明确组织的部门分工、工作设置。由于实施职位分类法之前要先建立工作分类等级体系，因此必须明确组织现有的部门分工、工作设置等。

（2）划分工作类别，即对组织中的所有工作进行横向分类。根据各项工作的不同性质，将各项工作划分为大类、中类和小类。工作横向分类一般先将组织内全部工作按照工作性质划分为若干大类，然后按照工作性质的不同将大类中工作任务相同的工作归入同一中类，最后将中类细分为小类。

（3）建立工作等级，即对组织中的所有工作进行纵向分类，并在横向分类的基础上将同一小类中的工作划分为不同等级。需要注意的是，划分工作等级时要充分考虑各项工作之间深层次的差异，紧密结合工作任务的繁简难易程度、承担的责任及任职资格条件等因素，同时也要体现组织的薪酬管理策略。

（4）定义工作等级，即对工作等级（在职责权限技术要求、智力要求、脑力和体力耗费程度需要的培训和经验、工作环境等方面）做出明确的界定。在定义工作等级时，要清晰描述不同等级工作的特征及其重要程度。

（5）工作相对价值评价。职位评价人员可依据工作分类等级定义、工作的相对难度、工作职责及知识经验等因素来决定每项工作应归入哪一类工作中的哪个等级。为了使各个小类的级别之间能够直接进行横向比较，以及在各个小类工作之间建立起横向和纵向联系，职位评价人员必须在划分级别的基础上，根据工作的繁简难易程度、责任大小和任职资格条件等因素，对各个小类的工作进行横向分析比较，然后将它们归入同一等级，从而使不同小类、不同级别的工作归入一个由等级、级别和小类组成的三维工作体系之中。

3.职位分类法的优势与劣势

职位分类法的优势如下。

（1）简单、易操作，且对技术要求较低。

（2）能真实地反映组织结构。

职位分类法的劣势如下。

（1）对标准存在主观性的估计，一般表现为等级定义的不准确性。

（2）不同类别工作之间的比较多是凭借职位评价人员的主观经验确定，缺乏科学依据。

（3）适用于工作简单且规模较小的组织。

（三）要素计点法

1.要素计点法的概念

要素计点法是指通过对特定工作特征的分析，确定影响所有工作的共同因素，并将其作为一组通用性评价因素，然后对这些因素进行分级、详细定义和配点，以建立起岗位评价体系的方法。大部分要素计点法所包含的要素可以概括为四个维度，即工作职责的大小、工作复杂性和难度的大小、任职资格要求的高低和工作环境条件的好坏。要想对这四个维度所包含的各要素进行评分，就必须以职位分析所提供的信息为依据，即在进行职位评价时必须参考职位说明书的内容。

2.要素计点法的实施步骤

要素计点法的实施步骤如图 3-7 所示。

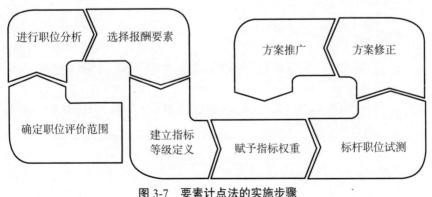

图 3-7　要素计点法的实施步骤

（1）确定职位评价范围。组织依据自身的需要来确定职位评价范围。组织内部的职位通常是多样化的且结构较为复杂，因此准确、合理划分职位横向类别，建立差异化的职位评价方案是顺利进行职位评价的前提条件。

（2）进行职位分析。职位分析可以为职位评价提供相关信息，所以在确定职位评价范围后应对所有职位进行系统性的职位分析。职位分析对于职位评价有两方面的意义：一方面，职位分析可以提供用于建立职位评价方案所需的基础信息，尤其在组织自我开发个性化的职位评价方案时；另一方面，职位分析提供的关于职位的详细信息是进行职位评价的基础信息。

（3）选择报酬要素（评价指标）。报酬要素的选择是职位评价流程的关键环节之一。组织在进行职位评价时，可以选择现有的系统性的职位评价方案，也可以根据组织的特点开发个性化的职位评价方案。某药企的报酬要素及等级如表 3-14 所示。

表 3-14　某药企的报酬要素及等级

要素	知识技能		监管责任	工作影响与工作责任	工作难度
子要素	知识	技能	无	无	无
等级数	4	4	4	4	4

（4）建立指标等级定义。每个指标代表整个职位价值的一个方面，为了使职位评价人员形成统一的口径，减少职位评价的系统误差，我们必须清晰界定指标本身和指标的等级定义。某药企的指标等级定义如表 3-15 所示。

表 3-15　某药企的指标等级定义

要素	等级	描述
知识	A	要求初中以上学历
	B	要求高中以上学历
	C	要求大专以上学历
	D	要求大学本科以上学历
技能	A	无专业技术职称或技能鉴定等级要求，无须相关专业的技能，只需接受岗前知识培训即可直接上岗
	B	具备初级以上专业技术职称或初级以上技能鉴定等级，需要具备相关工作技能和一定工作经验
	C	具备中级以上专业技术职称或中级以上技能鉴定等级，实践经验丰富，需要具备其他专业知识和技能
	D	具备高级以上专业技术职称或高级以上技能鉴定等级，需要解决多专业的综合问题，要求具备综合性的知识结构

要素	等级	描述
监管责任	A	无监督指导下属职责
	B	无监督指导下属职责，但在授权下指导其他员工工作
	C	监督指导一般员工
	D	监督指导部门负责人，负责单位全面工作
工作影响与工作责任	A	因工作失误给部门造成的影响小，承担的工作责任小
	B	因工作失误给部门造成一定的影响，需承担部分工作责任
	C	因工作失误给部门造成严重的影响，给单位造成一定的影响，需承担工作责任
	D	因工作失误给单位造成严重影响，需承担工作责任
工作难度	A	对于日常的事务性工作，只需要掌握一般的方法和知识
	B	工作中有一定的方法和程序要遵循，需要具备相关工作经验
	C	工作中接触的人、物、事件较多，需要主动探索解决方法，需要具备一定的工作经验
	D	工作中接触的人、物、事件较复杂，需要主动探索解决方法，需要具备较丰富的工作经验

资料改编于：李毅.运用要素计点法对铁路基层单位进行职位评价的探讨.［J］.经济师，2016（6）：227~229.

（5）赋予指标权重。我们将各职位评价指标按照一定的规则进行加总就可以得到职位评价的总体得分，但这并不是简单地加总，而是对各评价指标采用不同的权重。指标权重的确定应以指标的相对重要性为基准，重要的指标应被赋予较大的权重，各指标的权重之和为100%。以上述药企为例，拟根据企业的实际情况和调研结果，设定评价总分为1000分，各指标权重设计如表3-16所示。

表 3-16　某药企的薪酬要素与指标权重设计示例

薪酬要素		权重	分数
知识技能	知识	15%	150
	技能	15%	150
监管责任		20%	200
工作影响与工作责任		30%	300
工作难度		20%	200

（6）标杆职位试测。在职位评价方案初步确定后，接下来的工作就是对标杆职位进行测试，根据职位评价方案的各项指标，为标杆职位赋予相应分数，最终得到评价结果；对标杆职位评价的结果进行横向和纵向比较。横向比较是指比较同一职位等级中的各个职位之间的评价结果是否合理，其差距是否在组织所能接受的范围内；纵向比较是指比较不同层级之间的职位评价结果的差距能否真实反映各个职位之间的差异，其激励性、可接受性、公平性是否满足要求。

一般来说，进行标杆职位试测，应注意各个职位之间评价总分的差异是否异常；指标等级定义能否真正区分职位之间的差距；指标各等级的赋分是否合理；指标权重的分配是否合理等问题。

（7）方案修正。根据上述试测结果，应对职位评价方案进行修正。

（8）方案推广。应将修正后的职位评价方案推广至非标杆职位，完成对所有职位的评价。

3. 要素计点法的优势与劣势

（1）要素计点法的优势

① 主观随意性小，可靠性强。

② 得出的评价结果更加公平、准确。

③ 能够量化，可以避免主观因素对评价工作的影响。

（2）要素计点法的劣势

① 实施周期长，且投入的费用多。

② 设计比较复杂，对管理水平要求较高。

（四）因素比较法

1. 因素比较法的概念

因素比较法是一种比较计量性的职位评价方法。因素比较法与职位排序法相似，二者的主要区别表现在两个方面：一是职位排序法仅仅从一个综合的角度比较职位之间的差异，而因素比较法是选择多种报酬因素进行比较排列；二是因素比较法是根据各种报酬因素得到的评价结果设置一个具体的报酬金额，然后汇总得到职位的报酬总额。

2. 因素比较法的实施步骤

因素比较法的实施步骤如图 3-8 所示。

图 3-8　因素比较法的实施步骤

（1）确定关键职位。在理论研究中尚未形成共同认可的选择关键职位的明确原则。一般来说，关键职位存在的基本条件是其目前的报酬水平合理。

（2）选择比较要素。因素比较法经常需要 3 ～ 5 个比较要素。部分学者认为如果使用 7 个以上的比较要素，就难以对职位进行合理的评价，他们提出因素比较法通用的 5 个要素是体力要求、脑力要求、技能要求、职责和工作环境。

（3）编制因素比较尺度表。因素比较尺度表包含横向和纵向两个维度，其中横向维度是比较要素，纵向维度是根据关键职位比较后得到的排序所赋予的工资率。工资率是以关键职位在比较要素上的相对位置及其在劳动力市场上的报酬确定的。在因素比较尺度表中，我们应根据关键职位的特征赋予其在表中的位置，作为非关键职位进行比较的依据，如表 3-17

中所示的"工作1""工作2"和"工作3"。

表 3-17　因素比较尺度表

工资率	体力要求	脑力要求	技能要求	职责	工作环境
0.50			工作1		
1.00	工作1			工作1	工作3
1.50		工作2			
2.00		工作1			工作×
2.50	工作2		工作×		
3.00	工作×		工作2	工作×	
3.50		工作×			工作2
4.00	工作3		工作3	工作2	
4.50					
5.00		工作3		工作3	工作1

（4）进行职位比较。根据因素比较尺度表，我们可以将非关键职位纳入因素比较体系中，以确定其报酬数量。

3. 因素比较法的优势与劣势

（1）因素比较法的优势

① 评价结果较为公正。因素比较法对不同工作中的相同因素进行相互比较，然后再将各种因素的工资进行累计，减少了主观性。

② 耗费时间短。在进行职位评定时，所选定的影响因素较少，从而避免了重复，简化了评价工作的内容，缩短了评价时间。

③ 减少了工作量。由于因素比较法是先确定标准职位的系列等级，然后以此为基础，分别对其他职位进行评定，因此大大减少了工作量。

（2）因素比较法的劣势

① 计算各影响因素的相对价值在总价值中所占的百分比，完全出于职位评价人员的直接判断，这必然会影响评价结果的准确度。

② 操作起来相对复杂，而且很难对员工做出解释。

四、职位评价结果的应用

在以职位为基础的人力资源管理体系中，职位评价的位置如图3-9所示。职位评价的作用在于，首先，职位评价展示了组织、战略认可的报酬要素，从而实现了组织战略与报酬体系的有效衔接，为企业发展和获取核心竞争力提供了明确的操作导向；其次，职位评价是企业建立内在职位序列和报酬体系的基础性工具，是薪酬体系"内部一致性"的集中体现；最后，职位评价本身就是组织和员工建立良好、明确心理契约的途径，同时也有效地传达了组织对员工在工作职责、能力要求等方面的期望。

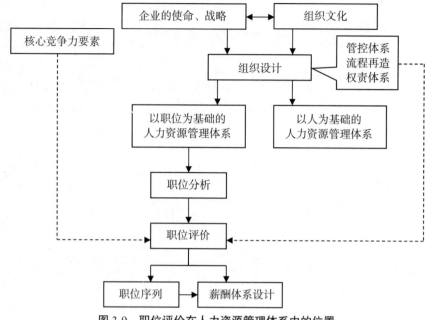

图 3-9　职位评价在人力资源管理体系中的位置

（一）职位评价对组织的贡献

职位评价从方案设计到实施过程等方面支持企业的战略实施和组织运行，主要体现在以下几个方面。

（1）企业战略发展需要的核心能力决定职位评价方案的核心内容。在确定职位评价方案时，我们要系统地理解组织发展战略及明确适应发展战略需要的核心竞争能力，从中提炼出组织认同的报酬要素，即职位评价的客观依据；同时由于员工对职位评价的高度关注，组织应通过职位评价使得组织的战略意图得以有效传递，从而支撑战略的实施和企业使命的达成。

（2）在职位分析的基础上，通过职位评价可以强化组织成员对权责体系的认识。职位评价是连接职位和职位报酬之间的桥梁。在报酬的激励作用下，职位评价提供的信息能够很好地被组织成员接受，因此职位评价能够强化组织成员对职位所包含的职责、权力的认识，并指导自己的行为。

（3）通过职位评价的导向作用，提高流程的运行效率。在进行职位评价时，可通过使每个职位的报酬与其对组织的相对贡献融为一体，并且为新的、唯一的或是变化的职位设定工资水平来支持工作流程，以提高流程的运作效率。

（4）职位评价方案及实施过程能够有效引导员工行为，并提高员工对薪酬的满意度。职位评价能向员工指明组织重视他们工作的哪个方面，以及哪些方面有助于组织的发展。职位评价也有助于员工更好地适应组织的变化；同时，职位评价通过建立一个可行的，一致同意的，能减少随机性、偏见、误差影响的薪酬结构，以减少员工对职位间报酬差别的不满。

（二）职位评价在人力资源管理体系中的作用

职位评价是职位分析获取信息最重要的途径之一。在以职位为基础的人力资源管理体系中，职位评价的作用如下。

（1）建立职位价值序列。职位价值序列是根据职位对于组织的相对重要性的排序，区别于组织内部行政序列及技能序列（虽然具有一定的相关性）。通过职位评价，我们能将组织内部的各个职位分别归于一定的等级之中，以此作为薪酬设计的基础。

（2）设计薪酬体系。职位评价所得到的职位价值序列是薪酬体系设计的基础环节，是确定职位基本薪酬的主要依据。

（3）确定员工薪酬。职位评价为员工薪酬的确定提供了客观依据。

本章练习题

1. 什么是职位分析？它是如何应用于人力资源管理活动中？
2. 职位分析的具体操作流程是什么？它的分析方法有哪些？
3. 职位评价的实施流程是什么？
4. 职位评价的方法有哪些？它们的优缺点是什么？

第四章　招聘与录用

本章学习目标

　　本章对招聘的概念与流程进行了介绍，阐述了招聘的主要程序和具体方法，包括把握企业的人员需求、招聘合适的候选人、选择人力资源获取的策略与渠道、采用适当的人员甄选方法等。通过本章的学习，读者应对招聘的流程有较深入的了解，能够根据不同的情况进行招聘流程设计与执行。

　　员工的招聘与录用是企业获取人力资源的直接方法。企业各部门确定人员需求后，人力资源管理者应根据部门岗位的要求招聘人员。一般来说，招聘的方式主要有外部招聘和内部招聘两种。外部招聘是企业注入新鲜血液的主要方式，包括校园招聘、社会招聘等。而内部招聘主要是以人员晋升、轮岗等方式为主。无论通过哪种渠道招聘，企业招聘都要经历人员需求发布、甄选和录用这三个主要环节。

第一节　员工招聘

一、招聘的概念

　　招聘是组织为了生存发展的需要，及时寻找、吸引并鼓励符合要求的人员到本组织中任职和工作的过程。招聘是组织运作中的一个重要环节。

　　招聘的需求不是无故产生的，一般当组织出现职位空缺或者是人岗不匹配时，就出现了获取人力资源的需求。一般来说，组织的人力资源需求主要有三种来源。

1. 人力资源规划

　　人力资源规划是组织根据其战略发展需要制定的人力资源长期的获取规划，即对可能的人员需求、供给情况做出预测，并据此储备或减少相应的人力资源。人力资源规则是组织获取新的人力资源的主要需求来源。

2. 绩效考核

　　通过绩效考核，组织能够掌握人岗不匹配的情况，即员工个人能力水平和职位要求存在较大的差距。对此类员工及其所在职位而言，都存在再次配置的需求，组织可以根据绩效考核的结果重新配置人力资源。这种配置工作需要组织具有工作分析的基础，即通过系统分析的方法来确定岗位的具体职责、工作范围及岗位所需要的胜任素质。

3. 职业生涯发展

　　当企业能够满足员工的个性化需求和职业生涯发展的目标时，企业的整体绩效也会得到提升。因此，组织在"用人"的同时，也应关注"育人"。为组织发展培育全方位人才也是组织获取未来竞争优势的重要途径，从这个角度出发，组织应通过有计划的工作轮换、晋升及其他形式实现人力资源的再配置与再开发。

二、招聘的原则

招聘是为企业输送新鲜血液的过程。招聘工作的结果直接影响着企业员工的质量，从而对企业的效益产生影响。为了做好招聘工作，企业在进行招聘时须遵循以下原则。

1. 客观公正原则

无论是采用内部招聘还是采用外部招聘，企业要平等对待所有应聘者。同时，招聘人员必须以客观的态度、平和的心态去甄选应聘者，做到客观公正。

2. 能力与职位相匹配原则

在招聘时，企业应全面考察应聘者的知识、技能和个性特征等方面，对其有一个整体的认知。之后，招聘人员要将人员素质与岗位的胜任要求进行比较，做到所招聘人才的能力、素质与岗位的要求相匹配。

3. 德才兼备原则

在招聘过程中，招聘人员要注重应聘者的品德修养和职业素养，具体包括应聘者对岗位工作的责任心、对职业的忠诚度等，在此基础上再考察其才能，做到以德为先、德才兼备，不能因过于重视才能而忽视品德。

4. 先内后外原则

人力资源部门及用人部门应先从企业内部选聘合适人才，尤其在能够使用人员晋升填补岗位空缺的时候。如果企业内部没有可胜任空缺岗位的员工，那么企业可以采用外部招聘，从而充分运用和整合企业现有人力资源。

第二节　招聘的渠道

一、内部招聘

（一）内部招聘的概念

内部招聘的概念有广义和狭义之分。广义上的内部招聘是指企业内部员工自荐或推荐自己的亲朋好友到企业工作；狭义上的内部招聘是指招聘范围仅限于公司内部的在岗员工，这相当于人员内部调动。本书作者认为，内部招聘是通过企业内部员工晋升或调动的方式来获取企业所需的各种人才，也即相当于人员内部调动。由于企业对内部人员的工作业绩及能力都非常清楚，因此当企业的某岗位空缺需要招聘人才时，应优先考虑通过内部人员调动来达到人岗匹配。

随着外部招聘风险逐渐升高、招聘成本不断上升，很多企业青睐内部招聘，尤其是那些身处经济欠发达地区、人才资源匮乏、知名度较低、招聘预算有限的企业更是如此。现在许多知名公司都是通过人才培养和储备的形式为高层次职位谋求合适人选。

（二）内部招聘的方式

企业的内部招聘有四种方式，即提拔晋升、工作调换、工作轮换和人员重聘。

1. 提拔晋升

提拔晋升是在企业内部选择可以胜任某空缺岗位工作的优秀人员。企业通过这种方式，可以给员工升职的机会，对于激励员工非常有利。同时，内部提拔也省去了企业培训新员工的成本。内部提拔的人员对业务工作和企业文化比较熟悉，能够更快适应新的工作岗位。但是，内部提拔有可能使其他员工产生嫉妒心理，导致工作氛围紧张，同时内部提拔上来的员工往往难以在新工作岗位上进行创新，仍然采用原有的工作流程。

2. 工作调换

工作调换也称"平调"，是在企业内部寻找合适人选的一种方法。通过内部调换可以使员工了解其他部门的工作，这样一方面有利于员工今后的晋升，另一方面可以使上级对下级的能力有更进一步的了解，也为今后的工作打好基础。

3. 工作轮换

工作轮换和工作调换的区别主要体现在，工作调换从时间上来讲往往比较长，而工作轮换则通常是短期的、有时间限制的。另外，工作调换往往是单独的、临时的，而工作轮换往往是两位以上人员且是有计划进行的。工作轮换可以使单位内部的管理人员或普通人员有机会了解单位内部的其他工作，给那些有潜力的人员提供晋升的机会。目前工作轮换多用于管培生的培养，为其正式进入岗位做好准备。

4. 人员重聘

企业有时会从离退休人员中重聘素质较好的人员来填补内部的空缺岗位。对这些人员的重聘，给他们提供了再为单位尽力的机会。另外，这样做可以为企业节约招聘的时间，也可以减少培训费用。

（三）内部招聘的优点

1. 招聘效率高

成熟的企业内部都有一套系统的人员培养和选拔体系，这样从内部培养和选拔人才的效率比较高。同时，内部员工对企业的现有人员、业务模式和管理方式非常熟悉，员工上岗后能很快适应岗位工作。

2. 招聘费用低

外部招聘需耗费企业大量的时间、人力、物力和财力，而内部招聘则可以大大节省费用。

3. 激励员工

内部招聘能够给员工提供更大的成长空间，激励员工努力工作，在企业内部营造积极进取、追求成功的氛围。

4. 保持企业内部稳定

经过长期的磨合，员工与企业在同一个目标基础上形成趋同的价值观，相互之间比较信任。而且员工也已认可企业的文化，并认同企业的价值观和行为规范，对组织的忠诚度较高。

（四）内部招聘的缺点

1. 容易形成小团体

采用内部招聘的方式容易导致企业内部人员形成小团体，即可能有"关系"及利益群体的形成。

2. 可能导致企业内部不团结

由于岗位数量是有限的，内部员工竞争的结果必然是有人欢喜有人忧，这有可能会影响员工之间的关系。同时，对企业高层管理者来说，也可能存在用人分歧的问题。当出现这类问题时，企业高层存在的不团结因素会更加明显。

3. 容易导致"近亲繁殖"

在大多数企业中，师带徒是企业培养人才的主要方式，在内部晋升时就容易出现"近亲繁殖"的情况，这就导致企业的经营理念方法很难实现创新，不利于企业的成长。

二、外部招聘

（一）外部招聘的概念

外部招聘是企业根据制定的标准和程序从外部选拔符合岗位要求的员工。企业采用外部招聘往往是因为企业内现有的员工无法胜任对任职资格有特殊要求的岗位，或是企业想引入新技术和新思想。随着企业的快速发展，企业急需从外部获取各类人才。

（二）外部招聘的方式

外部招聘的方式主要有面向社会公开招聘、第三方机构招聘、校园招聘和网络招聘四种。

1. 面向社会公开招聘

面向社会公开招聘，即企业通过在各种媒体上发布招聘广告，吸引符合条件的人员前来应聘。通过广告发布进行招聘可以实现范围更广的信息传播，同时能为所有的应聘者提供公平的竞争机会，但是在此过程中，企业要保证招聘广告的有效性及招聘流程的科学化、规范化。

企业通过广告形式进行人员招聘，要注意两个方面的内容。

（1）广告媒体的选择。一般来说，广告媒体主要有报纸杂志、广播电视、网站及现场随机发放宣传材料等。企业在选择广告媒体时，要充分考虑各种媒体的适用范围以及受众人群。

（2）广告形式与内容的设计。好的招聘广告形式能吸引更多求职者的关注，也能为企业树立良好的形象。因此，企业应根据自身的实际需要设计广告的形式。一般来说，招聘广告应满足"AIDA"原则：

• Attention（A）——能引起求职者的注意。

- Interest（I）——能激起人们的兴趣。
- Desire（D）——能激发人们求职的愿望。
- Action（A）——方便求职者的求职行为。

另外，广告的内容设计也很重要。企业在设计广告内容时要融入岗位的职责、工作特点、薪酬水平等信息，从而使求职者对职位有初步的了解。

2. 第三方机构招聘

以就业代理机构为代表的第三方招聘机构通常有很多求职者资源。因此，企业可以通过第三方机构进行招聘，从而节省时间成本和人力成本，更快地找到适合的员工。当然，企业要提前告知第三方机构招聘岗位所需的资格条件，以便该机构寻找并向企业推荐符合条件的优秀应聘者。

一般来说，第三方机构主要有公共就业代理机构、私人就业代理机构及猎头公司三类。其中，公共就业代理机构主要是各级政府主办的人才市场、劳务市场和就业安置处等；私人就业代理机构主要是指各类职业介绍所。相较于公共就业代理机构，私人就业代理机构的效率更高、服务态度更好。猎头公司可以帮助企业招聘高级管理人才及高级技术人员，相应地收费较高。

3. 校园招聘

校园招聘是指企业直接从各个高校的应届毕业生中招聘所需的人员。学校是人才高度集中的地方，也是企业获取人力资源的重要渠道。应届生是最具发展潜质的人员群体，更容易接受企业文化的熏陶和技能的培训，因而校园招聘是目前企业招聘的主要方式之一。校园招聘通常包括三种方式：一是企业直接到校园里进行招聘；二是学生提前到企业实习；三是企业和学校联合培养企业所需人才。

（1）校园招聘的流程

为了补充企业所需的专门人才，大部分企业多采用第一种方式的校园招聘。校园招聘的流程如图 4-1 所示。

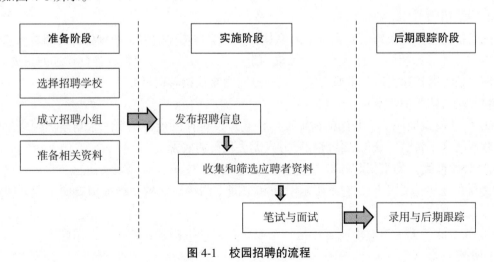

图 4-1　校园招聘的流程

① 选择招聘学校：确定招聘职位、人数及招聘学校。

② 成立招聘小组：企业可以临时成立招聘小组在不同高校中流动招聘，也可以在不同学校里设置若干小组进行招聘。

③ 准备相关资料：包括制定招聘政策（如招聘整体实施、招聘纪律、招聘经费等），明确小组内部分工，准备面试相关的表格和企业宣传资料等。

④ 发布招聘信息。企业发布招聘信息的方式有三种：一是在企业网站和校园网站上刊登招聘信息；二是在校园内部张贴海报，明确招聘岗位、招聘标准等；三是在学校里举办招聘会或参加学校组织的"秋招""春招"。

⑤ 收集和筛选应聘者资料：招聘人员要对应届生的资料进行初审和筛选，从信息库中排除明显不合格者，提高招聘效率。另外，招聘人员可以将所有应聘者的资料进行记录归档，为人力资源部的事后分析工作提供素材。

⑥ 笔试与面试：笔试通常有专业知识和分析能力等测试，旨在考察应届生的知识储备情况。面试一般重点考察应届生的基本素质，即对其潜质进行考察。

⑦ 录用与后期跟踪：面试合格的人员可以确定为录用对象，招聘人员可以根据应届生招聘的相关规定签订协议。事后招聘人员要做好后期跟踪，因为录用对象很有可能也被其他企业相中。

（2）校园招聘的优点

① 针对性强。企业可以根据自身实际的需要选择专业人才。

② 可塑性强。应届生的可塑造性强，能较快适应企业的工作需求。

③ 适宜储备战略性人才选择和部分优秀人才。由于校园人才的层次多，可供挑选的机会多，便于企业选择并储备战略性人才。

（3）校园招聘的缺点

① 应届生缺乏实际工作经验，企业需要投入的培训成本高。

② 应届生在工作初期跳槽概率较高，这可能造成企业的人才重置成本增加。

4. 网络招聘

网络招聘是指企业将需要招聘的岗位及各种与招聘相关的信息通过自己的网站或第三方招聘网站（如智联招聘、前程无忧）等机构进行发布，然后对应聘者进行筛选的招聘方式。随着网络技术的快速发展，求职者已习惯通过网络查找招聘信息并选择工作岗位。

（1）网络招聘的优点

① 信息覆盖面广。互联网的覆盖面广，它可以延伸到世界的每一个角落。网络招聘依托互联网的这个特点，获得了传统招聘方式无法获得的效果。

② 时效性强。网络招聘的双方通过交互式的网上登录和查询完成信息的交流。这种方式与传统的招聘方式不同，它不强求时间和空间上的绝对一致，极大地方便了双方时间的选择。

③ 成本低。无论是对求职者还是对企业而言，网络招聘相较于其他招聘方式，具有成本低的优势。

④ 具有快速筛选功能。目前，各类人才招聘网站都对求职者的专业水平、受教育程度及从事的行业等个人信息进行了细化，因此企业可以针对自己的用人标准快速筛选求职者简历。

（2）网络招聘的缺点

① 信息的真实性难以保证。在进行网络招聘时，企业和求职者都可能发布虚假信息。有些企业为了吸引更多求职者的关注，夸大企业优势，对劣势避而不提，从而误导求职者。同样，求职者为了获得企业的青睐，也可能发布不实的个人信息。

② 网络招聘的成功率较低。信息的极大丰富也就意味着信息的极大泛滥。先进的网络技术极大地提高了信息传递的速度，同一个职位会同时产生许多的求职者。在用人单位收到极为丰富的简历的同时，也会因为简历数量过于庞大，人力资源部门不得不花费大量时间进行筛选而疲于应付。

③ 网络招聘应用范围小。目前适合在网上招聘的对象大多局限于一些文化水平较高的人员。对不经常上网的人来说，网络招聘的作用不明显。

（三）外部招聘的优点

1. 为企业注入新鲜血液

从外部招聘的人才可以为企业带来新的观念、新的思想、新的技术。

2. 避免过度使用内部不成熟人才

外部招聘即通过一系列招聘甄选过程去选择企业所需要的人才，这些人才往往经过培训，富有经验，比内部员工更适合岗位工作。同时，外部招聘也使得内部人员能够进行更多的培训，为未来的内部招聘奠定基础。

3. 促进战略性人力资源目标的实现

为了促进企业战略目标的实现而设定的人力资源目标即是战略性人力资源目标。战略性人力资源目标具有战略性、前瞻性、科学性和系统性的特点。因此，企业从外部引进的人才必须符合战略性要求，尤其对高层管理人才、高新技术人才等要有计划、分阶段地引入，促进企业战略性人力资源目标的实现。

4. 节省培训费用和培训时间

企业通过招聘甄选等过程选择高素质的人才，这些人才完全能够满足企业对学历、经历等要求，这样企业就可以大大节省培训费用和培训时间。

（四）外部招聘的缺点

1. 人才获取成本高

外部招聘往往意味着企业要设置专职招聘人员、划拨专项经费。这些人员的设置往往会增加企业的人力成本，这些成本最终都会计算到外部招聘时人才获取的成本中。

2. 无法规避选错的风险

虽然在招聘过程中有相关负责人层层把关，并有专家顾问的参与，使选才的准确度大大提高，但仍无法规避选错人的风险。一旦选错人，不仅会浪费企业的人力、物力、财力，而且会影响企业的正常运作，甚至可能导致企业贻误发展的良机。

3. 影响员工队伍的稳定

当企业内部出现空缺岗位时，有些员工认为自己完全能够胜任，这时如果企业选择从外部招聘人员，必然会使员工逐渐对现有职业产生不安全感，导致其工作热情下降，最终影响员工队伍的稳定性。

4. 引进人才要花时间熟悉工作

企业从外部引进的人才并不能马上投入工作，因为对岗位工作的熟悉、对企业工作流程的熟悉、对与之协作部门的熟悉等都需要时间，这种时间的投入是企业不得不考虑的成本因素。

第三节　人员甄选

一、人员甄选的概念与标准

（一）人员甄选的概念

人员甄选是指组织对应聘者的知识水平、能力、专业兴趣和个性特征等多方面的情况进行区分、评估，以此挑选适合职位要求的人选。职位要求一般通过职位分析和胜任力模型来体现。

对以人才为核心竞争力的知识型组织来说，选择合适的组织成员对组织的发展会产生重要的影响。因此，组织必须在招聘到大量候选人的前提下，采用审慎而适当的甄选办法，从中挑选出最适合组织发展需要的人员。

（二）人员甄选的内容

1. 知识

知识是系统化的信息，其可分为普通知识和专业知识两种。普通知识就是我们所说的常识，而专业知识是指特定职位所要求的特定知识。在人员甄选的过程中，专业知识通常占主要地位。应聘者所拥有的文凭和一些专业证书可以证明他掌握的专业知识的广度和深度。知识的掌握可分为记忆、理解和应用三个层次，而能够将所学知识应用到工作实践中才是企业真正需要的。因此，企业在进行人员甄选时，不能仅以文凭为依据判断候选人所掌握知识的程度，还应通过笔试、测试等多种方式进行全方位考察。

2. 能力

我们通常将能力分为一般能力与特殊能力。一般能力包括记忆力、想象力、观察力、注意力、思维能力和操作能力等。这些能力是我们完成任何一项工作不可缺少的能力。而特殊能力则是指在某些特殊活动中所表现出来的能力，如设计师需要具有良好的空间感知能力，管理者需要具有较强的人际交往能力、分析判断能力等，这些都是我们常说的专业能力。

3. 个性

每个人在为人处事上都有自己独特的风格，这就是个性的体现。个性是指人的一组相对稳定的特征，这些特征决定着特定的个人在不同情况下的行为表现。

4.动力因素

要想取得高工作绩效，不仅取决于员工的知识、能力水平，还取决于其做好这项工作的意愿是否强烈，即是否有足够的动力支撑其努力工作。在动力因素中，最重要的是价值观，即人们关于目标和信仰的观念。具有不同价值观的员工对不同企业文化的相融程度的理解不一样。因此，企业在招聘人员时必须要对应聘者的价值观等动力因素进行鉴别测试。

（三）人员甄选的标准

正如前文提到的，职位分析和胜任力模型除了对职位本身进行描述，对任职者的资格要求也进行了界定，这正是人员甄选的客观标准和依据。职位内在的要求是人员甄选录用的客观标准和依据，而对职位内在要求的描述主要体现在职位分析和胜任力模型的构建之中。

职位分析的最终结果包括职位描述和职位规范（任职资格）两个部分，其中职位规范涵盖了职位要求的基本生理或社会特征、知识或技能特征。

职位分析的结果即是人员甄选时的最低标准，而要想选拔高绩效、优秀的人才，就需要组织按照胜任力模型进行。胜任力模型是针对特定职位表现优异的要求组合起来的结构，其描绘了优秀员工与一般员工在动机、特质、技能和能力上的区别。胜任力模型的设置不仅需要组织对职位分析的结果有一个把握，更要在此基础上对该职位的优秀员工进行观察和分析，综合评价区别于一般员工的能力，从而提炼出胜任力模型。表 4-1 为某管理职位的胜任力模型。

表 4-1　某管理职位的胜任力模型

胜任力维度	具体描述
成就导向	为自己及所管理的组织设立目标，提高工作绩效的动机与愿望
主动性	超越工作的基本要求，抓住机遇或为未来可能出现的问题与机会做好准备
团队合作	给他人以信任与认可；就一些与他人有关且会产生影响的事务，与他人共同商议并进行处理
培养人才	给予下属有建设性的反馈意见，在下属遇到困难时给予安慰与鼓励；通过各种指导、建议等方式培养下属
领导能力	为团队设立绩效目标；在更宽泛的组织层面上维护所在团队的利益，同时为团队成功赢得必要的资源与支持等
演绎思维	系统地分析某一情况或信息的含义，厘清因果关系，对可能的困难进行估计，并提前制定解决方案
专业知识技能	掌握所需的专业知识与技能是从事管理类工作的基本要求
影响力	善于运用良好的个人及社会影响力，树立个人在组织中的权威

二、人员甄选的方式

（一）管理能力测试

管理能力测试主要是对被测试者的计划、组织、分析和执行等能力进行评估测试。管理能力测试方法有很多种，比较常用的是评价中心法。评价中心法又称情景模拟法，是指创设一个模拟的管理系统或工作场景，将被试者纳入该系统，采用多种评价技术和手段，观察和分析被测试者在模拟情境下的心理和行为，并进行测量的方法。评价中心法具体包括三种测评工具，它们分别是无领导小组讨论、公文筐处理、案例分析和公开演讲。

1. 无领导小组讨论

无领导小组讨论是一种无角色群体自由讨论的测评形式。它将被试者按一定的人数（一般为 5~10 人）编组，不确定会议主持人，不指定发言人，不安排会议议程，不提出具体要求，而是让应聘者根据考官提供的材料（如有关文件、资料、会议记录、统计报表等）就某一个指定的题目（如业务问题、财务问题、社会热点问题等）进行自由讨论。

无领导小组讨论的流程分为准备、实施和结果处理三个阶段。

（1）准备阶段。准备阶段的主要工作是讨论题的编制和评分表的设计，此阶段工作的实施决定了无领导小组讨论的有效性，因而是整个流程的主要环节。

在编制讨论题时，首先要进行工作分析，了解拟任岗位所需人员应该具备的知识、技能，据此进行有关试题的收集和编制；其次收集拟任岗位的相关案例，选择难度适中、内容合适、典型性和现实性均较好的案例。讨论题内容应具有大众化、中性化、可自由发挥的特点，即应选择被测试者熟悉的话题。无领导小组的讨论题类型如表 4-2 所示。

表 4-2　无领导小组的讨论题类型

问题类型	具体说明	考察要点	举例
开放式问题	答案的范围可以很广，没有固定的答案	全面性、针对性、思路清晰度、新见解	你认为什么样的领导是好领导
两难问题	在两种各有利弊的答案中选择一种	分析能力、语言表达能力及说服能力	你认为以工作为导向的领导是好领导，还是以人为导向的领导是好领导
多项选择问题	每一种答案选择都要通过自己的分析和判断	分析问题实质、抓住问题本质的能力	有四个人掉入井中，一个是军人，一个是妇女，一个是官员，一个是商人，请问你先救哪一个
操作性问题	给被测试者提供一些材料、道具和工具，要求制作出考官指定的一个或一些物品	主动性、合作能力及在实际操作任务中扮演的角色	给被测试者提供一些材料，要求他们相互配合构造出一种建筑物的模型
资源争夺问题	给每个小组成员提供有限的资源，要求其在指定的时间内完成各自的任务	反应能力、敏感性、整合资源的能力	给一个四人小组提供一定数量的积木，这些积木可以搭建四座房子，但大小可能不一，看谁能在最短时间内搭建最大的房子

资料来源：廖泉文．招聘与录用（第三版）[M]．北京：中国人民大学出版社，2015：111.

确定讨论题后，我们还应设置评分标准及评分范围，从而对被测试人员进行评价。在设计评分标准时，我们要从职位分析中提取特定的评价指标。不同的职位对员工的工作要求不同。例如，对管理岗位人员主要考察其沟通能力、领导能力；对营销类业务岗位人员主要考察其人际交往能力、洞察力。因此，不同岗位的评价指标不尽相同。无领导小组讨论评价指标如表4-3所示。

表4-3 无领导小组讨论评价指标

评价指标	具体内容
发言质量	发言的次数和发言的质量如何，能否抓住问题的关键并提出合理的见解和方案
沟通技巧能力	能否倾听别人的意见，尊重他人的看法，是否具有较强的语言表达能力，特别是沟通能力
观点支持	是否敢于坚持自己的正确意见，是否敢于发表自己的意见，是否支持或肯定别人的合理建议
过程推动	在有人发生争吵时能否推动讨论的继续进行，营造融洽的氛围
个人品质	是否具有分析判断能力、反应能力、自控能力等，是否具有宽容、真诚等良好品质
领导力表现	能否脱颖而出成为无领导小组的组长，引导讨论顺利进行

（2）实施阶段。在实施阶段，先要对被测试人员进行分组，每个小组以5~7人为宜，且应保证在性别、年龄方面相对均衡。在被测试人员明确讨论规则后，进入正式讨论阶段。测试时间根据需要而定，一般与招聘的级别、层次、专业等因素有关，也与小组的人数有关，通常控制在60~120分钟为宜。在正式讨论阶段，被测试人员先轮流阐述自己的观点，然后进行交叉辩论，在"无领导"的状态中展开辩论并发表意见。无领导小组讨论的实施流程如图4-2所示。

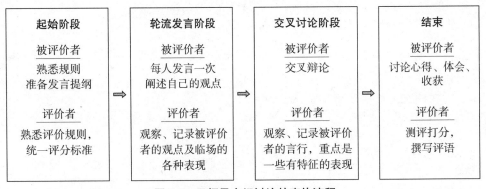

图4-2 无领导小组讨论的实施流程

资料来源：廖泉文.招聘与录用（第三版）[M].北京：中国人民大学出版社，2015：117.

（3）结果处理阶段。在结束无领导小组讨论后，所有考官就被测试人员在活动过程中的表现与其进行沟通，沟通内容包括被测试人员的态度、各种能力、优缺点及性格特征是否适合岗位的需要，然后再对被测试人员的综合评分进行排序。

2. 公文筐处理

公文筐处理，即企业按照发生的实际业务、管理环境，要求被测试人员以管理者的身份（在规定的条件下）对各类公文材料进行处理，形成公文处理报告，然后据此对被测试人员的计划、组织、分析、判断、决策和文字等能力进行评价。公文筐处理的流程可分为准备、实施和结果处理三个阶段。

（1）准备阶段。公文筐处理的准备阶段主要涉及材料、人员和场地的准备工作。其中，公文筐题目的设计需要收集拟任岗位的日常文件，再对收集的所有原始案例进行甄别、筛选，选出 20 份内容合适、形式各异、轻重缓急各不相同的文件，最后对所筛选出的文件进行加工和整理，使其符合公文筐测试的要求。需要注意的是，各种公文筐的内容及难易程度都要围绕目标职位可能遇到的状况进行设计。公文筐处理试题示例如表 4-4 所示。

表 4-4　公文筐处理试题示例

内容
【情境】 　　假定你（贾××）是某食品公司刚聘请的职业经理人，被任命为人事部经理，下面的任务都要求你一个人单独完成。今天是 12 月 30 日，你整个上午均在参加企业中层干部年终总结会议，现在已经是下午 2:00，你的办公桌上有一堆文件，你最好在 5:00 前处理完毕，因为你将去北京参加全国食品行业举办的《劳动合同法》研讨会，机票已经订好，司机小王 5:00 来接你去机场，你要在 1 月 4 日才能返回。你公司的主要产品是星星牌系列食品，产品市场需求量很大，正打算扩大生产规模。好，你现在可以开始工作了。
【任务】 　　在接下来的 3 个小时中，请你查阅文件夹中的各种信函、电话录音及电子邮件等，并用如下回复表作为样例，给出你对每个文件的处理意见。 　　具体答题要求如下： 　　（1）确定你所选择的回复方式，并在相应选项前的"□"里打"√"。 　　（2）请给出你的处理意见，并准确、详细地写出你将要采取的措施。 　　（3）在处理文件的过程中，请注意文件之间的相互联系。
【回复表示例】 关于文件的回复表 回复方式：（请在相应选项前的"□"里打"√"） 　　□ 信件 / 便函 　　□ 电子邮件 　　□ 电话 　　□ 面谈 　　□ 不予处理 　　□ 其他处理方式，请注明 回复内容如下（请做出准确、详细的回答） 文件一： 贾经理： 　　董事会书面通知：今后总公司、分公司两级的干部培训工作由人事部门负责。但是，在公司最初确定人事部门人员编制时没有培训工作这项任务。为了做好这项工作，需要给人事部门增加必要的编制名额，建议给人事部增加 3 人，每个分公司增加 1～2 人。关于人事部增加的 3 个编制名额，请总经理审批；关于给分公司增加的编制名额，请批转各分公司从现有名额中调剂解决。 　　以上安排妥否，请回复。 　　　　　　　　　　　　　　　　　　　　　　　　　　　　　　　　副总经理：张华 　　　　　　　　　　　　　　　　　　　　　　　　　　　　　　　　2019 年 12 月 29 日

（续表）

文件二： 贾经理： 　　今天下午，公司外方经理比尔在车间检查工作时发现操作工小王在打瞌睡，他极为恼火，用粗鲁的语言训斥、谩骂小王，并决定扣发小王的当月工资。这件事引起全车间工人的强烈反响。他们议论说："小王有错该批评，但不该训斥谩骂，经济惩罚也太重了。"有的员工说："再发生这类事，我们要罢工。"请问该如何处理这件事？   人事主管：李劲 2019 年 12 月 28 日 （其他文件略）

　　（2）实施阶段。在测试过程中，被测试人员要单独作答，考官应仔细观察其行为。测试结束后，考官要对被测试人员的文件处理书面结果和他在测试过程中的行为表现做出判断和评价，然后进行汇总。如果考官在某些项目上的评分差距较大，则进行讨论，继续打分，直至达成一致意见。对被测试人员的评价内容包括是否抓住了主要矛盾和关键问题，是否做到有条不紊，分类合理，果断灵活；能否快速发现并恰当地处理问题，并用简洁的文字准确无误地表达出来；处理公文依据的原则和理由是否正确，考虑问题是否全面；能否发现更深层次、更重要的问题或找出问题的内在联系，并加以全面解决。

　　（3）结果处理阶段。在结束测试后，考官要就被测试人员在活动过程中的具体表现与其进行沟通，沟通内容包括被测试人员的总体表现、出现的问题、解决问题的方式。之后考官应编制一份评定报告，用于说明每位被测试人员的具体表现，并给出是否录用的建议。另外，考官要结合具体的测评维度权重系数，计算被测试人员的综合得分。评分工作结束后，考官要就被测试人员的表现写评语，并反馈给被测试人员。

　　3. 案例分析和公开演讲

　　案例分析和公开演讲是给被测试人员提供实际工作中出现的问题作为背景材料，要求他们在小组讨论会上通过口头发言、讨论并进行公开演讲的形式进行解答。其实际操作可分为准备、实施和结果处理三个阶段。

　　（1）准备阶段。准备阶段的主要工作是对案例分析和公开演讲的题目进行设置。对于收集的案例素材要进行筛选、组合、修订、提炼等，将实际案例事件与考察素质相结合（案例试题示例见表 4-5）。最终确定的案例应具备以下特点。

　　① 每个案例都是一个独立的决策问题。它们通常具有非确定型决策问题的性质，使被测试人员在进行案例分析和提供决策方案时无法依靠一种固定不变的程序来解决，而主要依靠被测试人员本身的知识、经验、能力等来解决。

　　② 一题多义，一题多解。每个案例的分析与判断都有多种可供选择的方案，每种方案各有利弊，被测试人员只有运用多学科的知识，综合自己各方面的才能，进行周密、详细的分析，才能做出合理的选择。

　　③ 案例来自实际工作。这样可以确保案例阐述的情境条件和分析要求与指定的社会角

色的实际工作相近。

表 4-5 案例分析题示例

×× 公司在建材行业一直处于领先地位，但是在前两年，公司因为管理混乱，很多销售人员浑水摸鱼，中饱私囊，扰乱了市场的价格体系，损害了公司的声誉。基于此，公司董事会于 2017 年年底聘用了史峰担任总经理，希望依靠新的总经理扭转公司的颓势。 史峰原本是一家全球领先的建材设备租赁公司中国区的 CEO，他不但有令人折服的财务经验，而且是一个成熟老练的管理者。这样的人才对于管理稍显混乱的 ×× 公司来说，是上佳人选。史峰在上任后，采取了一系列收权的措施，主要是对人事和财务加强公司管理。虽然对公司进行了整顿，但是各部门仍然屡屡发生违规现象。因此，他认为 ×× 公司员工的能力有问题，需要事无巨细一一过问才可以。 但 ×× 公司的员工不这样认为。公司上下，从部门总监到一般员工，都觉得自己在公司里做不了主，没有工作积极性。比如，对秘书写的文稿，无论重要与否，史峰都亲自过目甚至动笔修改；在招聘方面，按照公司规定，部门经理以下的职务的薪资由其直接主管和人力资源总监共同决定，可是有好几次，史峰突然过问这几类人员的薪资，而且不与人力资源总监打招呼就将人力资源总监和有关部门经理共同商定的薪资重新做了调整。 史峰的新政策对公司的销售影响最大。尤其是从今年开始，总公司给各个分公司都下达了严格且有所上调的财务指标，除了销售额要达标以外，毛利率必须达到销售额的 25%，税前利润必须达到销售额的 10%。而在此前，分公司只需要完成销售额这一项指标。与此同时，公司新的授权政策规定，销售经理的价格浮动权不能超过 3%，大区经理的价格浮动权至多达到 5%。如果超越权限，必须上报审批。而原来销售经理的价格浮动权为 7%。对此，销售人员颇有微词：新的合同审批流程复杂、时间长；对标准销售合同的任何修改都需要到总部审核盖章；搞定内部比搞定客户还难……公司的销售人员士气低落，销售形势令人担忧。 正在这时，×× 华东分公司的明星销售经理高飞拿下了一份 2000 多万元的大单。高飞虽然拿下大单，但由于在签订合同的关键时刻未能联系上史峰，情急之下，他不得已把价格调低了 5.5%，从而违反销售经理的价格浮动权不能超过 3% 的规定，看到员工违反自己刚刚制定的销售流程，史峰非常生气，决定开除高飞。但是华东区总经理丁衡远不同意史峰的做法，并且通过公司人力资源总监许信华告诉史峰：如果史峰坚持要开除高飞，他也准备走人。更让史峰没有想到的是，许信远也站在丁衡远这边。 问题： 1. 请你系统分析一下目前公司存在哪些问题？应该从何处入手进行解决？具体解决步骤是什么？ 2. 在这种情况下，如果你是史峰，该怎么办？为什么要这样办？ 3. 你认为公司人力资源总监许信华是否会支持丁衡远？如果你是人力资源总监，会如何处理这件事？ 4. 请你对史峰的领导方式做出评价。你认为他的领导方式符合公司的现状吗？

（2）实施阶段。在实施阶段，考官将面试者集中在会议室，并将考题发放给各面试者。在面试者思考 5~10 分钟后，考官要求面试者公开陈述自己的观点。在此过程中，考官要根据面试者的表现来评价其综合素质和能力。评价内容如下。

① 对案例的思考和背景推测是否全面合理，问题分析是否准确。

② 解决措施是否切实可行，能否从多角度考虑实施措施的障碍，并提出实施措施的阶段性建议和保障性措施。

③ 分析和解决问题的思路能否全面反映管理思路和成熟的管理技巧及专业技术技能。

④ 公开演讲是否情绪稳定、措辞得当、角色定位准确、逻辑思路清晰、富有感染力和影响力等。

（3）结果处理阶段。在面试者公开答辩结束之后，考官根据其具体的表现进行沟通，交换各自的评分表与意见。所有考官达成一致意见后，要编写一份评定报告，用于说明每位被测试人员的具体表现情况，并给出是否录用的建议。评分工作结束后，考官要根据面试过程中的表现写评语，并反馈给面试者。

（二）诊断性面试

诊断性面试是指由一人或多人发起的以收集信息和评价求职者是否具备职位任职资格为目的的对话过程。

1. 诊断性面试的特点

（1）面试以观察和谈话为主要工具。在面试过程中，面试考官应有目的、有计划地观察面试者的言语行为和非言语行为，并记录面试结果。具体来说，面试考官可以通过观察面试者面部表情的变化来判断其情绪、态度等素质特征。比如，若应聘者情绪紧张，往往会鼻尖冒汗，不敢与考官对视等。考官还可以通过观察应聘者的肢体动作来捕获其言语中没有表达出来的信息。比如，在面试时，应聘者开始可能以某种自然的姿势坐在椅子上，但没过多久就改变了姿势，双臂环胸，这可能表示面试者抗拒这个问题。

（2）面试内容具有随机性。不同的工作岗位在工作性质、职责范围、任职资格条件等方面有很大的差异，因此在面试时考官不能对考察内容及考察形式做出统一规定，应各有侧重。此外，面试内容应根据应聘者学历、经历、背景等情况的不同而不同。面试考官应根据应聘者在面试中回答问题的情况来决定下一个问题的内容和提问方式。

（3）面试是一种双向沟通。在面试中，考官可通过观察和答问来评价应聘者，应聘者也可在此过程中判断考官的态度、价值标准及对自己表现的满意度，从而调整自己的行为。同时，应聘者还可以借此机会了解所要应聘岗位的情况，决定是否接受这个职位。由于面试过程不仅是对应聘者的考察，而且是一种情感的交流、能力的较量，因此面试考官不仅要有具有丰富的专业知识，而且要掌握一定的面试技巧，只有如此才能出色地完成招聘任务。

2. 诊断性面试的分类

根据不同标准，面试可以分为以下五种类型。

（1）结构化面试、非结构化面试与半结构化面试。结构化面试又称规范化面试，是指依照预先确定的题目、程序和评分标准进行面试，要求做到程序的结构化、题目的结构化和评分标准的结构化。结构化面试的优点在于面试考官可以根据应聘者回答的情况进行评分，并对不同应聘者的回答进行比较。在结构化面试中，每一位应聘者都会被问到相同的问题，一般不会发生漏掉重要问题的情况，面试的有效性和可靠性更高。结构化面试的缺点在于不可能进行话题外的提问，限制了谈话的深入性，由于每个问题都是事先安排好的，提问时可能显得不自然或比较唐突。在结构化面试中，所提出的问题大致包括以下几类：一是与职位兴趣有关的问题；二是针对现有工作情况设计的问题；三是工作经历方面的问题；四是与教育相关的问题；五是业余爱好和活动方面的问题；六是关于工作职位安排的问题；七是关于应聘者的自我评价问题。

非结构化面试是指在面试中事先没有固定的框架结构，也不使用有确定答案的固定问题。非结构化面试的优点在于面试考官和应聘者在谈话过程中都比较自然。由于问题不是事先设计好的，因此提问不会显得前后没有联系和唐突。面试考官可以由此全面了解应聘者的情况，应聘者也感觉更自在，回答问题时也可能更容易敞开心扉。非结构化面试的缺点在于由于对不同的应聘者提出的问题不同，这可能会影响面试的信度和效度，其中最大的问题在于，这种面试方式可能会漏掉最关键的问题。

半结构化面试是介于结构化与非结构化之间的一种面试形式。它包括两种含义：一种是面试考官提前准备重要的问题，但是不要求按照固定的次序提问，且可以讨论那些似乎需要进一步调查的问题；另一种是指面试人员依据事先设计的一系列问题来对应聘者进行提问，一般根据管理人员、业务人员和技术人员等不同的工作类型设计不同的问题表格。在表格上要留出空白以记录应聘者的反应以及面试人员提出的主要问题。这种半结构化面试可以帮助企业了解应聘者的技术能力、人格类型和对工作激励的态度等。最后，面试考官要在表格上做出评估并提出建议。

（2）单独面试与小组面试。单独面试是指面试考官与每位应聘者单独交谈的面试形式，面试考官进行口头询问，应聘者进行口头回答。

小组面试是指面试考官同时对若干个应聘者（应聘者小组）进行面试的形式。小组面试的优点：第一，小组面试允许每位面试考官从不同角度提出问题，以获得更深入、更有意义的回答；第二，小组面试由几位面试考官同时对一位应聘者进行综合考察，评价会更准确。小组面试的缺点在于会给应聘者带来额外的压力，获取的信息可能不全面。

（3）一次性面试与分阶段面试。一次性面试是指用人单位将应聘者集中在一起一次性完成的面试。在一次性面试中，面试考官的阵容一般比较强大，通常由用人单位人事部门负责人、业务部门负责人及人事测评专家组成。应聘者能否面试过关，甚至被最终录用，就取决于这一次面试。

分阶段面试是指用人单位分次对应聘者进行面试。分阶段面试又分为两种形式：一种是依序面试，另一种是逐步面试。依序面试一般包括初试、复试与综合评定三步。初试一般由用人单位的人事部门组织，在该阶段会将明显不合格者予以淘汰。初试合格者则进入复试阶段。复试一般由用人单位的部门主管组织，其主要考察应试者的专业知识和业务技能，以此衡量应试者阶段拟任岗位。复试结束后，再由人事部门会同用人部门综合评定每位应聘者的成绩，以确定合适人选。逐步面试一般由用人单位的主管领导及一般工作人员组成面试小组，按照小组成员的层次，由低到高依次对应聘者进行面试。面试的内容各有侧重，对低层的考察一般以专业及业务知识为主，对中层的考察以能力为主，对高层的考察则实施全面考察。

（4）情景面试和行为描述面试。在情境面试中，面试题目主要是一些情境性的问题，即给定一个情境，考察应聘者在特定情境中的反应如何。例如，可以问应聘营销经理岗位的应聘者"如果你接到顾客的投诉，说产品不好用，且服务质量差，你将会怎么做"。

在行为描述面试中，同样为应聘者设计一个情景，然后询问他们过去在该职位工作时是如何处理的。行为描述面试与情景面试的不同之处在于，情景面试关注的是应聘者对某一情景将会做出什么反应，而行为描述面试关注的是应聘者曾经怎样处理这种情景。例如，"请举例说明你的一个想法曾经对团队的成功起到至关重要的作用""请举例说明如何将一门新技术运用到实践中去"等。

（5）压力式面试、非压力式面试与宽松型面试。压力式面试是指面试考官有意制造紧张氛围，以测试应聘者如何对待工作压力，了解应聘者的反应。在这种面试方式中，应聘者会因一系列的追问而觉得很不舒服。在面试中使用施加压力的方法有助于识别那些过于敏感的应聘者，这类应聘者对于即使是很温和的批评也会做出过激反应。需要指出的是，由于压力式面试的特殊性，主持面试的考官必须具有运用这一方法的经验及一定的技巧和控制力，对应聘者施加的压力不宜过大，而应该是实际工作中真正存在的。

非压力式面试与压力式面试相反。在非压力式面试中，往往从考场的布置、考官的表情、提问的语气和方式等各个方面减轻应聘者的压力，以获取录用所需的信息，但整个面试过程依然很正规，应聘者仍然会感受到压力。

宽松型面试与压力面试、非压力面试均不同。宽松型面试不需要正规的考场，考官的人数通常为 2～3 人，环境十分宽松。在这种面试中，应聘者也可以向考官提出一些自己想了解的问题，如企业发展的状况、企业领导团队的风格和方式、自己所应聘岗位的职责、工作方式和报酬等，在交谈中双方可以获得充分的了解。无论是被拒绝还是被录用，应聘者的自我感觉都会比较好。

3. 面试中常见的误区和错误

面试的有效性取决于如何实施面试，但在面试的实施过程中常常因为一些错误的操作影响面试的最终成效。下面简要介绍一下几种常见的误区。

（1）第一印象。主考官通常在面试开始就凭借对应聘者的第一印象做出判断，当应聘者后期表现较差时，面试官往往不能给出客观的评价。

（2）强调负面信息。主考官受不利因素的影响要大于受有利信息的影响。例如，主考官从好的印象转变为坏的印象，要比从坏的印象转变为好的印象容易得多。事实上，面试本身通常就是寻求负面信息的过程。

（3）不熟悉工作。主考官未能准确地了解某一岗位工作内容，以及什么类型的应聘者最适合该岗位工作，通常会用制定好的标准去判断选择候选人，而不是基于岗位要求进行选择。

（4）面试次序差异。面试次序差异是指对应聘者面试次序的安排会影响对其的评定。在一项研究中，主考官在面试了数位"不合格"的应试者以后，被安排面试一位"仅仅是一般"的应聘者，主考官对这位应聘者的评价均高于他实际能得到的评价。这样的结果仅仅是因为这位一般的应聘者被安排在不合格的应聘者之后，其表现显得格外突出。但相反，当他被安排到一些优秀的应聘者之中进行面试时，其评价结果会出现较大的差异。

（5）晕轮效应。在面试中，主考官因为应聘者的某种品质，或对某位应聘者的回答产生了非常好的印象，以至于忽视了其他问题，对其他特质也给予了较高评价。这会使得应聘者的评价结果远高于其真实水平。

（6）刻板效应。主考官根据某人所在的团体知觉为基础看待应聘者。这种程式化思想往往会影响主考官做出客观、准确的评价。

（7）类我效应。当主考官听到应聘者的某种背景和自己相似时（如与自己是老乡、在同一所大学毕业等），就会对他产生好感和同情，最后使面试失去公允和客观。

（三）特质测试

在人员选拔中常用的特质测试方法包括身体能力测试、职业性向测试、性格测试、智力测试。

1. 身体能力测试

身体能力测试不仅有利于预测未来的工作绩效，而且还有利于预测可能会出现的工伤等情况。

身体能力测试包括七种类型的测试：肌肉力量、肌肉张力、肌肉耐力；心肌耐力、灵活性、平衡能力、协调能力。一般来说，从事特种体力劳动的职位需要对应聘者的身体能力进行测试，以确定应聘者是否能达到基本的体能要求。目前大多数企业要求新员工入公司前必须进行常规体检，这也是身体测试一种简化、通用的形式。

2. 职业性向测试

职业性向是指人们对具有不同特点的各类职业的偏好和从事这一职业的愿望。职业性向测试就是揭示应聘者对工作内容的偏好，即应聘者喜欢从事什么样的职业，应聘者的这一态度在很大程度上影响员工在职位上的绩效和离职率。

目前，在招聘工作中所使用的职业性向测试主要是霍兰德的职业性向测试。霍兰德在研究职业兴趣的共同性和差异性的基础上找到六个测量维度：现实型（R）、调研型（I）、艺术型（A）、社会型（S）、企业型（E）、常规型（C）。霍兰德认为，人格是决定个体选择何种职业的一个重要因素，因此对职业性向的测试可以反映出个体选择的大致方向，其题目示例与结果如表 4-6 所示。

表 4-6　霍兰德职业性向测试题目示例

指导语：以下题目，如果你认为自己属于这一类人，便在序号上画个圈，反之，不必做记号。答题时不需要做反复思考。

1. 我喜欢做一些具体的能直接看到效果的工作。

2. 在做一项工作之前，我会先弄清楚该工作的具体要求，然后再明确如何去做。

3. 我认为在工作中应将目标定得高些，这样才可能尽自己最大努力做好工作。

4. 我很看重人与人之间的友情。

5. 我想通过独特的方式来表现自己的创造力。

6. 我喜欢阅读比较理性的图书。

7. 我喜欢将生活与工作场所布置得朴实些、实用些。

8. 在开始做一件事情以前，我喜欢有条不紊地做好所有准备工作。

9. 我善于带动他人、影响他人。

10. 凡事我都喜欢问一个"为什么"。

……

（续表）

［结果分析］

　　R 代表现实型的个性。其特点是实际，不受意识和情感影响，沉默、保守、谦虚，接受过很好的培训；善于动手胜过善于运用语言，不善于表露感情，喜欢室外作业，喜欢使用机械，善于解决具体的形象型的问题。典型职业有工人、农民、土木工程师。

　　I 代表研究型的个性。其特点是有专门技术与知识，聪明、好奇、勤学好问，不受意识和情感影响，兴趣广泛，喜欢独处，善于分析事物本质，讲究逻辑性，做事有恒心。典型职业有数学、生物方面的工程师、科研人员。

　　A 代表艺术型的个性。其特点是富有想象力，不服从指挥，敏感、创造欲强、审美欲强、重直觉、善于形象思维，对色彩、声音、图案有特殊的感受力，喜欢单独工作，解决问题时喜欢采用新创意。典型职业有诗人、艺术家。

　　S 代表社会型的个性。其特点是友善，善解人意，好交际、热情、关注他人胜过关注事物，有人本精神，有责任心，比较敏感，善于与人沟通，善于帮助人。典型职业有教师、辅导员。

　　E 代表企业家的个性。其特点是有抱负，追求权力地位，好交际、自信、喜欢控制局面，善于做决定，善于鼓励他人，敢作敢当，看重效益。典型职业有推销员、政治家、企业经理。

　　C 代表常规型的个性。其特点是易满足、顺从、缺乏创造性，有条理、利落、实际、讲究次序和规律，仔细、安静，重务实，责任心强，喜欢听从他人胜过指挥他人。典型职业有出纳、会计、秘书。

3. 性格测试

　　个性是指一个人具有的独特的、稳定的对现实的态度和行为方式，它具有整体性、独特性和稳定性等特点。性格测试也称人格测试，它是对应聘者的个性进行测试，目的是寻找应聘者的内在性格中与工作相匹配的特征，以此作为人员甄选的依据。人格测试一般分为以下两种类型。

　　一类是自陈量表式测验。这种测验方法的假设前提是"只有本人最了解自己"，因此其资料来源主要是依靠应聘者提供的关于自己个性的回答。这种方法最大的缺点在于应聘者的诚信，即应聘者是否会美化自己的人格特征，尤其是在问卷的答案倾向性过于明显时。其中典型的代表是 MBTI 性格类型测试，结果的评价如表 4-7 所示。

表 4-7　MBTI 性格类型测试的内容和行为特征

MBTI 指标共划分为八种类型、四个维度，具体内容如下。		
维度	类型	
①	外倾 （E）	内倾 （I）
②	感觉 （S）	直觉 （N）
③	思维 （T）	情感 （F）
④	判断 （J）	理解 （P）

（续表）

八种类型的行为特征具体表述如下。

维度	类型	行为特征
①	外倾型（E）	与他人相处时精力充沛；行动先于思考；喜欢边想边说出声；易于"读"和了解，随意地分享个人情况；说得多于听的；高度热情地社交；反应快，喜欢快节奏；重于广度而不是深度
	内倾型（I）	独处时精力充沛；思考先于行动；在心中思考问题；更封闭、更愿意在经挑选的小群体中分享个人想法；听得比说得多；仔细考虑后才有所反应；喜欢深度而不是广度
②	感觉型（S）	相信确定和有形的东西；对概念和理论兴趣不大，除非它们有着实际的效用；重视现实性和常情；喜欢使用和琢磨已知的技能；留意具体的、特定的事物，进行细节描述；循序渐进地讲述有关情况；着眼于现实
	直觉型（N）	相信灵感或推理；对概念和理论感兴趣；重视可能性和独创性；喜欢学习新技能，但掌握之后很容易厌倦；留意事物的整体概况、普遍规律及象征含义，用概括、隐喻等方式进行表述；跳跃性地展现事实；着眼于未来，留意事物的变化趋势，习惯于从长远角度看待事物
③	思维型（T）	退后一步思考，对问题进行客观的、非个人立场的分析，循序渐进地讲述有关情况；重视符合逻辑、公正、公平的价值，一视同仁；被认为冷酷、麻木、漠不关心；只有当情感符合逻辑时，才认为它可取；被"获取成就"所激励；很自然地看到缺点，倾向于批评
	情感型（F）	超前思考，考虑行为对他人的影响；重视同情与和睦；重视准则的例外性；被认为感情过多，缺少逻辑性，软弱；无论是否有意义，认为任何感情都可取；被"获得欣赏"所激励；习惯于迎合他人，着重维护人际资源
④	判断型（J）	做完决定后感到高兴；有工作原则，将工作放在第一位；建立目标，准时完成工作任务；分析它们将面对的情况；看重结果（重点在于完成任务）；满足感来源于完成计划
	理解型（P）	随着新信息的获取，不断改变目标；喜欢适应新情况；看重过程（重点在于如何完成工作）；满足感来源于计划的开始；认为时间是可更新的资源，而且最后期限也可以更改

通过对照四个维度的描述，可以识别出自己在每个维度上的偏好，取每个维度偏好类型的代表字母，如 ISFJ，即内倾感觉情感判断型。四个维度、八种类型可组合成 16 种性格类型。

　　另一类是投射法测验。这种测验方法的假设前提是人们对于外界刺激的反应都是有原因的，而不是偶然的，且这些反应主要取决于个体的个性特征。这种方法一般利用某种刺激物（图片、词语、物品等），要求应聘者根据刺激物进行联想，并以此来探究他们的心理状态、动机、态度等个性特征，通过这种方法可以探求到个体更多尚处于潜意识中的欲望、需求和动机，如罗夏墨迹测验。

　　罗夏墨迹测验是心理学家用来检验人类情感健康程度以及潜在人格特质的一种检测技术。该测验通过向被测试者呈现标准化的由墨渍偶然形成的模样刺激图板，让被测试者说出由此所联想到的东西。该测验过程共分为三个阶段：第一阶段是自由联想阶段，主持测试者对任何问题都不置可否，也不提任何问题；第二阶段需要追查被测试者的反应是根据图片哪部分做出的，是哪些因素刺激了这些反应；第三阶段称为极限试探阶段，如果被测试者对这些图片没有最普通的反应，主持测试者需要给予被测试者提示，以确定他是否能从图片中看到某些具体内容。在对测验解释的过程中，罗夏墨迹测验关心的是被测试者对图形知觉过程的途径、理由及内容。如果被测试者的知觉途径和墨迹图的建构过程相符，则说明被测试者的心理机制完好正常，他的现实定向是完善的；反之，被测试者的心理机制就是残缺不全的，或者说机能不足，有不切实际的幻想或异常的行为，现实定向不良。

4. 智力测试

智力测试关注于测量一般能力。在人员甄选中常用的智力测试包括奥蒂斯独立管理能力测验、旺德利克人员测验、韦斯曼人员分类测验、韦克斯勒智力量表等。其中，韦克斯勒智力量表是一种比较典型的智力测试方法。根据年龄不同，韦克斯勒设计出分别适用于成人、儿童和幼儿的智力量表。

第四节　员工录用

一、录用决策的概念

录用决策是指对甄选评价过程中产生的信息进行综合评价与分析，确定每一位候选人的素质和能力特点，根据预先设计的人员录用标准进行挑选，选出最合适的人员的过程。在进行录用决策时需要充分分析以下五个决定要素。

（1）信息的准确可靠性。包括应聘人员的全部信息，如年龄、性别、毕业学校、专业、学习成绩、工作经历、工作业绩、原领导和同事的评价以及在应聘过程中各种测试的成绩和评语等，都必须准确、可靠、真实。

（2）资料分析方法的正确性。相关资料分析包括：对能力的分析，即对沟通能力、应变能力、组织能力、协调能力等进行分析；对职业道德和高尚品德的分析，即对工作中所表现出的忠诚度、可靠度和事业心进行分析；对特长和潜力的分析，即对具备某些特长和潜力的人要特别关注；对个人的社会资源、学历背景和成长背景的分析；对应聘人员在面试现场表现的分析，即主要对一个人的综合能力和素质进行测评。

（3）招聘程序的科学性。招聘一定要遵循一定的流程，在程序上不能颠倒，但是每个企业的规模、效益、文化、价值观等都有自己的特点，因此在招聘的程序上可以有所差别。

（4）考官的素质。考官的素质水平直接影响着应聘者被录用的概率，主考官的素质越高，招聘录用的成功率就越高，其他考官也应具有较高的素质以辅助招聘工作的顺利开展。

（5）能力与岗位的匹配度。每个人的能力不尽相同，这种差异性决定了每个人能够胜任的工作会存在很大差异。能力与职位匹配追求的是使员工的能力与职位要求的能力做到匹配。

二、录用决策的过程

（一）总结应聘者的有关信息

评价小组或专家委员会应关注每位应聘者"能做""愿做""可能做"等方面的信息。根据企业发展和岗位需要，专家最终把注意力集中在"能做"与"愿做"两个方面。其中，"能做"指的是知识和技能以及获得新的知识和技能的能力，即潜力。"愿做"则指工作动机、兴趣和其他个人特性。这两个因素是良好的工作表现所不可或缺的，两个圆相交的面积越大，工作表现就越好，如图4-3所示。

图4-3　工作表现的关系图

资料来源：廖泉文.招聘与录用（第二版）[M].北京：中国人民大学出版社，2015：197.

（二）分析录用决策的影响因素

根据能级对应原理，不同的权级职位配置不同能级的人员，因此相应的录用决策也会有差异。例如，对高级管理人员的决策方法就不同于一般的职能部门人员和技术人员。在做出录用决策时，我们一般要考虑以下因素。

（1）是根据应聘者最大的潜能，还是根据组织的现实需要？

（2）企业现有的薪酬水平与应聘者的期望值的差距。

（3）是以目前对工作的适应度为依据，还是以将来发展的高度、可发挥的潜能为依据？

（4）对于合格的标准是否有特殊要求？

（5）对才华高于职位要求的人才是否予以考虑？

（三）选择录用决策的方法

1.诊断法

每个评价者会对应聘者做出不同的评价，因而不同的人可能会做出不同的决策。这样，确定谁是最终的决策者就显得非常重要。只要确定了最终决策者，他的决定就是企业最终的录用决策。这种方法较为简单，成本较低，已得到广泛运用。但是，这种方法的主观性强，因此评价者的素质和经验在科学合理的判断中起着重要的作用。

2.统计法

使用统计法所做的决定比使用诊断法所做的决定更加客观。这种方法首先要区分评价指标的重要性，赋予权重，然后根据评分的结果，用统计方法进行加权运算，分数高者即获得录用。使用统计方法选择招聘者时，可以采用以下三种不同的模式。

（1）补偿模式。某些指标的高分可以替代另一些指标的低分。

（2）多切点模式。要求应聘者达到所有指标的最低标准。

（3）跨栏模式。采用串联指标，只有在每次测试中获得通过，方可进入下一阶段的挑选和评判。这种评价方法对指标体系设计的要求较高。

（四）在相关层面上研究和讨论

在选择好录用决策方法后，必须决定在哪一个层面上决策，如董事会、总裁办公会等。在相关层面上进行研究和讨论，有利于客观比较各位应聘者的优点和缺点。

（五）决定录用的名单

首先人才需求部门主管与最有潜力的应聘者进行诊断性面谈，然后由用人主管（或专家小组）做出决定，并反馈给人力资源管理部门，最后由人力资源管理部门对应聘者发出录用通知，办理各种录用手续。

录用决策流程如图4-4所示。

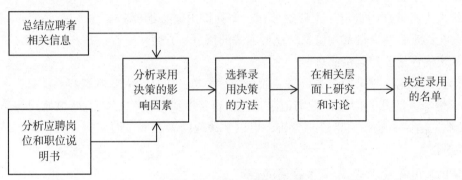

图4-4　录用决策流程

三、录用背景调查

录用背景调查是指通过从应聘者提供的证明人或以前工作过的单位等渠道收集信息，来核实应聘者的个人资料。这是一种能直接证明应聘者背景资料的有效方法。通过录用背景调查，可以证实应聘者的学历和工作经历、个人品质、交往能力、工作能力、工作业绩等信息。

（一）录用背景调查的主要方法[①]

1. 档案查询

我国建立了系统、严格的人事档案管理制度，档案中记录了比较翔实的个人基本资料、教育与就业等情况。企业可以通过查询应聘者的档案来判断其应聘时信息的准确性。然而，档案制度发展到现在，已难以跟上时代的要求。首先是查询档案的审批权限严格，其次是档案材料内容存在陈旧、雷同、空洞、单一等缺陷。

---

① 毛海强，姚丽萍. 员工招聘中背景调查的技巧 [J]. 人才开发，2005（8）：24~25.

2.电话调查

顾名思义，电话调查是通过电话询问的方式调查应聘者的背景信息。电话调查的对象包括应聘者的前单位领导、授课教师等。在进行电话调查时，要先设计好问卷表，并对调查员进行培训，再选择被访者方便的时间进行询问，同时记录下被访者的回答。被访者的语调、停顿等的变化也可能会暴露其某些真实的想法，所以此种方法对调查员的要求较高。电话调查法具有简便易行、省时价廉等特点，是目前使用最多的调查方法。

3.发函调查

发函调查是指企业把问卷或对应聘者给予评论的书面材料邮寄给证明人或推荐人，待其填写问卷或写完评论信之后寄回组织的人力资源部门。发函调查法的系统性强、效率较高，然而其最大的缺点是回复率较低。

4.委托调查公司调查

组织人力资源部门选定一家调查公司，向其提出调查纲要和具体要求，双方签订合同，调查公司在约定日期交付调查信息。这种方式的特点是方便快捷，但是花费较高。

5.从资信评估公司购买信息

资信公司数据库收录的个人资料一般分为三大类：一是个人基本资料；二是个人的银行信用；三是个人的社会信用和特别记录（包括曾经受到经济、行政、刑事处罚等方面的信息）。企业通过购买这些信息进行分析，可以掌握应聘者在面试时未提供的信息，从而更全面了解应聘者。

（二）录用背景调查应注意的问题

（1）对应聘者的隐私要注意保密，调查时不要侵犯个人隐私。

（2）应注意调查的对象，如果是应聘者原来所在的公司或同事，态度要友好亲切、温和。

（3）力求客观、公正，不偏听偏信，不能只听一面之词。

（4）有些事情的背景较复杂，应对调查结果进行核对，有时可向本人正面求证。

（5）录用背景调查的目的绝不是想了解应聘者的不足，而是希望获得更多有关其能力、技能、特长和工作特点的信息。

（6）在录用背景调查的过程中，始终保持对应聘者充分的尊重，要本着爱惜人才的原则，多收集正面信息。

四、录用决策的误区与纠偏

（一）录用决策存在的误区

1.最终录用决策不当

录用决策的最终决定权掌握在该职位的直接主管手中。该主管可以在人力资源部门的协助下，独立做出判断。但是在实际决策中，主管可能并非独立做出判断，导致最终录用决策不当。

2. 决策小组成员之间不协调

录用决策的关键点在于录用决策小组成员之间有一致的判定标准，使评价的结果尽量客观、真实。如果不同决策部门在协调方面存在问题，必然出现矛盾的结果。

3. 决策之前未对甄选过程中模糊的细节进行澄清

对甄选中存在疑惑之处，必须先澄清，然后才能做出决策。在尚存疑点的情况下就做出最后决策，会加大失误的可能性。

（二）纠偏措施

为减少录用决策中的失误，我们应注意以下事项。

1. 事先形成统一的评价标准

录用决策最重要的依据是人与岗位的匹配。在招聘之前，应在工作分析的基础上，由人力资源管理部门协调各部门统一评价指标，并对相关人员进行培训。进行录用决策的人，应清楚地解释自己所做出的录用决策。

2. 明确招聘中人力资源管理部门与人才需求部门的责任

招聘中，人力资源管理部门利用其专业技术和信息优势，承担决策中的专业性工作，培训和帮助各部门管理者挑选合适的人选；人才需求部门则对岗位角色更熟悉，了解岗位对人员的资格要求。双方必须密切配合，共同完成招聘任务。

3. 对录用决策结果进行控制

招聘不同层次的人员，最终的决定权会有所不同。对于管理岗位，至少需要三个人一起讨论，做出最后的决策。

本章练习题

1. 人力资源获取的渠道和方法有哪些？
2. 人力资源甄选的操作技术有哪些？各有哪些优缺点？
3. 人力资源再配置的途径有哪些？

第五章 薪酬管理

本章学习目标

本章介绍了薪酬与薪酬管理的概念，同时从薪酬管理、组织战略及人力资源管理的角度阐述了薪酬管理的基本原理及其实践之道，以及薪酬设计的原理和思路。通过本章的学习，读者能够掌握岗位评价、薪酬结构设计、绩效奖励计划制订等薪酬管理方法，可以从战略、战术和技术三个层面理解薪酬管理。

薪酬是一个宽泛的概念，如福利、保险等也是企业提供给员工的薪酬内容，这些薪酬内容和比例的设置需要根据公司的战略来确定。在薪酬管理的过程中，企业管理者要重视内外部的一致性。外部一致性是指企业的薪酬水平要具有市场竞争力，其总体水平要高于行业内的其他公司的水平。当然，这种优势不需要针对企业内部的所有岗位，而是要根据企业的实际情况进行选择。内部一致性是指薪酬对企业内部员工薪酬管理的公平性，其中同工同酬和多劳多得是薪酬管理的基本指导思想。

第一节 薪酬与薪酬管理

一、薪酬的概念及其构成

（一）薪酬的概念

薪酬是员工向其所在的组织提供劳务活动创造价值后而获得的各种形式的报酬。薪酬的概念有狭义和广义之分。狭义的薪酬是指以工资、奖金等形式支付的劳动报酬；广义的薪酬除了包括狭义薪酬的内容，还包括各种非货币形式的劳动报酬。

（二）薪酬的构成

薪酬的构成是指薪金报酬的各组成部分在薪酬总体中的结构与比例。本书采用的薪酬构成为菜单式结构（见表5-1）。

表 5-1　菜单式薪酬构成

培养部分	国际化培养
	内部培训

（续表）

	补充福利
	带薪假期
福利部分	商业保险
	法定社会保险
	长期激励机制
	利润分红
	补贴
补偿部分	绩效工资
	加班加点工资
	基本工资

1. 基本工资

基本工资是企业根据员工所承担或完成的工作本身，或依据员工所具备完成某项工作的技能而向员工支付的稳定性报酬。这部分报酬是员工收入的主要部分，也是计算其他收入的基础。在大多数情况下，企业往往根据员工所承担的工作难度或所在岗位的重要性来确定其基本工资。有一些企业是根据员工工作能力的高低来确定他们的基本工资。

2. 加班加点工资

加班加点工资是指员工在法定节假日、公休日加班加点，或在规定的工作时间以外工作时所得的劳动报酬。根据相关规定，员工在工作日加点工作时，加点小时工资按照标准工资150%计算；在休息日加班时，加班工资按照标准工资200%计算；在法定节假日加班时，加班工资按照标准工资300%计算。

3. 绩效工资

绩效工资是薪酬体系中与绩效直接挂钩的经济性报酬。实行绩效工资的目的是在绩效与薪酬之间建立起一种直接的联系。由于员工的能力及其在公司所能发挥的价值不同，即使在同一岗位对企业的贡献大小也不同，因此通过绩效工资，公司在员工绩效与薪酬之间建立起了联系，能很好地激励员工努力工作，这对企业实现绩效目标有着积极的作用。

4. 补贴

补贴是指为了补偿员工额外或特殊的劳动消耗，以及为了保证员工的工资水平不受特殊条件的影响，而以补贴的形式支付给员工的劳动报酬。补贴包括按规定标准发放的物价补贴，煤、燃气补贴，交通补贴，住房补贴，流动施工补贴等。

5. 利润分红

利润分红又称劳动分红制，它是指企业在每年年终时，先按比例在企业的总利润中提取一部分用作"分红基金"，然后根据员工的业绩状况确定分配数额，最后以红利形式发放给员工的劳动收入。企业中最常见的分红形式是年底双薪，即企业向员工发放一个月的工资额作为奖金。

6. 长期激励机制

长期激励机制是经企业管理者与员工的共同努力，使员工能够稳定地在企业中长期工作并着眼于企业的长期效益，以实现企业的长期发展目标的一种保障机制。企业常用的长期激励方法有：股票期权激励，即给予员工以某一预先确定的价格购买一定数量本企业股票的权利；年薪制激励，即以企业会计年度为时间单位，根据员工的业绩高低确定薪酬的发放比例。

7. 补充福利

补充福利是企业发放给员工的额外报酬，一般包括健康保险、带薪假期、过节礼物或退休金等。这些奖励作为企业成员福利的一部分，用于奖励员工或者部门。随着报酬形式的多样化，福利的内容也逐渐增多。现在有越来越多的企业开始实行弹性福利费用账户计划，即企业提供一系列的福利项目，由员工根据自己的需求进行选择。

8. 内部培训

内部培训是指企业通过培训的方式使新员工或老员工在知识、技能和素质等诸多方面有所改进。企业的内部培训往往在企业内部进行，培训师一般为企业管理者、优秀员工或外部培训机构讲师等。

9. 国际化培养

企业的国际化培养是指企业将员工输出到国外进行学习和实践，使其具有国际化意识等。国际化培养花费的成本较高，且培训周期较长，因此企业往往会选择企业的中高层管理者、接班人计划的员工、核心技术员工等进行此方面的培养。

（三）薪酬的功能

薪酬既是企业为员工提供的经济收入，也是企业的一项成本支出。无论是对员工来说还是对企业来说，薪酬的设计和发放都是极其重要的。因此，对于薪酬的功能，我们需要从员工和企业两个方面来加以理解。

1. 员工方面

（1）经济保障功能。薪酬是企业和员工之间达成的供求契约的一种表现形式。企业通过员工工作所创造的价值产生收益，而员工则通过价值创造获得企业给予的经济回报。在市场经济条件下，薪酬收入是绝大多数劳动者的主要收入来源，对劳动者的生活保障起着至关重要的作用。因此，员工薪酬水平的高低对员工及其家庭的生存状态和生活方式所产生的影响是非常大的。

（2）激励功能。从心理学的角度来说，薪酬是员工和企业之间的一种心理契约，这种契约通过员工对薪酬状况的感知来影响员工的工作行为、工作态度及工作绩效，即产生激励作用。如果员工的薪酬需求能够得到满足，那么其工作积极性就会很高；反之，如果员工的薪酬需求得不到满足，那么其很有可能会消极怠工、工作效率低下。事实上，从很多企业所做的员工满意度和组织承诺度调查结果来看，现阶段，员工对企业薪酬制度及薪酬水平的满意度总体上来说都不是很高。

（3）社会信号功能。对员工来说，薪酬所具有的信号传递功能也是一种非常重要的功能。薪酬作为流动社会中的一种市场信号，员工所获得薪酬水平的高低能够很好地表明其在企业中所处的位置，企业管理者可以据此判断员工的家庭生活状况、受教育程度等。不仅如此，在组织内部，员工的相对薪酬也能够体现出其在组织内的位置和能力。

2. 企业方面

（1）促进战略实现，改善经营绩效。薪酬对员工的工作行为、工作态度及工作业绩具有直接的影响。薪酬不仅决定了员工的数量和质量，还会影响其工作态度、对组织的归属感及忠诚度，从而直接影响企业的生产能力和生产效率。薪酬实际上是企业向员工传递的一种特别强烈的信号。通过这种信号，员工可以理解企业在鼓励什么行为、鼓励哪些方面的创新；相反，不合理和不公正的薪酬结构则会导致员工采取损害企业利益的行为，从而导致企业的利益受损。因此，如何通过薪酬管理来改善企业的经营绩效，是企业管理者需要思考的一大课题。

（2）塑造和强化企业文化。员工的工作行为和态度在很大程度上受薪酬的影响。因此，合理的薪酬结构一方面有助于企业塑造良好的文化，另一方面有助于强化现有的企业文化。但是，如果企业的薪酬结构与企业文化或价值观之间存在冲突，它就会对组织文化和企业的价值观产生负面影响。例如，强调个人绩效的可变薪酬方案会削弱组织的凝聚力，使成员注重彼此之间的相互竞争，从而导致组织内形成一种个人主义的企业文化。

（3）控制经营成本。由于企业劳动力市场的竞争力受企业薪酬水平的影响，因此企业若要对员工的数量和质量进行控制，就需要提供薪酬水平。但是，这也会导致企业的运营成本增加，使其在市场竞争中处于劣势。因此，企业在设置薪酬时，既要保证薪酬能够激励员工的工作积极性并保障员工的相应权利，从而吸引优秀员工为企业创造价值，也要确保薪酬不会对企业的运营造成较大的成本压力，从而提高企业的市场竞争力。

二、薪酬管理的主要内容、重要决策及流程

（一）薪酬管理的主要内容

薪酬管理是指企业针对所有员工所提供的服务来确定他们应当得到的薪酬总额、薪酬结构及薪酬形式的过程。在此过程中，企业必须确定薪酬的形式、体系和构成，薪资水平和薪酬结构，以及特殊员工群体的薪酬。同时，企业还需要制订薪酬计划，拟定薪资预算，与员工就薪酬管理问题进行沟通，以及评估薪酬体系的有效性[①]。

企业的薪酬管理体系要体现出公平性、有效性和合法性三大目标。公平性是指员工认为企业薪酬管理体系及管理过程中是否公平。公平性既包括员工对市场上其他公司相同岗位薪酬的比较，也有与企业内部不同职位薪酬水平比较的结果。有效性是指薪酬管理体系在多大程度上能够帮助组织实现既定的经营目标。这种经营目标不仅包括利润率、销售额等财务方面的指标，还包括客户、内部流程等层面的指标。合法性是指企业的薪酬管理体系和管理过程是否符合相关法律法规。

---

① 刘昕.薪酬管理（第五版）［M］.北京：中国人民大学出版社，2017.

（二）薪酬管理中的重要决策

我们通过对薪酬管理的内容进行分析可以看出，企业在薪酬管理的过程中必须做出重要的选择或者决策。我们将企业的主要薪酬管理决策分为薪酬体系决策、薪酬水平决策及薪酬结构决策三大类。

1. 薪酬体系决策

当前共有三种通行的薪酬体系，即职位薪酬体系、技能薪酬体系及能力薪酬体系，其中职位薪酬体系的运用最为广泛。职位薪酬体系是指企业在确定员工的基本薪酬时依据其职位的价值来确定。技能薪酬体系是指企业依据员工自身的技能水平来确定其基本薪酬。能力薪酬体系是指企业依据员工所具备的能力或综合性任职资格来确定其基本薪酬。

2. 薪酬水平决策

薪酬水平是指企业中各职位、各部门及整个企业的平均薪酬水平。薪酬的整体水平决定了企业薪酬的外部竞争性。在同一家企业内，不同层级、不同岗位的薪酬水平决定了企业薪酬的内部一致性。对企业的薪酬水平决策产生影响的主要因素包括：同行业或地区中竞争对手的薪酬水平；企业的支付能力和薪酬战略；社会生活成本指数；在集体谈判情况下的工会薪酬政策等。

3. 薪酬结构决策

薪酬结构是指在同一组织内部共有多少个基本薪酬等级及相邻的两个薪酬等级之间的薪酬水平差距。企业内部的薪酬结构实际上反映了企业对职位和技能价值的看法。企业既可以设计数量较多、层级差距较小的薪酬结构，也可以设计数量较少、层级差距较大的薪酬结构。

（三）薪酬管理的流程

在一般情况下，科学的薪酬管理流程对薪酬管理系统的运行起着重要作用。图 5-1 描绘了企业薪酬管理的决策过程及决策内容。企业的薪酬管理要立足于企业的经营战略和人力资源战略，结合组织的构成及岗位的设置，并最终用于团队和员工的考核与评价。

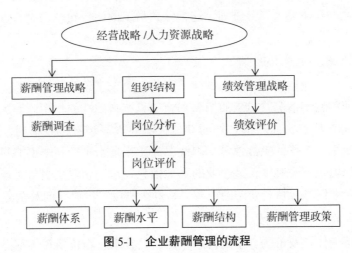

图 5-1　企业薪酬管理的流程

三、薪酬管理在人力资源管理体系中的作用

薪酬管理是人力资源管理系统及组织运营和变革过程中的重要组成部分。作为现代企业人力资源管理的重要组成部分，薪酬管理必须与其他人力资源管理职能紧密结合才能发挥最大的效用。薪酬管理在人力资源管理体系中的作用如图 5-2 所示。

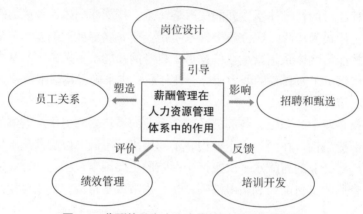

图 5-2　薪酬管理在人力资源管理体系中的作用

（一）薪酬管理与岗位设计

随着传统行业的不断变革，互联网、人工智能等新技术的不断发展，企业的各岗位职责也在不断发生变化，一些划分细致、任务单一的岗位已难以适应企业的竞争需要，而界定范围较为宽泛的岗位越来越多。因此，这些岗位上的员工要承担更多的职责和任务，这就要求他们具备多项技能。除此之外，很多企业开始强调小组式的工作和管理，不再以个人的表现情况评判其绩效。在这种情况下，企业的薪酬体系必须做出调整，以适应和支持这种新的发展趋势，并对员工的工作行为加以引导。

另一方面，如果岗位设计不合理，那么会对薪酬管理造成很大的影响。例如，职位划分过细也会导致企业的薪酬等级划分过细，这会导致员工的岗位轮换困难，也会造成员工对晋升途径的迷茫。

（二）薪酬管理与招聘和甄选

薪酬的设计影响企业招聘的效率和难度，同时也决定了企业能够招聘到的员工的质量和数量。首先，企业的薪酬情况对员工的招聘和甄选具有基础性的作用。薪酬水平是员工在选择企业时最先考虑的要素，而薪酬之外的其他报酬要素很难直接观察到，如良好的企业文化、较高的管理水平、工作的挑战性等。因此，高于市场水平的薪酬更能吸引求职者。除此之外，企业还可以通过薪酬制度传递企业的其他信息，帮助企业吸引与组织需要和文化相匹配的员工，这些企业信息包括企业的经济实力、等级制度、价值导向及企业文化等。

（三）薪酬管理与培训开发

随着全球经济一体化及市场竞争的日趋激烈，新技术、新价值观等都是决定企业竞争力

的重要因素。员工的培训、开发及职业生涯规划已经成为企业构建核心竞争力的关键因素。当前，企业普遍朝着学习型组织的方向发展，但是只有设计出与学习型组织相适应的薪酬制度和薪酬结构，对员工的学习行为尤其是学习之后的运用结果给予反馈和奖励，才有助于推动员工与企业所倡导的这种新型文化保持一致。

（四）薪酬管理与绩效管理

从绩效管理的本身来看，企业的绩效管理尤其是绩效评价已经从过去那种单一的、静态的绩效评价逐渐向全方位的、动态的绩效评价转化。企业不仅要关心员工的业绩目标达成情况，还要关心员工达成业绩的过程及其在此过程中所表现出来的行为、态度及能力；不仅要关心企业的短期绩效，还要关心企业的长期绩效。只有这样才能对员工做出更为公正和导向性更为明确的评价，同时也有利于企业的长期发展。

（五）薪酬管理与员工关系

员工关系管理是指企业在经济契约的基础上，为了与员工之间形成一种对双方都有利的心理契约而采取的各种管理措施，主要包括劳动关系管理、员工参与管理、员工满意度监测与流动管理、企业文化建设等多项内容。薪酬管理与员工关系管理之间的关系主要体现在以下几个方面。一是薪酬设计和薪酬管理过程及其结果本身能够形成不同种类的员工关系。如果企业的薪酬管理能够严格遵守相关法律法规，充分体现程序和结果的公平性和公正性，薪酬总是能够及时发放，那么这种薪酬体系有利于强化员工对企业的公平认知，提高员工对企业的满意度。二是薪酬水平的高低直接影响员工的流动性。在其他条件保持不变的情况下，高水平的薪酬有助于降低员工的流失率，提高员工的忠诚度，也会促使员工更加努力地为企业创造价值。

第二节　薪酬管理的外部性与内部性

一、薪酬水平的外部竞争性

（一）薪酬水平的外部竞争性的概念

薪酬水平的外部竞争性是指一家企业的薪酬水平的高低及由此产生的企业在劳动力市场上的竞争能力的大小。在市场竞争中，薪酬水平的外部竞争性并不是一个笼统的概念，把企业所有员工的平均薪酬水平与其他企业所有员工的平均薪酬水平进行比较的意义越来越小，这种比较更多地要落在不同组织中的类似职位或者类似职位簇之间。

（二）薪酬水平及其外部竞争性的重要性

薪酬水平及其外部竞争性的重要性主要体现在以下几个方面。

1. 吸引、保留和激励员工

对绝大多数员工而言，薪酬是保证其日常生活正常进行的经济基础，也是择业时考虑的首要因素。目前，薪酬水平对普通员工的重要性更是不言而喻的。如果企业在招聘时设计的薪酬水平过低，企业将很难招到合适的员工，而勉强招到的员工往往在数量和质量方面不尽人意；在工作中，过低的薪酬水平有可能导致企业中原有的员工忠诚度下降，员工流失率升高。相反，如果企业的薪酬水平比较高，那么企业一方面可以很容易地招到自己所需要的员工，另一方面可以大大减少员工流失率。

2. 控制劳动力成本

劳动力成本是指企业因雇用社会劳动力而必须支付的费用。由于企业总是在进行追求利润最大化的理性行为，控制总成本可以帮助企业实现利润最大化，而薪酬水平的高低和企业的总成本支出密切相关。因此，在其他条件不变的情况下，薪酬水平越高，企业的劳动力成本越高；相对于竞争对手的薪酬水平越高，则提供相同或类似产品、服务的相对成本也就越高，在市场上的竞争地位也就越不利。因为较高的产品成本会导致较高的产品定价，而在产品差异不大的情况下，消费者会选择价格更低的产品，所以在这种情况下，控制劳动力成本对企业来说非常重要。

3. 塑造企业形象

薪酬水平对塑造企业形象有重大意义，它不仅直接体现了企业在特定劳动力市场上的相应定位，同时也彰显了企业的支付能力及其对人力资源的态度。支付较高薪酬的企业不仅有利于在劳动力市场上树立良好的形象，而且有利于在产品市场中获得竞争优势。这是因为，企业的薪酬支付能力会增强消费者对企业及其所提供的产品和服务的信心，从而在消费者的心中形成一种产品差异，起到鼓励消费者购买的作用。此外，在大多数市场经济国家中，政府在最低薪酬水平等方面有明文规定，企业要严格遵守。

（三）选择具有竞争力的薪酬策略

企业所面临的特定竞争环境决定了企业选择何种薪酬策略，以减少来自外部劳动力市场及产品市场的双重压力。在选择薪酬策略时，企业首先要明确企业薪酬水平定位与市场平均薪酬水平之间的关系。当企业受到外部压力时，企业大多选择将薪酬水平定位于高于或等于市场平均薪酬水平或稍低平均水平。下面我们对四种常见的市场薪酬水平定位进行进一步的分析，具体如图5-3所示。

1. 薪酬领袖政策

薪酬领袖政策又称领先型薪酬政策，是指支付高于市场平均薪酬水平的策略，强调高薪用人，用高于市场竞争对手的薪酬水平增强企业薪酬的竞争力[①]。通常采用这种政策的企业规模较大、投资回报率较高，薪酬成本在企业经营总成本中所占的比例较低，在产品市场上的竞争者少。这种政策具有三种优势：一是能够提高组织吸引和保留高质量劳动力的能力，同时还可以利用较高的薪酬水平来抵消工作本身所具有的各种不利特征，如工作压力大或者工作条件差等；二是当薪酬成本在企业总成本中所占的比例较低时，薪酬支出实际上只是企业成本支出中一个相对不重要的项目，因此企业很可能会通过提供高水平的薪酬来减少各种相关劳动问题的出现，从而把更多的精力投入到那些较薪酬成本控制更为重要和更有价值的项

---

① 傅夏仙.人力资源管理［M］.杭州：浙江大学出版社，2015.

目中；三是企业在产品市场上的竞争者少，这意味着企业可以提高产品价格，而不用担心消费者会减少对自己的产品或者服务的消费。

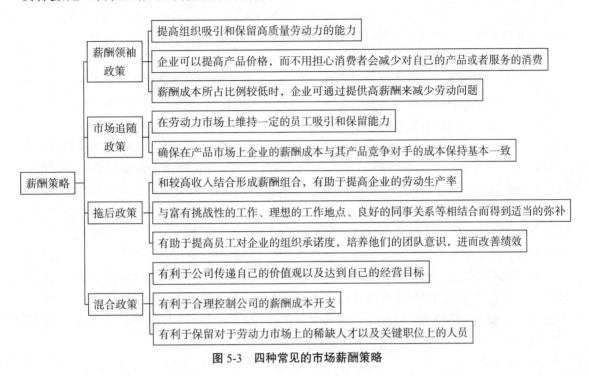

图 5-3　四种常见的市场薪酬策略

当然，充当薪酬领袖的企业往往都期望从薪酬成本支出中获得相应的收益。较高的薪酬水平可能带来的收益如下。

（1）较高水平的薪酬往往能够很快为企业吸引来大批可供选择的求职者。因此，高薪酬一方面有利于企业在短时间内获取大量所需人才；另一方面使得企业可以提高招募标准，提高所能够招募和雇用的员工质量。

（2）高薪酬能减少企业在员工甄选方面所支出的费用，这是因为自我认为胜任力（如个人能力、抗压力等）达不到高薪岗位的求职者往往会回避这类企业，这样企业在人员甄选方面所需花费的人力、物力就可以相应减少。

（3）较高的薪酬水平增加了员工离职的机会成本，这有助于改进员工的工作绩效（努力工作以避免被解雇），从而降低员工的离职率并减少因对员工的工作过程进行监督而产生的费用。

（4）较高的薪酬水平使得企业不必跟随市场水平经常性地为员工加薪，从而可以帮助企业节省薪酬管理的成本。

（5）较高的薪酬水平有利于减少因为薪酬问题而引起的劳动纠纷，同时有利于塑造公司的形象。

不过，充当薪酬领袖的企业往往面临很大的管理压力。这是因为，企业通过支付较高的薪酬雇用了大批有能力的员工，如果企业不能实现对应较高的利润，即将高投入转化为高回报,那么高薪的成本支出将会成为企业的一种负担。

2. 市场追随政策

市场追随政策又称市场匹配政策、跟随型薪酬政策,它是指根据市场平均水平来确定本企业的薪酬定位,力图使企业的薪酬成本接近竞争对手的薪酬成本的策略。这是一种最为通用的薪酬政策,它适用于中小型企业。

企业采取市场追随薪酬策略的目的是在产品市场和劳动力市场上与竞争对手保持相当的竞争力。一方面是确保在产品市场上企业的薪酬成本与其产品竞争对手的成本保持一致,从而避免在产品市场中陷入不利地位;另一方面是确保在劳动力市场上企业能吸引和保留一定的员工,从而在劳动力市场上优于竞争对手。采取这种薪酬政策的企业面临的风险可能是最小的,它能够吸引足够数量的员工为企业工作。当然,实施市场追随政策的企业也存在劣势:一是在员工招聘上往往会付出更多的时间和精力;二是根据外部市场的变化调整薪酬水平时要保持其与市场薪酬水平一致,但是这种调整在很多情况下存在滞后,很多企业往往在一些优秀的员工离职后才发现自己的薪酬水平已经落后于市场水平。

市场追随薪酬政策的实现方式是企业在每年年底调薪时考虑下一年度全年当中市场薪酬水平的变化趋势,然后根据预测结果确定下一年度的薪酬水平。这样就可以确保本企业的薪酬水平在年初高于市场水平,在年底略低于市场水平,而在年中等于市场平均水平,全年的薪酬水平与市场大体持平。因此,若要确保企业的薪酬水平与市场的薪酬水平保持一致,则必须坚持做好市场薪酬调查工作,实时掌握市场的薪酬水平状况。

3. 拖后政策

拖后政策又称滞后型薪酬策略,它是指企业采取低于竞争对手或市场薪酬水平的政策。采用拖后政策的企业往往规模较小,它们大多处于竞争性的产品市场上,边际利润率比较低,成本承受能力弱。由于产品的利润率较低,企业没有能力为员工提供高水平的薪酬,因此支付能力弱已成为大多数企业实施拖后型薪酬政策的一个主要原因。

显然,拖后型薪酬政策对企业吸引高质量的员工来说是非常不利的,而且在实施这种政策的企业中,员工的流失率往往比较高。这是因为,由于存在获取收入的迫切需要,员工可能会临时性地接受一些比市场水平要低的薪酬,一旦他们的这种需要变得不那么迫切,并且他们已掌握了企业较低的工资率水平的信息,他们就会试图寻找更有利可图的就业场所。

虽然滞后于竞争型水平的薪酬政策能在一定程度上削弱企业吸引和保留潜在员工的能力,但如果这种做法是以提高未来收益作为补偿的,那么反而有助于提高员工对企业的忠诚度,培养他们的团队意识,进而改进绩效。大多数企业都会选择采取享受年终分红、股票期权、期股和员工参股等方式来提高员工当前的工作积极性,增强他们的责任感。此外,这种薪酬水平政策还可以通过与富有挑战性的工作、理想的工作地点、良好的同事关系等其他因素相结合而得到适当的弥补。因此,如果实行拖后型薪酬政策能为员工提供较高的未来收入预期,那么企业不仅能留住员工,而且劳动生产率也会得到提高。

拖后型薪酬政策的实现方式是企业在每年年底调薪时考虑下一年度中市场薪酬水平的变化趋势,然后根据预测结果确定企业下一年度薪酬水平。这样就可以确保本企业的薪酬水平在年初等于市场水平，在年中略低于市场水平，而在年底完全低于市场平均水平。

4. 混合政策

混合政策是指企业在确定薪酬水平时，根据岗位或员工的类型或者是总薪酬的不同组成部分来分别制定不同的薪酬水平决策，而不是对所有的岗位和员工采用相同的薪酬水平。从岗位或者员工的类型来看，实施混合政策的企业往往会为高级管理人员、中高级技术人员提供高于市场平均水平的薪酬，即实施薪酬领袖政策；对普通员工实施与其一般能力相匹配的薪酬策略，即实施市场追随政策；为那些在劳动力市场上随时可以找到替代者的员工提供低于市场价格的薪酬，即实施拖后政策。从总薪酬的不同组成部分来看，企业选择在总薪酬的市场价值方面处于高于市场的竞争性地位，但是在基本薪酬和绩效薪酬略低于市场平均水平，而在激励性薪酬方面则处于比市场平均水平高很多的领先地位。举例来说，某公司可能会制定这样一个薪酬方案，员工的基本薪酬水平较市场的平均薪酬水平降低 3%，如果员工所在部门的经营利润超过了某一目标，他就有机会得到最高相当于一个月工资的奖金。这样一来，虽然这家公司的基本薪酬水平比市场薪酬水平略低，但是在经营绩效较好的情况下，考虑到奖金的增加，该公司的薪酬水平实际上还是小幅领先于市场的平均薪酬水平。这种薪酬策略的目的主要有三个：一是鼓励员工重视企业的经营绩效和财务状况，激励他们提高生产率；二是这意味着公司向员工与求职者表明希望员工能够将工作完成得更好，并且能够承担一定的风险；三是基本薪酬低于市场平均薪酬水平可以降低企业的劳动成本。

混合政策的特点就是其具有灵活性和针对性的特点，这既有助于保留对于劳动力市场上的稀缺人才及关键职位上的人员，又有利于合理控制公司的薪酬成本开支，从而确保企业在劳动力市场与产品市场上的竞争力。此外，通过对企业薪酬构成中的不同组成部分采取不同的市场定位战略，有利于传递企业的价值观及达到企业的经营目标。

二、薪酬水平和薪酬结构的确定

（一）薪酬水平决策的主要影响因素

影响薪酬水平决策的主要因素如图 5-4 所示。

1. 劳动力市场对薪酬水平决策的影响

（1）劳动力需求。企业对劳动力的需求是从消费者对产品或服务的需求中催生出来的，因而劳动力需求是关于劳动力价格和质量的一个函数。在短期劳动力需求决定中，最重要的两个概念是边际收益（或边际收益产品）和边际成本。所谓劳动力的边际收益，是指在其他条件保持不变的情况下，增加一个单位的人力资源投入所产生的收益增量。劳动力的边际成本即是劳动力的市场工资率。可以说，利润最大化的劳动力需求水平就存在于企业利用的最后一个单位劳动力的边际收益等于为雇用劳动力支付的薪酬水平这一点上。当雇用一位员工的边际收益大于边际成本时，企业应该继续雇用这位员工；当雇用一位员工的边际成本高于其所能够产生的边际收益时，企业不应该再雇用这位员工了。

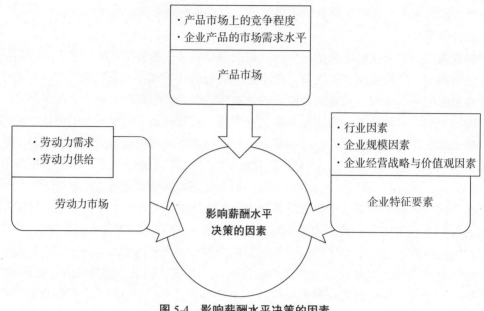

图 5-4　影响薪酬水平决策的因素

在薪酬管理的实际工作中，企业利用该模型确定应雇用的员工数量时，需要注意两个事项：一是确定市场力量作用下的薪酬水平；二是确定每一位潜在新员工可能产生的边际收益。换言之，企业只有明确了员工的边际成本和边际收益，才能确定自己需要雇用多少名员工。但是现实远非理论中所假设的那样简单。一方面是市场薪酬水平的确定问题，由于劳动力市场上的供给方与需求方之间的竞争程度不确定，劳动力的质量不完全相同，同时并非所有的企业都是利润最大化的追求者，因此很难准确把握市场的薪酬水平。另一方面是对员工的边际收益的预测，管理者不可能明确地知道一位尚未进入企业的员工的边际收益是多少。

（2）劳动力供给。劳动力市场上的劳动力供给是指特定的人口群体所能够承担的工作总量。一般来说，整个经济或社会中的劳动力供给受四个因素的影响。

一是劳动力参与率。劳动力参与率是指一个国家或社会中 16 岁以上人口中的经济活动人口总量，其计算公式如下。

$$劳动力参与率 = \frac{有工作的人数 + 目前正在找工作的人数}{16 岁以上的总人口数} \times 100\%$$

具体到微观层面，劳动力参与率的高低主要取决于单个家庭所做出的劳动供给决策，其影响因素主要包括家庭经济状况、年龄、性别、受教育程度等。以受教育程度为例，研究表明，在其他条件相同的情况下，特定劳动力群体的受教育程度越高，他们的劳动力参与率一般也越高。

二是员工愿意提供的工作小时数。在实践中，虽然工作时间的安排通常都是法定的或是由企业确定的，且周工作时间基本固定，但由于市场上存在越来越多的工时制度安排，因此员工实际上可以通过选择企业或职业来表达自己对工作时间的偏好。

　　三是员工接受的教育训练及其技能水平。前面两个因素决定了一国经济中的劳动力供给数量，但是劳动力供给不仅存在数量问题，还存在质量问题，而且后者比前者更重要。决定一国劳动力质量的最重要因素是劳动力队伍所受过的教育及训练，即劳动力队伍的人力资本投资状况。人力资本投资的具体形式包括积累经验、接受正规教育、在职培训、健康投资和居住地迁移等。

　　四是员工在工作过程中的实际努力水平。劳动力的数量和质量都是一种静态的存量，这种存量如何转化为流量，即劳动者在实际工作过程中能否将其具备的知识和技能充分发挥出来并转化为生产率，这就取决于企业的总体制度安排尤其是激励水平，其中涉及员工与工作之间的匹配性、绩效管理制度是否完善、薪酬水平和薪酬制度是否合理等，实际上这些正是企业人力资源管理工作的核心问题。

　　2. 产品市场对薪酬水平决策的影响

　　一般来说，劳动力市场因素确定了企业所支付的薪酬水平的下限，而产品市场则确定了企业可能支付的薪酬水平的上限。在通常情况下，产品市场上以下两个方面的情况会影响企业的实际支付能力。

　　（1）产品市场上的竞争程度。企业所在的产品市场的结构通常被划分成完全竞争、垄断竞争、寡头及垄断四种类型。完全竞争的市场和垄断的市场是两种极端的市场结构，在现实中比较少见。最常见的是垄断竞争性的市场结构，即企业的产品既与其他企业的产品有一定差异，因而具有一定的垄断性，又与其他企业的产品存在一定的可替代性，因而具有一定的竞争性。处于完全竞争或接近完全竞争市场上的企业没有能力提高自己产品的价格，否则销售量就会迅速下降；而在产品市场上处于垄断或接近垄断地位的企业，其在一定范围内可以随心所欲地确定产品价格，但是如果产品定价远远超出其成本，其他企业就会在利益的驱使下想方设法进入这一市场，促使这一产品市场向自由竞争演变，那么企业原有的垄断优势也就不存在了。

　　如果企业在产品市场上处于垄断地位，那么它就能够获得超出市场平均利润水平的垄断利润，利润的增加为企业在劳动力市场上的薪酬决策提供了强有力的保障，足以保证企业向员工提供高出市场水平的薪酬。但是，一旦企业丧失垄断地位，就无法将因高水平薪酬所产生的成本负担通过较高的价格转嫁给消费者，企业支付高薪的基础就不存在了。企业处在完全竞争或类似完全竞争的环境中所支付的薪酬水平往往与市场平均水平比较接近。

　　（2）企业产品的市场需求水平。假设企业可以利用的技术、资本和劳动力供给保持不变，如果产品市场对某企业所提供的产品或服务的需求增加，那么在产品或服务价格不变的情况下，企业能够出售更多的产品或服务。为了追求利润最大化，企业自然会提高自己的产量水平、规模效应，在给定的薪酬水平下增加对劳动力的需求量，这必将进一步增强企业的支付实力和提高员工薪酬水平。

　　在市场中，产品市场对某企业产品的需求增加可能出于多种原因。一种情况是，企业通过广告或者其他手段来宣传自己的产品或服务与竞争对手所提供的同类产品或服务的差异性，从而培养消费者对本企业产品或服务的偏好。另一种情况是，虽然市场上存在多位同类产品竞争者，但是这种产品属于畅销产品或者新型产品，其市场容量足够大。在这种情况下，一方面产品生产者之间存在竞争；另一方面大家又共同做大了市场，共同从市场的培育中获利。

3. 企业特征要素对企业薪酬水平决策的影响

产品市场和劳动力市场的状况为企业薪酬水平决策提供了一个基本的可行空间，但是具体的组织要素，如企业的行业、规模、经营战略及价值观等，这些会直接影响企业的支付能力，进而决定其实际薪酬水平的高低。

（1）行业因素。企业所能够支付的薪酬水平显然会受企业所在行业的影响，而行业特征中对薪酬水平产生最主要影响的因素可能是不同的行业所具有的不同技术经济特点。在一般情况下，在规模大、人均占有资本投资比例高的行业中，如软件开发、生物医药、遗传工程和电信技术等，人均薪酬水平会比较高。这主要是由三个方面的原因造成的：一是越是资本密集的产业，其对资本投资的要求就越高，这会对新企业的进入造成一种限制，从而易于形成卖方垄断的结构；二是高资本投入的行业往往要求从业者本人具有较高水平的人力资本投资，这是因为存在一种所谓的资本—技能互补假设，即资本越昂贵，企业越需要雇用具有较高知识技能的人来运用这些资本，这样才能保证资本产生最大的效益；三是资本对劳动力的比例较高，意味着劳动报酬在企业总成本支出中所占的比例相对较小，资本的利润较高，从而有能力支付较高的薪酬。相反，那些对资本投资要求低、新企业容易进入和以竞争性市场结构为特征的行业，其人工成本占总成本的比例也比较高，所以一般属于低工资产业，如服装加工业，纺织品、皮革制品生产行业等。

（2）企业规模因素。研究表明，在其他因素相同的情况下，大型企业所支付的薪酬水平往往比中小型企业支付的薪酬水平高。大型企业中的员工不仅获得的薪酬较高，而且其薪酬会随着工作经验的积累而增加。大型企业所支付的薪酬水平较高的原因主要有以下几点。

其一，在大型企业中采用长期雇佣的做法往往比在中小型企业中更有优势，也更有必要。因为大型企业更多地采用具有较高相互依赖性的生产技术，如果在大型企业中出现了没有员工做的工作或者预料之外的辞职现象，那么必然会影响整个企业的生产过程，甚至造成大量资本的闲置或浪费。此外，员工流失率过高，尤其是熟练程度较高、熟悉公司运行规则的员工的流失，必然会给企业带来严重的损失。

其二，由于大型企业有更大的动力来维持企业与员工之间的长期雇佣关系，因此大型企业的员工流失率较低。大型企业有更大的动力去培养员工，而员工的人力资本投资增加必然会强化他们的收入能力。

其三，企业的规模越大，对员工的工作进行监督就越困难，企业就越希望能够找到其他的方式来激励员工。在这种情况下，效率工资理论所揭示的原理很容易导致大型企业采用高于市场水平的薪酬，以激励员工在没有监督的情况下也能努力工作。大型企业为员工提供职业保障的能力加上这种效率工资的制度安排，无论是对员工的保留还是对员工的工作激励，都是非常有效的。

其四，大型企业侧重资本密集型生产，因为它们具有较强的薪酬支付能力，再加上出于公司形象方面的考虑，它们有更大的薪酬支付意愿，这也是导致大企业支付较高水平薪酬的重要原因。

（3）企业经营战略与价值观因素。企业经营战略对薪酬水平决策具有直接的影响。如果选择实施低成本战略，企业必然会尽一切可能降低成本，其中也包括薪酬成本。这样的企业大多属于劳动密集行业，其边际利润偏低，盈利能力和支付能力都比较弱，因而它们的总体薪酬水平不会太高；相反，实施创新战略的企业为了吸引有创造力、敢于冒风险的员工，必然不会太在意薪酬水平的高低，它们更关注薪酬成本可能给自己带来的收益，只要较高的薪酬才能够吸引优秀的员工加入，从而创造出高水平的收益就行。从企业的薪酬战略来看，采用高薪酬水平战略的企业要比采用广泛搜寻战略和培训战略的企业有支付高薪酬的倾向。

此外，企业的薪酬支付意愿对企业的薪酬水平决策也有很大的影响。如果企业仅仅将员工看成是为自己创造价值的不可或缺的一种生产要素，那么企业通常不会主动提高员工的薪酬待遇。如果企业将员工看成是自己的合作伙伴，那么企业在经营比较好的时候往往会在承受能力的范围内主动适当提高员工的薪酬待遇，以体现共享企业经营成功的思想。

（二）市场薪酬调查

1. 薪酬调查的概念

薪酬调查是指企业通过收集（总体的薪酬）信息来判断其他企业所支付的总薪酬状况的一个系统过程。这种调查能够向实施调查的企业提供市场上的各种相关企业（包括竞争对手）向员工支付的薪酬水平和薪酬结构等方面的信息。这样一来，实施调查的企业就可以根据调查结果来确定自己当前的薪酬水平相对于竞争对手在既定劳动力市场上的位置，从而根据自己的战略调整薪酬水平甚至薪酬结构。

一般来说，主持薪酬调查的主体有很多，如政府、行业和专业协会、咨询公司及企业家联合会等。从调查方式来看，薪酬调查可以分为正式薪酬调查和非正式薪酬调查两种类型。

2. 薪酬调查的目的

对大多数企业来说，特定职位的薪酬水平是在直接或间接进行的薪酬调查的基础上确定的。虽然在大多数场合，薪酬调查的目的是确定基准职位的薪酬水平，其他职位的薪酬水平可以根据其相对价值和基准薪酬水平进一步确定，但毋庸置疑，薪酬调查可以加强企业对竞争对手的了解程度，有助于企业及时调整自己的薪酬战略乃至整个公司的战略。此外，薪酬调查的结果对企业实现薪酬在效率、公平、合法等方面的目标起着重要作用，特定企业的劳动力成本及其产品的竞争性在很大程度上受其所获得的薪酬调查数据的准确性的影响。具体来说，企业都希望通过薪酬调查来调整薪酬水平、薪酬结构，估计竞争对手的劳动力成本，了解其他企业薪酬管理实践的最新发展和变化趋势。

（三）薪酬调查的实施流程

通常情况下，薪酬调查的实施流程分为三个阶段，即准备阶段、实施阶段和结果分析阶段，具体如图 5-5 所示。

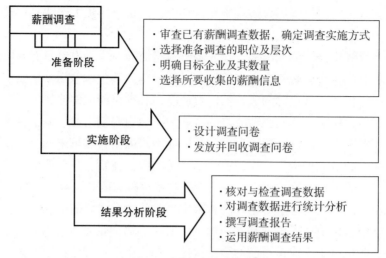

图 5-5　薪酬调查的实施流程

1. 准备阶段

（1）根据需要审查已有薪酬调查数据，确定调查的必要性及其实施方式。对任何一家企业来说，如果现有的薪酬调查数据足以提供企业要求的所有信息或者大部分信息，显然就没有必要再去做市场薪酬调查。如果需要进行薪酬调查，企业通常有三种选择：一是企业自己做薪酬调查，但是将会面临难以组织开展调查的风险；二是聘请专业咨询公司进行薪酬调查，但是这样做成本较高；三是购买专业机构提供的薪酬数据库与调查报告，但这也许与本企业的薪酬实践和职位特点不匹配。因此，企业需要在成本与效果上找到折中方案，需要在准备阶段做出谨慎选择。

（2）选择准备调查的职位及其层次。企业先要确定调查的具体职位类别，比如是某些类型的职位还是所有类型的职位，然后在此基础上分清典型职位（基准职位）或者关键职位。例如，如果企业想要了解管理人员的薪酬，那么只要将公司高层和部门经理一级的职位包括进来即可。如果企业想要了解专业或技术类职位的薪酬，就需要将相关职能领域中的整个职位簇都纳入调查范围。在确定需要调查的职位后，企业要对被调查的职位进行清晰的层级划分并进行具体的描述，同时还要为调查企业的职位层级与调查对象的职位层级进行恰当的职位配比。

（3）界定劳动力市场的范围，明确作为调查对象的目标企业及其数量。薪酬调查的本意是了解与企业在同一劳动力市场上争夺劳动力的其他企业的薪酬状况，因此企业要先确定自己所在的劳动力市场的范围到底有多大。从覆盖范围来看，劳动力市场可以划分为地方性劳动力市场、地区性劳动力市场、全国性劳动力市场及国际性劳动力市场。需要指出的是，劳动力市场的划分依据并不是企业的规模或者地理分布，而是企业在一个多大范围内的市场上与其他企业进行人才的争夺。举例来说，企业通常在地方性劳动力市场上招聘较低层级的职位或专长的普通工种（包括文员、半技术性人员等），而企业高层职位（高新技术人才、高级管理人才等）则在全国甚至全球范围内劳动力市场上进行招聘。

（4）选择所要收集的薪酬信息内容。同样的职位在不同的组织中所获得的价值评价不同，它们在不同的组织中所获得报酬的方式也不同。有些企业给予某个职位的基本薪酬可能不是很高，但是奖励性的浮动薪酬或者福利可能会很好。因此，薪酬调查中如果仅仅包括基本薪酬部分，那么所获得的数据往往无法反映市场的一般状况。在通常情况下，薪酬调查涉及的薪酬信息包括基本薪酬及其结构（包括被调查职位的平均基本薪酬、被调查职位的薪酬浮动范围等）、年度奖金和其他年度现金支付、股票期权或虚拟股票计划等长期激励计划。除此以外，在进行薪酬调查之前还需要收集企业规模、员工人数、营业额和销售额等企业信息，以及工作类别、员工类别及员工实际薪酬等信息。

2. 实施阶段

（1）设计调查问卷。为了更好地完成薪酬调查工作，调查问卷的内容要详尽。调查问卷通常包括三部分内容：一是企业本身的信息，如企业规模、所在行业、销售额或者销售收入等；二是职位范围及任职者的信息，如职位类别、职位名称、任职者教育程度及工作年限等；三是员工薪酬方面的信息，如薪酬、奖金、津贴、员工的福利等，以及其他有关调薪幅度、工作时间与假期规定等内容。此外，在问卷的末尾可设计一些开放性的问题，让被访者针对本企业、同行竞争对手之间的薪酬水平谈一谈自己的看法或建议，以使调查问卷具有更高的参考价值。

（2）发放并收集调查问卷。在设计好调查问卷之后，可以先做一次内部测试。调查者可以将自己的数据试着填写几遍，或者请不参与调查的其他企业试着填写一遍，以便发现需要改进的地方。之后，在实施问卷调查的过程中，调查者需要与被调查者保持联系，以确保有效回收问卷。

3. 结果分析阶段

（1）核对与检查数据。在回收调查问卷之后，调查者首先要对每一份问卷的内容做逐项的分析，以判断每一个数据是否存在可疑之处。这是因为，虽然薪酬调查者做了许多工作来确保被调查者提供真实、准确的信息，但是被调查的企业仍然可能没有完全明白调查者的意图，所以还应该根据实际职位与基准工作职位之间的匹配程度来调整薪酬数据，确保数据的有效性。

（2）对调查数据进行统计分析。薪酬数据的分析方法一般包括频度分析、集中趋势分析、离散分析及回归分析等。薪酬调查只是一种手段，获取薪酬调查数据并不是最终目的，其最终目的是通过对调查得出的数据进行分析，得到人力资源市场的整体概况和变化趋势，并将此作为企业制定薪酬策略的依据[①]。

① 撰写调查报告。调查报告是薪酬调查结果的具体体现。不同的调查方式和渠道所获得的数据存在较大的差异，因此薪酬调查结果不尽相同。一般来说，薪酬调查报告要根据实际需要做出进一步分析，最终要形成综合性分析报告与专项分析报告。

② 运用薪酬调查结果。薪酬调查结果的运用主要有两种方式：一种是对调查结果进行

① 金延平.薪酬管理（第三版）［M］沈阳：东北财经大学出版社，2016.

数据统计分析得到市场薪酬线，并结合企业的薪酬战略而设计出企业的薪酬政策线；另一种是直接针对某一职位或者某些职位的调查数据，分析企业在该职位上应该如何支付薪酬。

三、以职位为基础的工资体系设计

（一）以职位为基础的工资体系的假设前提

（1）职位价值是员工对组织的价值和贡献的主要体现，即员工对工作职责的承担和工作内容的完成决定了其对组织价值创造所做出的贡献。企业可以依据员工所承担职位职责大小、工作内容的多少、工作难度、完成工作职责所需具备的任职资格条件的高低等因素来进行职位价值评价，员工的工资根据职位价值评价的结果确定。

（2）每位员工的工作范围和工作内容基本固定，这样能对其职位内涵进行明确界定，从而有助于准确、全面地评价其职位价值。

（3）在传统的组织结构中，组织层级越高，该层级的人员越少，但每个人对组织的价值和贡献越大。也就是说，管理层级越高，员工的薪酬水平也就越高。

（二）以职位为基础的工资体系设计的流程

以职位为基础的工资体系（以下简称"职位工资"）是根据每位员工所承担职位的价值来确定其基础工资。因此，职位工资必须建立在职位分析和职位评价的基础之上[1]。以职位为基础的工资体系设计流程如图5-6所示。

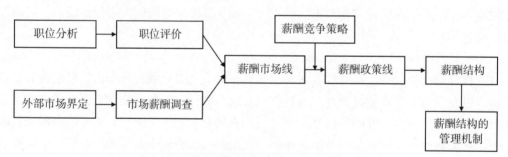

图 5-6 以职位为基础的工资体系设计的流程

（1）通过职位分析，形成职位说明书。职位说明书的内容包括该职位的主要工作职责、业绩标准、任职资格要求、工作条件及工作特征，从而为职位价值评价提供关于各职位的基础信息。

（2）在职位分析的基础上进行职位评价。职位评价是建立职位工资的基础和前提。职位评价是通过采用一套标准化和系统化的评价指标体系，对企业内部各职位的价值进行评价，从而得到各职位的职位评价点值，这种职位评价点值可以直接作为确定该职位基础工资的主要依据。职位评价的方法主要有排序法、分类法、因素比较法和要素计点法四种。在这四种方法中，计点法由于其在保证结果准确的同时又兼具了简单实用的特点，所以在企业中的运

---

① 彭剑锋.人力资源管理概论（第三版）［M］.上海：复旦大学出版社，2018.

用最广泛。

（3）在准确界定相关劳动力市场的基础上，进行外部劳动力市场薪酬调查。职位分析和职位评价仅仅能实现薪酬设计的内部一致性，而要实现薪酬设计的外部竞争性，还需要对各职位进行外部劳动力市场的薪酬调查，并将外部薪酬调查的结果与职位评价的结果相结合，形成能够反映公司各职位平均市场价值的市场薪酬线。

（4）确定公司的竞争性薪酬政策。企业的竞争性薪酬政策主要反映公司的薪酬水平与外部劳动力市场薪酬水平相比较的结果。这种薪酬政策主要包括领先型、跟随型和滞后型三种类型。根据企业的薪酬政策对市场薪酬线进行修正，得到企业的薪酬政策线，从而为将职位评价的点值转换为具体的金钱价值提供依据。

（5）建立薪酬结构。前面的步骤所确定的每个职位的价值主要反映了其平均价值，而企业还需要根据从事相同工作的不同员工之间的绩效差异、能力差异和资历差异等因素形成不同的薪酬，也就是要为每个职位等级建立起薪酬的"跑道"，其中包括每个职位等级的最高工资、中点工资和最低工资。这一过程就是建立企业薪酬结构的过程。

（6）建立薪酬结构的管理机制。薪酬结构建立之后，整个企业的薪酬框架已经基本完成。这时候就需要建立起对该薪酬结构进行管理的机制。薪酬结构的管理机制主要包括两个方面的内容：一是现有人员和新员工如何进入这样的薪酬框架，即人员的入轨机制；二是如何根据业绩、能力和资历的变化及其他因素（如通货膨胀）对员工的薪酬进行调整。建立薪酬结构的管理机制是企业动态调整薪酬、完善薪酬结构的关键。

四、以能力为基础的工资体系设计

相对于传统的以职位为基础的工资体系而言，以能力为基础的工资体系是一种新兴的、尚未完全成熟的工资体系，它主要强调根据员工的个人能力提供工资。以能力为基础的工资体系抛开职位价值大小等职位因素，完全按照员工具备的与工作相关的能力高低与发展潜力来确定其报酬水平，员工只有达到某种技术能力标准，企业才能对其提供与这种能力相对应的工资。

以能力为基础的工资体系，根据任职者所具备的决定工资差异的因素，可以进一步分为知识工资和技能工资。

（一）知识工资和技能工资的概念

知识工资是根据员工所拥有的与工作相关的知识决定员工报酬的工资方案，而技能工资则是根据员工所掌握的与工作相关的技能决定员工报酬的工资方案。它们的主要区别在于前者适用于依靠自己的技能来创造价值的操作性技术工人，而后者适用于依靠自己所拥有的专业知识来创造价值的白领专业人员。由于知识工资和技能工资的操作方法基本一致，所以我们将知识工资和技能工资结合起来统称为"技能工资"，以此来代指这两种工资方案。

技能工资可以根据员工技能宽度或者技能深度两种方式来进行设计。所谓技能宽度，是指员工掌握的与工作相关的技能种数，如流水线上的技术工人，不仅掌握自己岗位所需的技能，还掌握其他岗位的工作技能，那么他就能获得更高水平的工资。也就是说，员工掌握的技能越多，所获得的报酬就越高，因为他能够在其他人员缺勤时帮助他人完成工作，而不需要组织临时招聘人员。另外，他还因为更多地理解了其他职位的工作而能够有助于整个流程效率和产品质量的提高。所谓技能深度，是指员工掌握的与工作相关的某一种或者几种专业技能的深度，这种深度是员工技能等级的高低，等级越高的技能难度越大，越难掌握，并且它只能在掌握低一级技能的基础上才能获得，因此这种技能深度存在递进关系。在报酬方面，每提高一级技能等级，员工就能获得更高的报酬。例如，人力资源部的薪酬管理专业人员仅掌握一般的岗位工资设计技术，其技能等级属于较低等级；如果他掌握以能力为基础的工资设计技术，那么其技能等级属于较高等级，因为后者比前者的难度更大，并且必须建立在对前者准确掌握的基础之上；如果他具备整个人力资源管理系统的观念和知识，能够准确把握薪酬与整个人力资源系统和组织战略的关系，那么他所获得的报酬会更高。

（二）技能工资的主要模型

技能工资设计是一项较为复杂的技术，至今尚没有一个统一和通用的程序。但技能工资的设计可以归结为一系列不同的模式。下面我们将介绍由美国薪酬管理专家郎宁（Bunning）提出的六种技能工资模型。

1. 阶梯模型

阶梯模型是将一个工作簇中的工作从入门到复杂划分为几个"阶梯"（如一级技术员、二级技术员、三级技术员），员工可以沿着阶梯逐步上升，每上升一级就要求增加几项技能，同时也能获得更高报酬。例如，一级装配技术员要求掌握两项技能——重新装配或货盘分类，三级技术员要求掌握六项技能——重新进料、货盘分类、去除毛口、作业线操作、装配和焊接。最高级别的员工应掌握所有技能，并能随时运用这些技能去完成工作。

2. 技能模块模型

在技能模块模型中，一个工作簇中的工作被划分为若干技能模块，员工不需要像在阶梯模型中那样追求直线式地从简单的工作上升为复杂的工作，而可以在掌握了一个"门槛"水平的技术模块之后开始学习其他技能模块中的任何技能。例如，在掌握进入技能模块之后，员工可以获得模块 A 的一项技能，然后可以获得模块 C 的一项技能，然后又可以掌握模块 B 的一项技能。一个技能模块的每项技能具有相同的价格，因此掌握这个技能模块的任何一项技能所获得的报酬增长是完全相同的，且技能模块之间不存在等级区分，因此学习技能的顺序并不重要，这是它与阶梯模型的最大差别。

3. 工作积分累计模型

工作积分累计模型是指利用点数评估并排序每项技能。每项技能的点数与该项技能所对应职位的职位评价点值或者其所在职位等级有关，职位评价点值或者职位等级越高，该技能的点值就越高。如果该技能对组织的成功十分关键，该项技能的得分往往要高于其他技能的得分，从而鼓励员工掌握这种技能。员工掌握的技能越多，点数就越多，技能等级就越高，工资水平就越高。在组织中，如果这个模型合适，现有的职位评价系统或者职位等级可以用来设计技能工资体系。

4. 学校课程表模型

技能被划成类似于阶梯模型中的技能模块。与阶梯模型不同的是，一些技能被认为是重要的，而其他一些技能被认为是选任技能。例如，从集合Ⅰ调到集合Ⅱ，员工必须在 A 工作和 B 工作中接受培训后再加一门选任工作的培训，从集合Ⅱ调到集合Ⅲ，这三门工作都必须掌握，另外还要掌握三种选任工作。

5. 跨部门模型

企业一般根据实际需要将员工在部门之间调动。这种技能工资模型因为员工跨部门学习技能而向其支付报酬。例如，工资等级的建立反映其跨部门掌握的技能数量。一个掌握了其部门内所有技能外加其他部门一项技能的员工，其工资等级是二级（工资等级一级说明只掌握了一个部门内的工作技能），因此掌握了其他两个部门的技能另加本部门技能的员工将能得到更高的工资等级水平（如等级三）。这种模型对那些产品和服务需求存在很强季节性的企业十分有用，即可以让一部分在夏季提供服务的人员，在冬季提供另一种服务。

6. 技能业绩矩阵

技能业绩矩阵结合了技能掌握程度和业绩水平来决定个人的报酬。在技能业绩矩阵中，技术水平（如从低到高排到）为垂直轴，业绩水平（如从低到高排到）为水平轴，矩阵的每个结合点都代表不同的报酬水平，一位员工的绩效将与其技能水平一起加以衡量（如满足标准、超出标准等）。技能水平和业绩的结合决定了个人高业绩要求，即高工资必须要有较高的技能水平（见表 5-2）。

表 5-2　技能业绩矩阵

不同技能水平	不同绩效水平		
	优良	一般	差
一级技术员	5.6	5.4	5.2
二级技术员	5.8	5.6	5.4
三级技术员	6	5.8	5.6
四级技术员	6.2	6	5.8
五级技术员	6.4	6.2	6

上述六种技能工资模型仅仅是技能工资领域中具有代表性的几种方案。事实上，任何一种模型都无法完全适用于所有组织，也无法适用于同一组织中的全部员工。在实际设计技能工资方案时，往往需要结合几种不同方案形成一种综合性方案。例如，将阶梯模型和跨部门模型结合使用，以阶梯模型作为技能工资的主体结构，将跨部门模型作为一种补充，即将跨部门技能的学习和获得作为阶梯模型中的选修课来进行处理，这样就可以体现出跨部门技能对组织的价值，并鼓励员工学习其他部门的技能。

在技能工资方案中，关键问题在于，员工每掌握一项技能应该增加多少报酬。对于这个问题，通行方式往往采用市场定价方法，即根据市场薪酬调查结果来判定增加何种技能会给员工带来多少报酬增长。

第三节　战略性薪酬管理

一、战略性薪酬管理的内涵与设计步骤

（一）战略性薪酬管理的内涵

战略性薪酬管理是以企业发展战略为依据，根据企业某一阶段的内外部情况，选择薪酬策略、设计薪酬体系并实施动态管理，使之能促进企业实现战略目标的一种机制[①]。

（1）战略性薪酬管理是与组织总体发展战略相匹配的薪酬决策。作为组织总体战略系统的一个子战略，它必须与组织总体发展战略的方向、目标保持一致，必须体现和反映组织发展模式与趋势，贯穿并凝聚组织文化和经营理念，反映和体现组织发展不同阶段的特征。

（2）战略性薪酬管理是一种具有总体性、长期性的薪酬决策与管理模式。总体性薪酬决策与管理模式是指对整个组织的薪酬从总体上构建一个系统性的决策与管理模式，而不是仅对某个部门、某些员工的薪酬决策与管理。长期性薪酬决策与管理模式是指构建该模式时不能仅考虑组织目前的状况，还要考虑组织长远发展的趋势，以适应组织长期发展的需要。

（3）战略性薪酬管理对组织绩效与组织变革具有关键性作用。但是并非所有的薪酬决策都属于薪酬战略，只有那些对组织绩效与组织变革具有重大影响的薪酬决策才属于薪酬战略的内容。战略性薪酬管理对组织绩效与组织发展的关键作用主要体现为强化对员工的激励，激发员工的积极性与创造力，增强组织的外部竞争力，强化组织的团队精神与凝聚力，提高薪酬成本的有效性。

（二）战略性薪酬设计的步骤

组织中的薪酬管理并不是一个独立的系统。在薪酬管理系统中，有很多可供我们选择的工具和方法，但选择薪酬工具和方法的主要依据是企业的总体战略及相应的分阶段战略目标[②]。在设计战略性薪酬体系时，需要遵循以下四个步骤。

1. 全面评价组织面临的内外部环境及其对薪酬的影响

企业的薪酬管理是以企业的战略和经营目标为导向的。无论是企业的战略和经营目标，还是薪酬本身都会受到诸多因素的影响，这些因素包括企业所处的社会、政治和经济背景，市场竞争压力，企业的文化和价值观，员工的需求等。因此，企业必须全面、准确地了解自己所处的市场环境，然后才能确定为了在此环境中取得竞争优势所需要采取的薪酬方案。

2. 制定与组织战略和环境背景相匹配的战略性薪酬决策

薪酬决策的内容包括薪酬体系决策、薪酬水平决策、薪酬结构决策和薪酬管理过程决策等诸多方面。薪酬决策的核心是使企业的薪酬系统有助于企业战略目标的实现、具备外部竞争性及内部一致性、合理认可员工的贡献及提高薪酬管理过程的有效性。由于不同类型的薪

① 范纯广，陈文斌，李润生.现代薪酬管理模式的选择与应用［J］.时代金融，2014（23）：22.
② 张佳敏.国有企业工资总额分配的几点思考［J］.人力资源管理，2017（10）：183~185.

酬决策支持不同的企业战略，因此企业必须根据组织的经营环境和战略来制定合理的薪酬决策。

3. 将薪酬战略转化为薪酬实践

薪酬战略实际上是企业在做薪酬设计时所坚持的一种导向或基本原则，因此企业要将这些原则通过薪酬体系体现出来，或者运用一定的技术来实现企业的战略导向要求。这一步骤实际上是从理念、原则到操作层面的跳跃，一种好的薪酬战略能否贯彻执行，薪酬技术的选择、薪酬系统的设计及其执行过程是至关重要的。

4. 对薪酬系统的匹配性进行再评价

薪酬系统的设计和实施并不是一件一劳永逸的事情。企业管理者必须不断地对其进行重新评价并适时调整，以使之与变化了的经营环境和企业战略相适应。为此，阶段性地对企业薪酬系统的匹配性和适应性进行重新评价就显得尤为必要。

二、薪酬战略的选择

根据不同情况实施不同的薪酬战略是组织进行战略性薪酬管理的一个重要环节，而薪酬战略的制定往往与企业战略密切相关。企业战略通常可以分为两个层次：一层是企业的公司战略，其要解决企业是扩张、稳定还是收缩的问题；另一层是企业的经营战略，其要解决如何在既定的领域中通过一定的战略选择来战胜竞争对手的问题。

（一）公司战略与薪酬战略

1. 成长战略

成长战略是一种关注市场开发、产品开发、创新及合并等内容的战略，其被划分为内部成长战略和外部成长战略。成长战略所强调的内容主要是创新、风险承担及新市场开发等，相应的薪酬战略往往是企业与员工共同分担风险，通常的方案是在短期内提供水平相对较低的固定薪酬，同时实行奖金或股票选择权等计划，以保证员工长期能得到比较高的报酬。采用内部成长战略的企业将薪酬管理的重心放在目标激励上，而采用外部成长战略的企业必须注意自己内部薪酬管理的规范化和标准化。

2. 稳定战略或集中战略

稳定战略是一种强调市场份额或者运营成本的战略。这种战略要求企业在自己已经拥有的市场中选择自己擅长的部分，然后把它做得更好。采取稳定战略的企业往往增长率较低，大多处于较为稳定的环境之中，它们维持竞争力的关键在于能否保持自己的优势。在薪酬管理方面，采取稳定战略的企业往往给予员工稳定的工作环境，因而较为固定的基本薪酬和福利所占的比例较大。就薪酬水平来说，这种企业一般追求与市场持平或者略高于市场水平的薪酬；但长期薪酬水平不会有很大程度的提高。

3. 收缩战略或精简战略

收缩策略往往是与裁员、剥离及清算等联系在一起的。这种策略通常适用于由于面临严重的经济困难而想要缩小一部分经营业务的企业。这种企业非常希望将员工的收入与企业的经营业绩挂钩，同时还力图实行员工持股计划，以鼓励员工与企业共担风险。

（二）经营战略与薪酬战略

1. 创新战略

创新战略是以产品创新及缩短产品生命周期为导向的一种竞争战略。实行这种战略的企业往往要充当产品市场上的领袖，并在管理过程中强调客户的满意度和客户需求，同时其非常重视产品创新、生产方法创新和技术创新，并赋予相应的人一定的报酬或给予激励。这类企业的基本薪酬通常会以劳动力市场上的通行水平为基准，或高于市场水平。

2. 成本领袖战略

成本领袖战略是指在产品本身的质量大体相同的情况下，企业可以以低于竞争对手的价格向客户提供产品。追求这种战略的企业非常重视效率，尤其是对操作水平的要求很高。在薪酬水平方面，成本领袖战略旨在尽可能的范围内控制薪酬成本支出；在薪酬构成方面，企业通常会采取一定的措施来提高浮动薪酬或降低其在薪酬构成中的比重。

3. 差异化战略

差异化战略是指企业使自己的产品或服务有别于竞争对手的产品或服务。采取这种战略的企业所关注的是如何取悦客户，客户满意度是企业最关心的一个绩效指标。它的薪酬系统往往会根据员工向客户所提供服务的质量来支付薪酬，或者是根据客户对员工或员工群体所提供服务的评价来支付薪酬。

三、总报酬战略

（一）总报酬战略的内涵

总报酬战略是将各种传统和非传统的报酬结合在一起，使雇佣关系更有意义，报酬内容更能够满足员工的需要。美国薪酬协会（WAW）在 2015 年修订的总报酬战略模型（见图 5-7）包括薪酬、福利、工作与生活有效平衡、认可、绩效管理和人才开发六个要素。

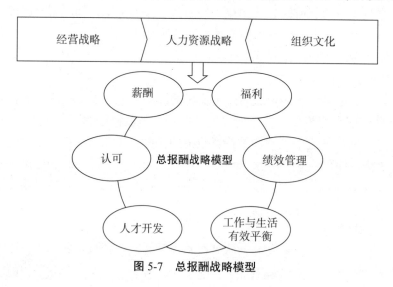

图 5-7　总报酬战略模型

　　总报酬战略模型的提出是为了解决传统付薪模式存在的问题。自 20 世纪 70 年代以来，战略性薪酬设计已经开始被企业界所重视，各报酬要素的相互关系也为薪酬设计专家们所关注。20 世纪 90 年代，随着全球经济与跨国公司的迅速发展，企业的人才竞争日益激烈，如何为员工的绩效付酬、如何有效地控制人力成本并尽可能地提高人力产出、如何有效激励和保留核心员工，这些已经成为必须要面对的新挑战，总报酬理论的出现正好解决了企业无法依靠薪酬福利来吸引、留住、开发及激励员工的问题。

　　从图 5-7 中可以看出，人力资源战略和总报酬战略必须建立在组织的经营战略基础之上。同时，不同企业的组织文化也不尽相同，其可能会受企业领导者、所在区域、员工的人口结构等因素的影响，因此也会对人力资源管理战略产生影响，从而间接影响总报酬战略的执行。

　　在总报酬战略中，薪酬是指雇主针对员工的服务（如时间、努力、技能等）提供的货币薪酬，其中包括固定薪酬和与绩效水平挂钩的薪酬；福利是雇主用于在员工得到的现金薪酬之外提供补充性报酬的方案，包括为增加员工及其家庭的保障性而建立的健康福利、收入保护福利、储蓄和退休福利等；工作与生活有效平衡是为了积极支持员工在家庭和工作两个方面取得成功而确定的各种具体的组织实务、政策和方案及相应的理念；认可是为了承认或特别关注员工的行动、努力、行为或绩效而实施的正式或非正式方案，通过强化这些方案来支持组织经营战略的实现；绩效管理能够将组织、团队和个人的努力向有助于实现组织目标和达成战略的方向引导；人才开发是指将员工的智慧、知识、才干作为一种资源加以发掘、培养，以提高人才的素质。

　　（二）总报酬战略的功能

　　1. 为薪酬方案的制定和执行提供路线图，保证薪酬理念和实践的协同

　　总报酬战略是企业薪酬管理实践的路线图，它是设计或者更新薪酬方案的关键参考依据，其目标是使所有的薪酬内容都能够支撑组织的目标和战略，有效保证企业战略、人力资源战略和薪酬管理实践之间的内部一致性。另外，清晰的总报酬战略可以帮助设计和管理该项目的人员识别企业潜在的冲突点，使他们更加清楚和自信地运行这些项目，并且将注意力聚焦在执行、沟通和挑战上。

　　2. 为企业人才管理提供系统支撑，强化雇主品牌

　　总报酬战略有利于突出企业在劳动力市场中的差异化优势。例如，有些企业在总报酬战略中宣称"我们是市场驱动型企业，市场竞争力比内部公平更加重要"。也有企业宣称"我们旨在通过聚焦我们提供的机会使我们在招聘和留住员工方面保持差异化"。这些总报酬战略有效地传递了企业的雇主品牌价值主张，从而有利于吸引人才加入。同时，由于总报酬战略聚焦于员工所看重的薪酬因素，所以它能够强化企业和员工之间的情感联系，有利于提高员工忠诚度和降低人员流失率。

　　3. 为企业节约薪酬成本，并且提高组织绩效

　　总报酬战略可以帮助企业在不降低人员激励的前提下适度节约人工成本。例如，在整体薪酬策略中，为了增强员工工作和生活的有效性，巩固企业与员工的情感联系，雇主可以强调弹性工作安排，使工作和生活达到平衡，而不采用成本更高的其他福利计划。另外，整体

薪酬是企业绩效文化的催化剂，它能够强化那些支撑组织战略成功的绩效行为，从而提高组织生产效率。在实践中，许多企业都忽略了薪酬和绩效之间的联系，他们不会停下来问"我们在激励什么"和"我们需要激励什么"的问题，而是对企业战略进行了许多变革，但是整体薪酬管理实践却往往无变化，这种局面大大削弱了整体薪酬对组织绩效的推动作用。

第四节　员工福利

一、员工福利的特点和影响

员工福利是企业为了吸引人才、留住员工而使用的一种管理手段。与基本薪酬的补偿部分相比，福利的重要特征体现在两个方面：一是基本薪酬采取的往往是货币支付和现期支付的方式，而福利则通常采取实物支付或者延期支付的方式；二是基本薪酬在企业的成本项目中属于可变动成本，而福利，无论是实物支付还是延期支付，通常都有类似固定成本的特点，因为福利与员工的工作时间之间并没有直接的关系。正是这两个方面的原因，员工福利对于企业和员工双方都有着深刻的影响。

1. 员工福利对企业的影响

作为企业为员工提供的一项间接报酬，福利通常都是由企业全部或部分承担的。现代企业的福利名目较多，福利的规划和管理比基本薪酬和可变薪酬更复杂，这也耗费了企业大量的时间和金钱。虽然福利对员工的激励作用不如基本薪酬和可变薪酬，福利的设置看似企业受益较小，但实际上福利具有很大的影响。

（1）国家的法律规定。大多数国家对于劳动者在就业过程中及其退出劳动力市场之后所应当享受的福利都有强制性的规定，其中最为集中地体现在有关社会保障的法律法规方面。劳动者是一个国家公民群体中的组成部分，企业员工的基本福利状况不仅对一个国家的社会福利水平具有重大影响，而且对一个国家的社会稳定程度起着很大的作用。在一般情况下，法律规定企业必须提供的员工福利项目包括养老保险、失业保险、工伤保险、带薪休假、法定节假日等各种形式。同时，各国政府还通过法律对企业所应当提供的福利的最低水平施加一定的限制。我国一直非常重视劳动者的福利。无论在哪个时期，我国政府都会通过立法及制定政策法规来确保企业员工能够得到养老、失业、医疗、工伤、生育等社会保障方面的福利，同时能够享受带薪休假、法定节假日等其他各种法定福利项目。基于社会公正和平等原则而制定的这些关于员工福利方面的法律法规，无疑是推动企业员工福利普及和不断提高的一个重要因素，同时也是企业必须遵守的一种约束性条款。

（2）劳动力市场竞争的压力。企业在选择是否设立其他福利项目时，在形式上是有自主权的。但事实上，从某种意义上来说，企业被强制性地要求必须设立某些福利项目。这是因为，在一个充满竞争性的劳动力市场上，当越来越多的企业提供某种形式的福利时，企业也就不得不提供相同的福利，以获得劳动力市场上的竞争地位。虽然有些企业力图通过雇用临时工或招聘兼职人员来减轻福利负担，但是残酷的市场竞争已经使得企业越来越没有选择的余地。

（3）集体谈判。许多市场经济国家都存在工会与企业之间的集体谈判机制。在这些国家的工会化企业中，工会可以代表员工就薪酬、工作时间、雇佣条件等一系列问题与企业或者企业联盟进行谈判。在集体谈判的过程中，福利是工会追求的关键目标之一，工会往往能够成功地为自己的会员争取最大的福利。在我国，工会的作用更多地体现在推动公司的企业文化建设，即协助公司对员工进行职业道德教育，组织员工开展有益于身心健康的文化体育活动，活跃员工的工余文化生活及关爱员工，体现组织的温暖之类的慰问和探望工作。

（4）有目的地吸引和留住员工，培养员工的忠诚度[①]。福利是一种很好的吸引和留住员工的手段。具有吸引力的员工福利计划既能帮助组织招聘到高素质的员工，又能保证已经被雇用的高素质员工能够继续留在组织中工作。此外，当企业希望吸引和雇用某些类型的员工，但又因为某些方面的原因不能单方面提高他们的薪酬水平时，福利就可能会成为一种非常有利的报酬形式。假定有一家企业希望获得稳定可靠的员工队伍，因此希望提高本企业劳动力队伍中的中年人（尤其是有孩子的中年人）的构成比例。但是如果企业单独根据该特征向中年人提供较高的薪酬待遇，有可能导致其他人向法庭提起歧视诉讼。在这种情况下，如果企业向它试图吸引的那些劳动力群体的成员提供某些特殊的福利，就有可能避免发生此类情况。比如说，为员工及其家庭成员提供健康保险，为上大学的员工子女提供学费资助，这些做法使有家庭的员工享受到更多的福利。

（5）享受国家的税收优惠政策，提高企业成本支出的有效性。在许多市场经济国家中，员工福利计划所受到的税收待遇往往要比货币薪酬所受到的税收待遇更优惠。这意味着为员工所提供的同等价值的福利比在货币薪酬上所支出的同等货币能够产生更大的潜在价值。对企业来说，虽然用于现金报酬和大多数员工福利项目的开支都可以列入成本开支而不必纳税，但是增加员工的现金报酬会导致企业缴纳的社会保险费用增加，而用于购买或举办员工福利项目的成本却可以享受免税待遇。企业将一定的收入以福利的形式而不是现金的形式提供给员工更具有成本方面的优势。

2. 员工福利对员工的影响

从劳动经济学的角度来说，同样的薪酬水平可以由不同的直接薪酬和间接薪酬组合构成，但总的薪酬成本不变，那么对企业来说，货币薪酬多一些还是福利多一些实际上是无关紧要的。在这种情况下，企业是否实行某种福利或者福利的水平高低取决于员工的偏好。

（1）税收优惠。福利不仅对企业来说享受税收优惠，对员工来说也同样如此。以福利形式所获得的收入往往无须缴纳个人收入所得税；即使需要缴税，往往也不是在现期，而是等到员工退休以后。到那个时候，员工的总体收入水平会比他们在工作的时候低，从而所面临的税收水平会更低，这样一来，员工还是能够享受到一定的税收优惠的。因此，在企业薪酬成本一定的情况下，员工直接从企业获得的福利，与自己（用拿到手的薪酬收入）购买福利

---

① ［美］约翰·E.特鲁普曼著.刘吉，张国华主编.薪酬方案：如何制定员工激励机制［M］.上海：上海交通大学出版社，2002：102~106.

相比，其成本要低得多。节省的那一部分就相当于所缴纳的税金。

（2）集体购买的优惠或规模经济效应。员工福利中的许多内容是员工工作或生活所必需的，即员工福利具有其自身的实际价值。即使企业不为员工提供这些福利，员工自己也要花钱去购买。而在许多产品和服务的购买方面，集体购买显然比个人购买更具有价格优势。代表较大员工群体的企业可以因规模经济而以较低的费率购买保险，当企业代表员工与保险服务提供商或者医疗服务提供商进行谈判时，其谈判力量显然比单个员工更强。此外，企业还可以以较低的成本为员工提供某些服务项目，因为它可以将固定成本分散到较多的员工身上，从而降低每位员工所承担的成本。如果每位员工自己去购买某种福利，那么福利的成本可能会很高。

（3）员工的偏好。从经济学的角度来说，大多数劳动者都属于风险规避型，他们在收入方面追求稳定性，不希望收入存在风险波动。那些追求稳定和安全感的员工会对福利比较感兴趣。即使对同一个员工来说，在其职业生涯的不同阶段，对福利的偏好也是不同的。对有孩子的中年人及接近退休的老年人来说，福利对他们的吸引力比较大。

二、员工福利的种类

员工福利计划中的福利项目有很多种类，因此很难对其进行合适的划分。下面仅对法定福利进行介绍。

（一）法定社会保险

大多数市场经济国家的企业都要面对很多按照法律规定必须提供的福利项目。2019 年，我国社会保险将生育保险和基本医疗保险进行合并，参加医疗保险的人就可以享受生育保险的待遇。法定社会保险主要包括养老保险、失业保险、医疗保险和工伤保险四种。

1. 养老保险

法律规定的养老保险又称老年社会保障，它是社会保障系统中的一项重要内容。它是针对退出劳动领域或无劳动能力的老年人实行的社会保护和社会救助措施。老年是劳动能力急剧减弱的时期，这是无法避免的，从这种意义上说，由老年导致的无劳动能力是一种确定性的风险。随着工业化和现代化的发展，大多数国家都已实行了老年社会保险制度。在多种社会保险项目中，老年保险的项目覆盖面最广，对社会稳定的保护作用也最大。

2. 失业保险

失业保险是为遭遇失业风险、收入暂时中断的失业者设置的一道安全网。它的覆盖范围通常包括社会经济活动中的所有劳动者。失业保险的开支范围包括失业保险金、领取失业保险金期间的医疗补助金、抚恤金；领取失业保险金期间接受的职业培训补贴和职业介绍补贴，国务院规定或批准的与失业保险有关的其他费用。享受失业保险待遇的条件为：所在单位和本人按规定履行缴费义务满一年，非本人意愿中断就业，已办理失业登记并有求职要求。同时具备这三个条件者才有申请资格。

3. 医疗保险

医疗保险一般是指基本医疗保险，是为了补偿劳动者因疾病风险造成的经济损失而建立的一项社会保险制度。通过用人单位与个人缴费，建立医疗保险基金，参保人员患病就诊发生医疗费用后，由医疗保险机构对其给予一定的经济补偿。基本医疗保险制度的建立和实施聚集了单位和社会成员的经济力量，再加上政府的资助，可以使患病的社会成员从社会获得必要的物资帮助，减轻医疗费用负担，防止患病的社会成员"因病致贫"。

4.工伤保险

工伤保险是指在工作中或在规定的特殊情况下，遭受意外伤害或患职业病导致暂时或永久丧失劳动能力以及死亡时，劳动者或其遗属从国家和社会获得物质帮助的一种社会保险制度。我国的工伤保险制度最初建立于1950年，1996年颁布《企业职工工伤保险试行办法》。2003年4月16日国务院颁布的《工伤保险条例》（以下简称《条例》）自2004年1月1日起开始施行。随着我国经济社会的发展，《条例》在实施过程中出现了一些新情况、新问题，为了解决出现的问题，人力资源和社会保障部在认真总结《条例》实施经验的基础上，于2010年8月通过了《国务院关于修改工伤保险条例的决定》，并自2011年1月1日起施行。修改后的工伤保险条例的变动主要在于扩大了其适用范围，提高了工伤保险费的统筹层次，缩短了特定案例工伤认定时间，增设了劳动能力再次鉴定和复查鉴定的期限等。

（二）法定假期

1.公休假日

公休假日是劳动者工作满一个工作周之后的休息时间。国家实行劳动者每日工作时间不超过8小时、平均每周工作时间不超过44小时的工时制度。《中华人民共和国劳动法》（以下简称《劳动法》）第三十八条规定：用人单位应当保证劳动者每周至少休息一天

2.法定休假日

法定休假日即法定节日休假。我国全体公民放假的节日包括：新年，放假1天（1月1日）；春节，放假3天（农历正月初一、初二、初三）；清明节，放假1天（农历清明当日）；劳动节，放假1天（5月1日）；端午节，放假1天（农历端午当日）；中秋节，放假1天（农历中秋当日）；国庆节，放假3天（10月1日、2日、3日）。《劳动法》规定，法定休假日安排劳动者工作的企业，其应支付不低于员工工资的300%的劳动报酬。除《劳动法》规定的节假日，企业可以根据实际情况，在与员工协商的基础上决定放假与否及加班工资多少。

（三）企业商业保险

1.企业补充养老金计划

养老保险是社会保障的一部分，是法律所要求的退休福利。现在有很多国家都鼓励企业在国家法定的养老保险之外，自行建立补充养老保险计划，其主要手段是提供税收方面的优惠。我国政府于2004年5月1日开始实行《企业年金试行办法》。

企业年金是指企业及其职工在依法参加基本养老保险的基础上，自愿建立的补充养老保险制度。我国相关法规规定，依法参加基本养老保险并履行缴费义务，具有相应的经济负担能力，并且已经建立了集体协商机制的企业，均可建立企业年金。企业年金所需费用由企业和职工个人共同缴纳，但企业缴费每年不超过本企业上年度职工工资总额的十二分之一，企业和职工个人缴费合计一般不超过本企业上年度职工工资总额的六分之一。职工在达到国家

规定的退休年龄时，可从本人企业年金个人账户中一次或定期领取企业年金，未达到国家规定退休年龄的不得从个人账户中提前提取资金。出境定居人员的企业年金个人账户资金，可根据本人要求一次性支付给本人。职工变动工作单位时，企业年金个人账户资金可以随同转移。

此外，我国于2012年开始实行事业单位职业年金办法，具体规定与企业年金基本相同。在缴费方面的要求是单位缴纳职业年金费用的比例最高不超过本单位上年度缴费工资基数的8%。职业年金单位缴费的列支渠道按照国家有关规定执行。个人缴费比例不超过上年度本人缴费工资基数的4%。职业年金单位缴费工资基数为单位工作人员岗位工资和薪级工资之和，个人缴费工资基数为工作人员本人岗位工资和薪级工资之和。

2013年年底，我国财政部、人力资源和社会保障部、税务总局联合下发的《关于企业年金、职业年金个人所得税有关问题的通知》规定，从2014年1月1日起，对单位和个人不超过规定标准的企业年金或职业年金缴费，准予在个人所得税前扣除；对个人从企业年金或企业年金基金取得的投资收益免征个税；对个人实际领取的企业年金或职业年金按规定征收个税。按照以往的规定，个人缴费部分不得在个人当月工资计算个税时扣除；企业缴费部分加上个人工资超过个税起征标准的部分，视为个人一个月的工资，按相应标准计算个税。新的规定对企业缴费和个人缴费部分纳税都做了调整，个税缴纳将递延。企业缴费部分在计入个人账户时，个人暂不缴纳个人所得税；个人缴费部分在不超过本人缴费工资计税基数的4%标准内的部分，暂从个人当期的应纳税所得额中扣除。这无疑有利于促进企业年金和职业年金制度的普遍推行。

2. 团体人寿保险计划

人寿保险是市场经济国家的一些企业提供的一种最常见的福利。大多数企业都为其员工提供团体人寿保险，因为这一适用于团体的寿险方案对企业和员工都有优势。团体方案通常适用于所有的员工（包括新进员工），而不论他们的身体状况如何。在多数情况下，企业会支付全部的基本保险费，承保金额相当于员工两年的薪酬收入，附加的人寿保险则要由员工自己承担。

2009年之前，我国保险立法均围绕个人保险进行。2005年中国保监会颁布《关于规范团体保险经营行为有关问题的通知》是一个专门针对团体保险监管的文件，对我国团体保险经营中的相关问题作了规定。2015年中国保监会下发《促进团体保险健康发展有关问题的通知》，其将成员数由旧规定中的5人下调至3人，特定团体成员的配偶、子女、父母可以作为被保险人，同时取消了2005年规定中"特定团体的参保成员应占团体中符合参保条件成员总数的75%以上（含75%）"的限制性要求，进一步实现了对团险承保的松绑。

3. 健康医疗保险计划

健康医疗保险的目的是减少当员工生病或遭受事故时本人或其家庭所遭受的损失，企业通常以集体投保或者加入健康维护组织的方式提供这方面的福利。

集体投保是指企业向保险公司支付一笔费用作为保费，当员工或其家庭发生某些事故时，保险公司可以部分或全部赔偿其损失。从长期来看，企业所缴纳的保费应该等于保险公司向员工支付的赔偿金与保险公司的管理费用之和。但是保险项目必须界定清楚保险的范围以及赔偿金的比率。有时候，有些企业还采取了自保的形式。也就是说，企业自己划出一部分资金作为员工的保险金，而不再向保险公司投保。这是一种控制健康保险成本的方式，但是，这种做法会将原来转嫁到保险公司的风险重新移回到自己的身上。

此外，企业还可以采取加入健康维护组织的方式来为员工提供健康医疗保险服务。健康维护组织在国外比较普遍，它是一种保险公司和健康服务提供者的结合。它能提供完善的健康服务，包括对住院病人和未住院病人提供照顾等。和其他保险计划一样，它也有固定的缴费率，通常有助于降低企业的保险成本。

2012年，国务院在《"十二五"期间深化医药卫生体制改革规划暨实施方案的通知》中提出，鼓励商业保险机构发展基本医保之外的健康保险产品；简化理赔手续，方便群众结算。2014年，国务院在《关于加快发展商业健康保险的若干意见》中再次强调，大力发展与基本医疗保险有机衔接的商业健康保险；鼓励企业和个人通过参加商业保险及多种形式的补充保险，解决基本医保之外的需求。

（四）带薪假期

带薪假期是指劳动者连续工作一年以上，就可以享受一定时间的带薪年假。《劳动法》对带薪年休假做了原则性规定，但没有规定带薪年休假的休假时间及具体操作办法，而是指定由国务院制定相应的具体办法。2007年12月7日国务院第198次常务会议通过《职工带薪年休假条例》，自2008年1月1日起施行。自此，职工带薪年休假就有了法律保障。2008年9月18日，人力资源和社会保障部颁布的《带薪年休假条例实施办法》对带薪年休假做出了明确规定。

（五）补充福利

笔者认为，补充福利是指除上述四种类型福利之外的，由企业提供的其他员工福利。企业补充福利项目的多少和标准的高低在很大程度上受企业经济效益和支付能力的影响，因此不同企业的补充福利是不同的。下面介绍几种典型的补充福利内容。

1. 家庭援助计划

这是企业向员工提供的照顾家庭成员的福利，主要是照顾老人和儿童。由于我国人口的老龄化趋势和双职工、单亲家庭的增加，员工照顾年迈父母和年幼子女的负担越来越重。因此为了使员工安心工作，企业向员工提供家庭援助福利。家庭援助计划的主要内容有老人照顾服务和儿童看护服务。

2. 住房计划

住房计划是许多企业激励和留住员工，解决员工特别是青年和新增人员住房困难的重要手段。目前企业解决员工住房的途径主要有：企业自建或购买商品房，按房管部门的成本价出售给员工，同时员工享有部分产权；企业按期给员工发放一定数额的住房补贴；企业将自建或购买的产权属于企业的商品房无偿或低租金分配给员工居住，员工离开企业时要退还等。

3. 其他小额福利

除了上述福利计划，企业还为员工提供交通服务、健康服务、旅游服务和餐饮服务等福利项目。例如，提供上下班的班车接送服务；提供健身房和各种健身器械；组织春游或秋游；提供旅游假期并报销旅游费用。此外，一些企业还在内部建立了食堂，供员工以较低的价格进餐，或者在办公场所摆放水果和饮品，供员工免费享用。

本章练习题

李某是某公司生产部主管，该部门有20多名员工，其中既有生产人员又有管理人员。该部门采用的考评方法是排队法，每年对员工考评一次。具体做法：根据员工的实际工作表现给予其评分，每位员工最高得分为100分，上级打分占30%，同事打分占70%。在考评时，20多名员工相互打分。李某平时很少与员工就工作中出现的问题进行沟通交流，只是到了年度奖金分配时，才对所属员工进行打分排序。请回答以下问题。

1. 该部门在考评中存在哪些问题？
2. 产生问题的原因是什么？

第六章　绩效管理

本章学习目标

　　本章以绩效管理的理论、体系设计和技术方法为主线，从绩效计划与指标体系构建、绩效管理的过程控制、绩效考核与控制、绩效反馈和绩效考核结果应用五个方面阐述了绩效管理的内容。同时，本章从实际操作的角度介绍了绩效考核的技术支撑，包括基于目标管理的绩效考核、基于关键绩效指标的绩效考核、基于平衡计分卡的绩效考核和以素质为基础的绩效考核等。通过本章的学习，读者可以掌握绩效考核的流程和主要工具的使用方法。

　　绩效管理是人力资源管理的核心内容，它的目的是建立完善的绩效优化体系。在绩效管理流程中，绩效考核是核心环节，企业通过采用恰当的考核方法衡量员工的工作成果，对员工的行为进行评价。企业将考核结果与员工工资、绩效奖金和职业发展挂钩，能够促进员工不断追求优秀成果，进而提高组织的整体绩效。当然，企业还能在此过程中发掘优秀的管理人员和员工。

第一节　绩效与绩效管理

一、绩效

（一）绩效的概念

　　绩效又称业绩、效绩、成效，它是指具有一定素质的员工围绕岗位职责，为卓越地完成工作而达到的成果，以及在实现这些成果过程中的行为表现。

（二）绩效的层次

　　从组织层面来看，绩效就是利润、销售收入、规模、市值、市场占有率、企业可持续发展的能力、组织目标实现度等。

　　从员工层面来看，绩效就是员工在工作中的行为符合组织的需要；员工表现出来的素质符合组织的需要；员工在工作中达成的成果符合组织的需要等。

　　从内容层面来看，绩效包括任务绩效和周边绩效。任务绩效是指工作的直接结果；周边绩效则包括人际、意志动机等因素，一般表现在完成非本职任务、热情对待工作、积极与他人合作、严格遵守公司制度及维护组织目标五个方面。

二、绩效管理

（一）绩效管理的概念

绩效管理是指企业管理者与员工在职责目标与如何实现目标上达成共识，并在管理实践中为员工创造机会，促使员工取得有效成果的过程。

绩效管理的目的是建立完善的绩效优化体系，以帮助和激励员工提高绩效；将员工个人目标与公司目标联系起来，进行工作程序化管理，持续地培养员工，以构建企业核心竞争力；根据公司定位调整人员职位等。

（二）绩效管理系统

绩效管理是一个动态的管理过程。首先，管理者要明确企业的目标和计划；其次，管理者要找到可衡量员工工作做得好坏的指标与标准进行监测（构建指标与标准体系并进行监测）；最后，管理者通过与员工进行沟通、交流，将目标责任逐级落实到每位员工身上（辅导、沟通），对做得好的（绩效考核）员工进行奖励（激励机制），让其继续保持或者做得更好。当然，对于做得不好的方面（经营检讨）要找到问题所在并改正（绩效改进）过来。这个过程就是绩效管理过程。

第二节　绩效管理的五大工具

随着市场经济的不断发展，企业对绩效管理愈发重视。绩效管理作为人力资源管理的核心内容，是企业提升核心竞争力、实现组织目标最有力的工具之一。企业可通过了解不同绩效管理工具的内涵、特征及操作方法，对其加以选择运用，以实现企业目标价值的最大化。

一、目标管理

（一）什么是目标管理

"目标管理"这个概念最早由著名的管理学大师彼得·德鲁克在其出版的《管理实践》一书中提出。他认为，"企业的使命和任务必须（具体）转化为目标"。

目标管理是对目标沟通的程序或过程与结果的管理。目标管理的设计与实现能够促使管理者根据企业的使命确定一定时期内企业的总目标、分目标，并由此确定相应人员的职责。企业可把这些目标的实现程度与表现作为企业经营、员工评估和奖励的标准。

在我国，大多数企业于20世纪80年代引入目标管理理论，这一现代绩效管理的思想基石通过科学、有效的管理方式和手段使组织目标与员工个人目标达成一致，从而提高了激励效果，提升了组织绩效，进而促进了企业战略目标的实现。

（二）目标管理的实施条件

（1）实施目标管理的前提是企业要制定明确的且与发展战略相符的企业目标。

（2）企业管理工作扎实，制度健全，主要业务工作有程序可循，考核评估有标准可依，有制度来保障。

（3）组织要具有团队精神，目标的制定与完成需要组织成员相互合作。组织成员不能仅关注自身目标利益的实现，而要从全局出发，大家共同努力完成企业既定的目标。

（4）企业内部须设立专门的目标管理推动小组，负责规划、实施、考核和反馈等目标管理工作，确保顺利有效地完成目标管理。

（5）要有开放的企业文化，使员工之间可以顺畅地进行交流、沟通和反馈。

（三）目标制定的程序

制定目标是一件程序化很强的工作，管理者制定目标时需要考虑以下几个方面的内容。

1. 目标制定的流程

目标制定的流程包括分析、拟定和执行三个环节，具体如图 6-1 所示。

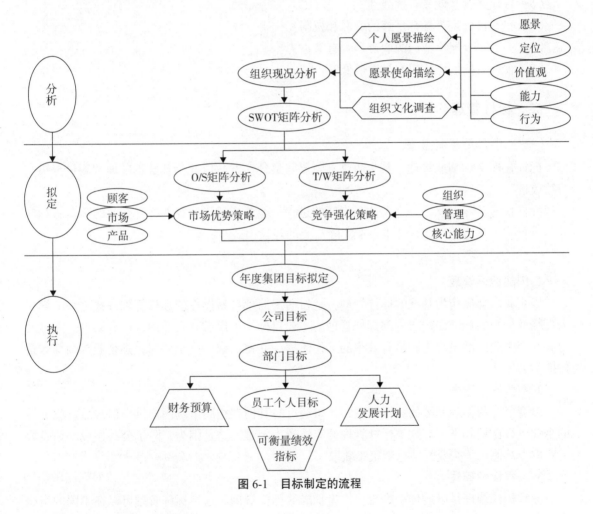

图 6-1　目标制定的流程

2. 目标制定的实施流程

（1）下达绩效管理系统实施文件。

（2）确定绩效评估指标和绩效考核计划，提出考核方法，同时事先做好后续管理工作，明确汇总数据的方法。

（3）与各部门协商确定公司层级的绩效评估指标。

（4）与各部门协商确定部门层级的绩效评估指标。

（5）上下级就实现各项目标所需的条件和目标实现后的激励与约束条件达成一致意见。

3. 目标的检测

为了确保所制定的目标科学、有效，需要先进行目标检测，检测标准如下。

（1）目标是否体现了工作的主要特征？

（2）目标是否可以被检验？

（3）目标是否明确？

（4）是否设定了过多的目标？

（5）目标是否合理又有挑战性？

（6）实现目标是否具有足够的资源和权限？

（7）下级对分配给他们的职责是否有掌控力？

（8）收集目标信息的成本是否最低？

二、标杆管理

（一）什么是标杆管理

标杆管理又称基准管理，其本质是不断寻找最佳实践，以此为基准不断地"测量分析与持续改进"。

标杆管理实际上就是一个模仿和创新的过程。企业通过学习行业标杆企业的运营管理经验后进行革新改造，打造符合本企业实际需要的经营模式。

（二）标杆管理的类型

1. 内部标杆管理

以企业内部操作为基准的标杆管理，是目前最简单且易操作的标杆管理方式之一。辨识内部绩效标杆的标准即确立内部标杆管理的主要目标，可以做到企业内部信息共享。通过发现和研究企业内部最优秀和最有效率的工作流程，并将之推广到全公司，是企业提高绩效最便捷的方法之一。

2. 竞争标杆管理

以竞争对象作为基准的标杆管理，是指通过与其他在相同市场内提供类似产品、服务等的企业进行比较和学习。这类标杆管理的实施较为困难。这是因为，除了公共领域的信息容易获取，其他竞争企业的信息则很难获取。

3. 流程标杆管理

流程标杆管理是以最佳工作流程作为基准的标杆管理。这类标杆管理可以在不同的组织内进行，一般要求企业对整个工作流程和操作方法有全面的了解。

（三）标杆管理的实施流程

1. 确定标杆管理主题

在这一环节中，企业首先要明确顾客的需求，然后对这些需求进行诊断，最终形成一份顾客需求表，其内容包括顾客需要的是何种标杆管理类型？收集的信息有什么用途？应当收集哪些种类的信息？是否应该进行持续的标杆管理活动？这份顾客需求表决定了标杆管理的实行情况及进度，对接下来的具体实施至关重要。

接下来，针对顾客需要，设计一个标杆管理主题，为组建标杆管理团队奠定基础。

2. 组建标杆管理团队

在确定标杆管理主题之后，接下来要根据这个主题的特性来组建标杆管理团队。需要注意的是，团队的组织成员必须具备主题领域内的专业知识。除此之外，企业还必须全方位考量团队成员的专长和技能，以求未来在执行计划的过程中能通过团队成员的集思广益来解决问题。在标杆管理团队中，应该由分析规划能力较强的人员来协调统筹整个专案的进行，以及运用类似管理计划评核图或甘特图等专案企划工具来跟踪专案执行的进度。

企业在决定实施标杆管理之后，必须安排外部的标杆管理专家来公司为全体员工进行培训，使他们了解并掌握标杆管理流程。这样做既能让全体员工了解标杆管理团队的具体工作任务，也有助于在企业内部营造积极的学习氛围。

3. 选定标杆管理伙伴

标杆管理伙伴是指提供标杆管理调查相关资讯的组织，也就是选定作为学习合作的伙伴的最佳作业典范。企业在选定学习对象时，要确定自己是对现行作业进行一些基本改善，还是要达到树立典范的程度。因为这涉及"想要改进绩效的程度"及"投入资源"两者间均衡的问题。当然，每家企业都想做到最好，但是必须考虑自身的实力及可允许的资源使用量。

4. 收集及分析资讯

在了解某个组织的作业流程、产品及服务之前，企业首先要收集并分析自身的内部作业资讯，了解目前的作业方式并进行检讨，找出自身需要改进的地方。一旦确定了需要收集的标杆管理资讯类型及将要调查的资讯来源与组织，接下来就要确定资料的收集方法。常用的资讯收集方法有电话访谈、面谈/现场访谈、问卷调查、出版品/媒体和档案研究。基于时间、资源等方面的考虑，不同的资讯搜集方法各有优缺点，企业可根据自己的实际情况进行选择。当资料搜集完毕，企业必须要对收集到的资料进行整理、分析。在整理、分析资料的基础上，先要对作业方式进行比较，然后根据比较结果确定期望绩效目标，并找到目前绩效与期望绩效之间的差距。

5. 采取改革行动

标杆管理的最终目标就是采取改革行动，以达到标杆或超越标杆。虽然标杆管理是一个调查的流程，但当初开展某项调查的动机首先绝不是做出一份精致的报告，而是以采取行动的欲望、严谨的顾客需求及认定关键成功要素作为研究调查的焦点。在此阶段，企业通常会根据前一阶段所提出的改革行动计划书来变更实际的流程，这些改变通常会很明显，甚至能立刻见到成效。在企业完成改革后的一段时间，必须要进行绩效指标的评估，以检视实行的成果。在评估绩效时，要尽量避免其他因素影响评估的结果。一般来说，只要严格遵循标杆管理流程，评估出来的绩效通常就可以看出显著的改善。

三、关键绩效指标

（一）什么是关键绩效指标

关键绩效指标（Key Performance Indicator，KPI）是绩效管理中一直要追踪和执行的考核指标。KPI 是一个指标，而不是一个目标。KPI 在指标明确的情况下，能够延伸出具体的目标或行为标准。

KPI 体系与一般绩效指标体系的区别如表 6-1 所示。

表 6-1 KPI 体系与一般绩效指标体系的区别

主要区别	KPI 体系	一般绩效指标体系
假设前提	假定员工会采取一切必要的行动以达成既定的目标	假定员工不会采取行动实现目标，假定员工不清楚应采取什么行动以达成目标，假定制定和实施战略与员工无关
考核的目的	以战略为中心，指标体系的建设是为战略服务的	以控制为中心，指标体系的设计与运用来源于控制的意图，这是为更有效地控制员工的行为服务的
指标的产生	在组织内部自上而下地对战略目标进行层层分解	通常是自上而下地根据员工以往的绩效和目标而产生的
指标的来源	来源于组织的战略目标与竞争的需要	来源于特定的程序，以及对员工过去的行为和绩效进行修正
指标的构成与作用	通过将财务指标和非财务指标结合起来，体现关注短期利益和长期发展的原则。指标本身不仅传达了产生的结果，而且传达了产生结果的过程	以财务指标为主、非财务指标为辅，注重对过去绩效的评价，且指导绩效改进的出发点是过去绩效存在的问题。绩效改进行动与战略需要脱钩
收入分配体系与战略的关系	与关键绩效指标的值、权重匹配，有助于推进战略的实施	与组织战略的关联程度不高，但与员工绩效的高低直接相关

（二）关键绩效指标的分类

关键绩效指标的分类如表 6-2 所示。

表 6-2 关键绩效指标的分类

分类	界定	考核目的	策划细分	指标举例
效益类	体现公司价值创造的直接财务指标	全面衡量一个组织创造股东价值的能力	• 资产盈利效率 • 现金获利能力 • 盈利水平	• 资本回报率 • 自由现金流 • 利润总额、税息税前利润

（续表）

分类	界定	考核目的	策划细分	指标举例
营运类	实现公司价值增长的重要营运结果与控制变量的指标	衡量通过各种营运活动有效使用资源，推动战略目标完成的能力	• 成本控制 • 收入管理 • 质量安全环保管理 • 资产投资管理	• 安全率 • 实际资本支出与预算差异 • 产量计划完成率 • 科技创新贡献率
公司管理类	实现积极健康工作环境与公司文化的人员管理指标	衡量推动企业价值观，提升公司、人员竞争力的能力	• 职位聘用、考核、培训与培养 • 薪酬福利	• 员工总数 • 培训覆盖率 • 员工有效满意度

（三）基于KPI的绩效管理体系

建立基于KPI的绩效管理体系有以下三个关键点。

（1）要研究组织战略绩效的关键驱动要素，用简洁、明确、可操作的绩效指标驱动员工围绕经营战略与经营重点，承担绩效责任。

（2）关键绩效指标要追求偏执，而不是平衡；要追求指标的最小集合与聚焦。

（3）将战略转化为一个或几个关键绩效行为。

在构建基于KPI的绩效管理体系时，最关键的部分是KPI指标与标准的设计。具体来说，其构建步骤如下。

（1）明确企业的战略绩效目标，寻找能顺利达成该目标的成功因素，即确定企业的KPI维度，明确获得优秀业绩的必需条件和关键要素。

（2）对企业KPI维度进行分解，对模块进行解析和细化，即确定KPI要素，找到一种"描述性"的战略性工作绩效重点，对维度目标进行细化。

（3）确定KPI指标。对于一个要素，可能有众多用于反映其特性的指标，但我们需要根据KPI考核方法的要求和便于考核人员的实际操作对众多指标进行筛选，以确定最终的KPI指标。

在选择KPI指标时，要遵循三个要求，即有效性、可量化和易于衡量。有效性是指要求所设计的指标能够客观地、集中地反映要素的要求；可量化是指所设计的指标应该尽量量化，避免主观判断，减小绩效考核结果误差；易于测量是指指标的计算过程要尽量简单，用容易计算的指标来进行衡量。

需要注意的是，KPI指标库是一个动态发展的指标集合，在公司战略目标、组织结构、业务流程和部门职责等发生变化的情况下，应该对其进行优化与完善。

（四）KPI的提取和分解流程

KPI指标的提取可以概括为"十字对焦、职责修正"。在具体的操作过程中，要做到在各层面都从纵向战略目标分解、横向结合业务流程"十"字提取，这不是一件容易的事情。图6-2为KPI的提取流程。

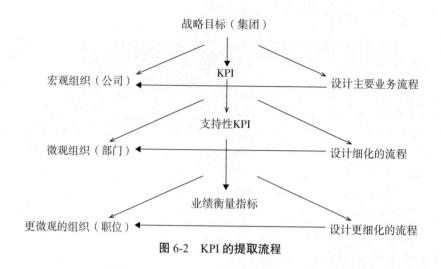

图 6-2　KPI 的提取流程

从图 6-2 可以看出，在分解的过程中，目标的分解与流程的细化很关键，特别是通过对流程的把握，很多里程碑式的评估点就会很容易被找到。另外，还可以通过分解流程找出影响业绩的原因所在，进而找到可以改进的机会。KPI 的分解流程如图 6-3 所示。

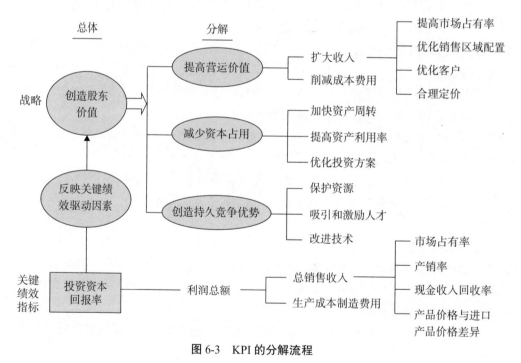

图 6-3　KPI 的分解流程

1. 分解企业战略目标，分析并建立各子目标与主要业务流程的联系

在通常情况下，企业的总体战略目标可以分解为几项主要的支持性子目标，而这些目标需要企业的某些主要业务流程的支持才能在一定程度上达成。因此，本环节需要完成以下几项工作。

（1）企业高层确定公司的总体战略目标。

（2）企业（中）高层将战略目标分解为主要的支持性子目标（可运用思维导图法，见图 6-4）。

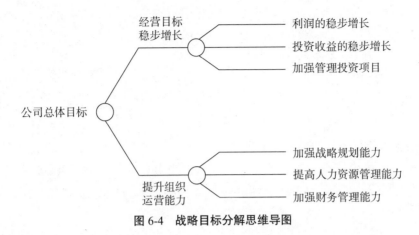

图 6-4　战略目标分解思维导图

（3）将企业的主要业务流程与支持性子目标之间建立起联系（见图 6-5）。

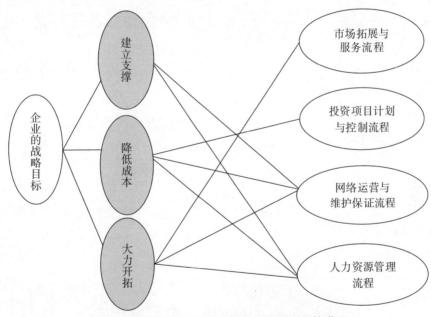

图 6-5　主要业务流程与支持性子目标之间的联系

2. 确定各支持性业务流程目标

在确定对各战略子目标的支持性业务流程后，接下来需要确认各业务流程在支持战略子目标达成的前提下流程本身的总目标，并运用"九宫图"的方式进一步确认流程总目标在不同维度上的详细分解内容，具体示例如表 6-3 所示。

表 6-3　确认流程目标示例

流程总目标	公司目标要求（客户满意度高）			
低成本快速满足客户对产品质量和服务要求	产品性能指标合格品	服务质量满意率	工艺质量合格率	准时齐套发货率
	产品设计质量	工程服务质量	生产成本	产品交付质量
客户要求	质量好	产品设计好	安装能力强	质量管理	发货准确
	价格低	引进成熟技术	—	—	—
	服务好	—	提供安装服务	—	—
	交货周期短	—	—	生产周期短	发货及时

3. 确认各业务流程与各职能部门的联系

本环节通过矩阵的方式建立流程与工作职能之间的联系，从而在部门层面建立流程、职能与指标之间的联系，进而为企业总体战略目标和部门绩效指标建立起联系，具体示例如表 6-4 所示。

表 6-4　确认业务流程与职能部门联系示例

新产品开发	各职能部门在流程中扮演的角色				
	市场部	销售部	财务部	研究部	开发部
新产品概念选择	市场论证	销售数据收集	—	可行性研究	技术力量评估
	—				
产品概念测试	—	市场测试	—	—	技术测试
产品建议开发	—	—	费用预算	公司预研	—

4. 部门级 KPI 的提取

在本环节中，企业将从上述环节建立起来的流程重点、部门职责之间的联系中提取部门级 KPI，具体示例如表 6-5 所示。

表 6-5　部门级 KPI 提取示例

绩效变量维度		KPI 维度			指标
		测量主体	测量对象	测量结果	
绩效变量维度	时间	效率管理部	新产品（开发）	上市时间	新产品上市时间
	成本	投资部门	生产过程	成本降低	生产成本率
	质量	顾客管理部	产品与服务	满足程度	客户满意度
	数量	能力管理部	销售过程	收入总额	销售收入

5. 目标、流程、职能和职位目标的统一

根据部门 KPI、业务流程及各岗位职责，统一企业的目标、流程、职能与职位的 KPI，并进一步将其分解到岗位，示例如表 6-6 所示。

表 6-6　KPI 进一步分解到岗位示例

新产品开发流程		市场部部门职责		部门内岗位职责			
				岗位一		岗位二	
流程步骤	指标	产出	指标	产出	指标	产出	指标
发掘并确认客户需求	发现商业机会	市场分析与客户调研，制定市场策略	市场占有率	市场与客户研究成果	市场占有率增长率	制定市场策略，引领市场运作	市场占有率增长率
			销售预测准确率		销售预测准确率		销售预测准确率
			市场开拓投入率 / 降低率		客户接受成功率 / 提高率		销售毛利率增长率
			公司市场领先周期		领先竞争对手提前期		销售收入月度增长幅度

6. 设计关键绩效指标时应注意的问题

（1）彻底贯彻战略，保持一致性。

（2）同级职位上的指标方向有一致的时候，也有不一致的时候。

（3）避免重复考核同一项工作。

（4）避免自己考核自己。

（五）设定绩效评估标准

评估标准是指在各指标上分别应该达到什么样的水平。它解决的是要求被考核者做得"怎样"、完成"多少"等问题。

当我们界定了绩效指标后，接下来要设定绩效评估标准。对于数量化的绩效指标，其评估标准通常是一个范围，如果被考核者的绩效表现超过标准的上限，那么表明被考核者绩效优异；反之，则需要改进。对于非数量化的绩效标准，在设定绩效标准时往往从客户的角度出发，找出能够衡量的指标。绩效评估标准示例如表 6-7 所示。

表 6-7　绩效评估标准示例

战略目标	绩效考核指标	指标说明
增加产品种类曝光率，提供丰富产品	产品类数量	（实际摆放种类数量 / 计划摆放种类数量）×100%
增加产品曝光程度，提高产品影响力	可视排面占有率	（所有产品可视排面数 / 所有饮料品类产品可视排面数）×100%
保持冰柜效用，提高品牌竞争力	冰柜纯净度	（KO 冰柜中 KO 产品排面总和 /KO 冰柜总排面数）×100% （KO 冰柜门数 / KO+ 其他冰柜总门数）×100%

（续表）

战略目标	绩效考核指标	指标说明
增加渠道活动，提高出货量	冰柜门数 二次陈列比率	（KO 二次陈列面积 / KO+ 其他二次陈列面积）×100%
保证价格沟通，保证品牌信誉	价签占有率	（有价格的 KO 产品总数 / 所有 KO 产品总数）×100%

通常情况下，绩效评估标准主要两种，即基本目标水平和卓越目标水平。

基本目标水平是指对被考核者而言，其期望达到的水平。这种标准是每位被考核者经过努力都能够达到的水平。其作用在于判断被考核者的绩效能否满足基本的要求。

卓越目标水平是指对被考核者做的要求和期望，但是其可以达到的绩效水平。

（六）关键绩效指标的审核

关键绩效指标的审核主要从以下七个方面着手。

（1）所衡量的工作产出是否为阶段性产品或最终产品？

（2）关键绩效指标能否被证明和观察？

（3）多位考核者对同一个绩效指标进行评估，能否比较容易地取得一致的评估结果？

（4）这些指标的总和是否可以解释被考核者 80% 以上的工作目标？

（5）是否从客户的角度来界定关键绩效指标？

（6）跟进和监控这些关键绩效指标是否可以操作？

（7）是否留有超越标准的空间？

四、平衡计分卡

（一）什么是平衡计分卡

平衡计分卡（Balanced Score Card，BSC）是一种常见的绩效考核方式，它主要从财务、客户、内部流程及学习和成长四个角度来设定有助于达成战略目标的绩效管理指标，从而全面地定位和评价从企业层面到个人层面的绩效；而且，它能够推动企业自觉地建立可实现战略目标的管理体系，在产品、流程、客户和市场等关键领域使公司获得突破性进展。

（二）平衡计分卡的构成要素

平衡计分卡是一种绩效管理工具。它主要通过四个逻辑相关的角度（包括财务、客户、内部流程及学习和成长）及其相应的绩效指标，来考察企业实现自身愿景及战略目标的程度。

1. 财务

虽然传统的仅侧重财务指标衡量企业业绩的体系存在各种缺陷，但不能因此否定或者废除财务指标。财务指标在平衡计分卡中不仅占据一席之地，而且是其他角度的出发点和落脚点。一套完整的平衡计分卡要能反映企业战略全貌，从长远的财务目标开始，然后将它们同一系列行动（这些行动包括财务管理过程、客户管理过程、内部经营过程学习及成长过程）

联系起来，最终实现长期经营目标。假如质量、客户满意度和生产率等方面的改善和提高，最终无法转化为销售额的增加、营业费用的减少和资产报酬率的提高等财务成果，那么做得再好也无济于事。处于生命周期不同阶段的企业，其财务指标衡量的重点也有所不同。例如，处于成长阶段的企业要进行数额巨大的投资，因此其现金流量可以是负数，投资回报率很低，财务指标衡量应侧重销售额总体增长百分比和特定客户群体、特定地区的销售额增长率等；处于发展阶段的企业，其财务衡量指标应侧重获利能力，如营业收入和毛利、投资回报率、净流量最大化，并减少营运资金占用。

从财务的角度来看，一家企业的平衡计分卡主要包括以下指标：利润、营业额、销售额、现金流和投资回报率。

2. 客户

从客户的角度来看，财务的衡量指标包括市场份额、老客户回头率、新客户获得率、客户满意度和从客户处所获得的利润率。这些指标存在内在的因果关系：客户满意度决定了新客户获得率和老客户回头率；客户满意度和从客户处所获得的利润率决定了市场份额的大小；市场份额、老客户回头率和客户满意度共同决定了从客户处所获得的利润率；客户满意度源于企业对客户需求的反应时间，以及产品的功能、质量和价格。

3. 内部流程

从内部流程的角度来看，企业应本着满足客户的需求来设定业绩衡量指标。以往的内部流程是以产定销式的，重视改善已有的流程；现在的内部流程却是以销定产式的，常常要创造全新的流程，它遵循"调研、寻找市场→产品设计与开发→生产制造→销售与售后服务"的流程进行。

4. 学习和成长

从学习和成长的角度来看，企业一方面要完善组织程序，另一方面要建立人才信息系统。过去企业的管理理念是管理者为员工安排工作任务，并制定相应的标准和监督体制，让员工出色地完成任务。在企业的发展过程中，这种管理理念发生了重大变化，管理者逐渐意识到，企业若想超越现有的业绩、未来持续获得成功，仅仅墨守企业上层制定的标准经营程序已经远远不够，必须尊重、重视并尽可能采纳一线员工对改善经营程序和业绩的建议和意见。除此之外，企业还必须加强对员工的培训，改善内部的信息传递机制，激发员工的积极性，提高员工的满意度。这方面的衡量指标包括培训支出、培训周期、员工满意度、员工流动率、信息覆盖率等。

（三）平衡计分卡的作用

（1）明确企业的关键成功因素，并把这些因素转变成关键绩效指标。需要说明的是，企业在选取关键绩效指标时要结合企业战略。

（2）明确关键绩效指标选取的目的，并在企业内部宣导。

（3）制定全体员工认同的关键绩效指标的选定和考核流程。

（4）在部门 / 分支机构、职位层面选定关键绩效指标。

（5）构建绩效管理、报告和审核的流程框架。

（6）推动关键绩效指标的使用，以协助绩效管理方案的实施和优化。

（7）对关键绩效指标进行优化和改进，保证其与企业发展的相关性。

（四）基于平衡计分卡建立的绩效管理体系

1. 平衡计分卡与 KPI 之间的关系

平衡计分卡实际上是 KPI 的进一步细化。首先，它强调了战略的导向作用；其次，它对 KPI 进行了结构性的细分。KPI 与平衡计分卡的结合是有机的，平衡计分卡也要用到 KPI 的选择方法。

2. 运用平衡计分卡指导建立关键绩效指标体系的步骤

第一步，分析企业战略的关键成功因素，并将这些因素在财务、客户、内部流程、学习和成长四个方面表示出来，具体示例如表 6-8 所示。

表 6-8　某企业的 KPI 体系示例

指标类型		公司级 KPI	部门级 KPI
财务指标		• 销售收入 • 产值 • 利润额 • 人均产值 • 利润率 • 净资产收益率 • 利润增长率 • 人工费率	• 计划产值完成率（实际产值／计划产值） • 回款率 • 车辆租赁费率
客户指标		• 客户满意度 • 市场占有率（目前难以考核） • 中标率 • 客户增长率（业务量增长达到客户投资额 20% 以上的为新增客户）	• 客户流失率（对固定客户的业务量减少到客户投资总额的 20% 以下为客户流失） • 客户投诉次数 • 生产经营部门满意度
内部流程指标	设计质量	• 客户对质量的满意度	• 内部评审合格率 • 客户对质量的满意度
	设计周期	• 延期天数 • 合同期限履行率（根据合同的重要程度采取不同的级差）	• 延期天数 • 合同期限履行率（根据合同的重要程度采取不同的级差）
	人员状况	• 员工满意度（用分数衡量，主要针对公司层面的评价） • 关键岗位人员离职率	—
学习和成长指标		• 人才队伍建设 • 管理创新 • 技术提升 • 对员工的训练培养	• 员工平均受训时间（小时） • 人才成长率（一年中本公司中多少新员工可以晋升为上层设计人员或管理人员） • 对员工的训练培养 • 管理创新 • 技术提升

第二步，确保企业层面的每个关键绩效指标都有一个或多个部门负责，每个部门负责实现该绩效指标中的不同部分，也就是每个部门对企业战略目标提供的增值产出，具体示例如表 6-9 所示。

表 6-9　某企业的 KPI 分解示例

指标 岗位/部门	总工程师	副总工程师	行政人事部	经营管理部	财务部	设计一所	设计二所	总工室	办事处
财务指标 计划产值完成率						√	√		√
回款率				√					
车辆租赁费率						√	√		√
客户指标 客户流失率						√	√		√
客户投诉次数						√	√		√
生产经营部门满意度			√		√				
内部流程指标 内部评审合格率						√	√		√
客户对质量的满意度	√	√						√	
延期天数				√		√	√		
合同期限履行率				√		√	√		
学习和成长指标 员工平均受训时间（小时）			√						
人才成长率			√						
对员工的训练培养	√	√	√	√	√	√	√	√	√
管理创新	√	√	√	√	√	√	√	√	√
技术提升	√					√	√	√	√

资料来源：郭京生，杨飞，熊敏鹏等.绩效管理案例与案例分析（第二版）[M].北京：中国劳动社会保障出版社，2012.

第三步，将各个部门的关键绩效指标落实到每位员工身上，这就是每位员工对企业战略目标提供的增值产出。

五、目标与关键成果法

（一）什么是目标与关键成果法

目标与关键成果法（Objectives and Key Results，OKR）是一套明确和跟踪目标及其完成情况的管理工具和方法。OKR 由英特尔公司创始人安迪·葛洛夫发明，后来被约翰·道尔引入谷歌公司发扬光大，现在它广泛应用于 IT、风险投资、游戏和创意等以项目为主的经营单位。目前，OKR 被广泛定义为"一套严密的思考框架和持续的纪律要求，其旨在确保员工紧密协作，把精力聚焦在能促进组织成长的、可衡量的贡献上"。[①]

OKR 主要由目标和关键结果两部分组成。所谓目标，就是对驱动组织向期望方向前进的定性追求的一种简洁描述，它主要回答的问题是"我们想做什么"。一个好的目标应该是有时限要求的、鼓舞人心的、能引起团队共鸣的。所谓关键结果，就是一种定量描述，它主要用于衡量既定目标的达成情况。如果目标回答的是"我们想做什么"这个问题的话，那么关键结果回答的则是"我们如何知道自己是否达成了目标的要求"。除此之外，OKR 可以在整个组织中共享，这样团队成员才能向既定的目标方向前进，促使目标达成。

（二）OKR 的特点

（1）OKR 鼓励企业设定具有挑战性的目标，根据目标达成情况来衡量员工的工作业绩。一般来说，每家企业都有不同层级的目标和关键成果，这些关键成果能确保企业按计划正常运行。

（2）将目标分解为可直接执行的任务，即基于任务的关键成果，每个关键成果都是直接支撑目标实现的关键动作和重要成果，而不仅仅是对目标实现有帮助的业绩指标。

（3）OKR 可以有效激励和成就员工，每个团队及其成员的目标、关键成果及最终得分在企业内部都是公开透明的，这既有助于统一企业、团队和员工的目标，促进团队合作，体现价值贡献的公平与公正，也有助于通过过程辅导、及时正向反馈等绩效反馈渠道，促进员工的自我激励和成长。

（三）OKR 的实施要点

1. 确定目标

在实施 OKR 之前，企业要根据战略目标确定年度目标和季度目标，这两个目标必须符合 SMART 原则，即具体的、可衡量的、可达到的、与其他目标有一定的相关性，以及有明确的截止期限。例如，我们不能笼统地说"我想让我的网站更好"，而是要提出诸如"让网站速度加快 30%"或者"融入度提升 15%"之类的具体目标。同时，每个季度要求员工制定 4 ~ 6 个目标，目标太多也会令人焦头烂额。

企业管理者必须要与员工充分沟通，就制定出来的目标达成共识。需要注意的是，没有达成共识的目标不能算作目标，目标的设定要以达成共识为终点。

2. 明确 KRs

所谓 KRs（措施和方法），就是为了完成某个目标我们必须做什么。KRs 必须具备以下几个特点。

（1）必须是能直接实现目标的。

（2）必须具有进取心、敢于创新，可以不是常规的。

（3）必须是以产出或者结果为基础的、可衡量的，并且要设定评分标准。

（4）一般每个目标的 KRs 不宜超过 4 个。

---

① ［美］保罗 R. 尼文，本·拉莫尔特著 . 况阳译 .OKR：源于英特尔和谷歌的目标管理利器［M］. 北京：机械工业出版社，2017.

（5）必须与时间联系起来。

企业的目标既包括年度 KRs，也包括季度 KRs。年度 KRs 统领全年，但它并非固定不变，而是可以适时调整，调整要经过批准；季度 KRs 一旦确定就不能再改变。需要说明的是，KRs 可以调整，但目标不能调整。同样，企业管理者要与员工充分沟通，就确定了的 KRs 达成共识。

3. 推进执行

当有了关键成果（期望的结果）后，就要围绕这个具体的目标来分解任务了。因此，每项关键成果都会派生出一系列的任务，应该由不同的员工完成此任务。关键成果负责人就成了名副其实的项目经理。关键成果的项目经理是团队非常重要的成员，他能够调度和影响企业资源。另外，项目经理和企业决策者之间应当保持顺畅的沟通。

4. 定期回顾

每个季度末，员工要给自己 KRs 的完成情况和完成质量打分，分数的范围是 0～1 分，最理想的得分是 0.6～0.7 分。

每位员工要在每个季度初确定自己本季度的 OKR，并在每个季度末根据完成情况给自己打分。公司每半年会进行一次业绩回顾，根据员工的业绩结果调整其职级和薪酬。值得一提的是，所有员工的绩效结果在企业里是公开透明的，这样既可以做到公平，又可以在组织中树立标杆。

（四）OKR 与 KPI 的对比分析

经过多年的研究和实践总结，KPI 已被广泛应用于企业的绩效考核中。而 OKR 作为一种较为新颖的绩效考核方法，正在逐渐取代 KPI 的位置。

KPI 实际上是一种绩效考核工具，它主要是以财务和非财务指标作为主要考核依据，注重结果而非过程。OKR 则是一套衡量员工是否称职的管理方法，它以产出为导向，结果与过程并重，它的主要目的不是考核团队或员工，而是提醒每位员工当前的目标和任务。KPI 和 OKR 都强调结果目标，只不过 KPI 的思路是先确定组织目标，然后将组织目标细化到员工个人目标，再对员工个人目标进行量化；OKR 的思路则是先制定目标，然后明确目标的结果，再对结果进行量化，最后考核完成情况。OKR 与 KPI 的对比分析如表 6-10 所示[①]。

表 6-10　OKR 与 KPI 的对比分析

项目	KPI	OKR
定义	根据企业的组织结构将战略目标层层分解，并细化为战术目标来实现绩效考核的工具	一套定义、跟踪目标及其完成情况的管理工具和方法
实质	绩效考核工具，强调组织控制	目标实现工具，强调自我管理

------

① 田五星，王海凤. 大数据时代的公共部门绩效管理模式创新——基于 KPI 与 OKR 比较的启示与借鉴 [J]. 经济体制改革，2017（3）：17~23.

第六章　绩效管理

·139·

（续表）

项目	KPI	OKR
关注点	财务与非财务指标，默认工作完成情况对财务结果有直接影响	时刻提醒每位员工当前的目标和任务是什么，有没有做好，而不是为了考核某个团队或员工
逻辑导向	以过程控制为导向，组织管理控制工具	以贡献结果为导向，员工自我价值实现工具
操作要点	• 自上而下分解和分配业绩指标 • 目标尽可能指标化 • 绩效薪酬与 KPI 得分直接相关	• 自上而下分解目标，员工与经理共同确认目标；关键成果及任务与经理沟通后，由员工自行确定 • 关键结果不一定指标化 • 绩效薪酬与 OKR 得分不直接相关
核心内容	没有统一做法，大多不公开	必须公开
优点	• 目标明确，考核什么就得到什么 • 极大激发员工的工作积极性	• 考虑了 KPI 的优点，对关键结果进行考核，又弥补了 KPI 的不足，即以目标为导向，而非以预定的结果为导向 • OKR 自定原则，最大限度地发挥员工的工作积极性。关键结果是用来服务目标的，只要目标不改变，就可以在执行过程中调整关键结果，发挥其主观能动性 • 加强管理者和员工就工作目标和标准的沟通、交流 • 不强调 OKR 结果，而强调目标实现，让工作更加灵活，避免僵化，且更有利于员工创新
缺点	• 为了绩效薪酬，过于关注 KPI 数值，过分依赖考核指标而忽视了员工的主观能动性 • 有许多目标无法或不适合指标化，KPI 容易将业务引入误区 • 管理者与员工缺乏有效沟通，而且在沟通过程中只讨论 KPI，而不讨论目标和环境情况	• 需要有高度责任心和重视贡献的员工 • 需要更加勤勉的管理者
难易度	较合理、易实现	前瞻性、难度大
适用对象	程序性、规律性工作	创意性、研发性工作

第三节　绩效计划

一、绩效计划概述

绩效计划是绩效管理体系核心环节中的一个关键组成部分，也是实施绩效管理的具体执行方案。绩效计划的价值已经被国内外众多企业所认同和接受。

（一）绩效计划目标类别

绩效计划特别关注对人的理解，在目标分解沟通与协调过程中强调简单化、口语化、通俗化，以便沟通。为了便于沟通，我们可以把绩效计划制订与沟通中的目标归结为绩效目标和发展目标，具体如图 6-6 所示。

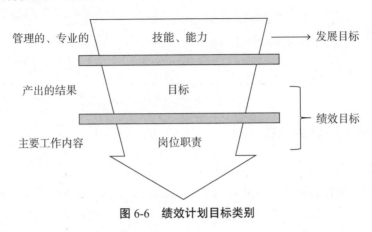

图 6-6　绩效计划目标类别

1. 绩效目标

绩效目标主要来源于企业目标、部门目标和员工个人目标，关键是要努力寻求这三者之间的衔接点，使之环环相扣。这些目标是岗位职责具体化和产出结果量化的具体表现。

2. 发展目标

发展目标是指任职人员要使用何种管理和专业上的能力及实现标准。发展目标主要来源于企业目标、部门目标、市场需求目标和员工个人目标，但这些目标强调的是与企业层面的目标相一致的价值观、核心行为与能力表现。这些目标主要是岗位职责所要求的行为与能力的具体化。

（二）绩效计划目标范例

绩效计划目标示例如表 6-11 所示。

表 6-11　绩效计划目标示例

责任范围	工作目标		比重	实施/行动计划
执行董事会决议，满足董事会要求	• 产量 2300 件		25%	• 制订增产机械部件投资 2000 万元计划
	• 营业额 10 亿元		5%	• 进行目标成本管理
执行执委会决议，满足执委会要求	• 利润 1.05 亿元	50%	10%	• 结合 ISO 9000 认证，制订质量攻关计划
	• 创汇 700 万美元		5%	• 制订员工使用及培训计划
	• 员工控制在 1580 人		5%	• 完成新产品开发和技术引进计划
主持公司工作，达到公司规定的各项指标	• 提高经理办公会效率		10%	
	• 改进人员管理制度和分配制度	30%	10%	• 明确会议目的、时间和效果
	• 五月进行 ISO 9000 认证		5%	• 引入工作目标管理
	• 完成公司内外部环境改造		5%	

（续表）

责任范围	工作目标	比重		实施 / 行动计划
为了保证各项工作顺利进行，做好外部协调工作	• 贯彻政府出台的政策 • 加强与协作公司进行市场调研，改进售后服务	10%	5% 5%	• 选派相关人员接受外出培训，制订有关办法 • 考察相关市场，制定质量纠正对策
为了提高员工素质和留住人才，做好人员培训工作	• 对部门经理进行引导和检查 • 培养后备力量	10%	5% 5%	• 检查、落实、沟通 • 由人事部门负责制订培训计划

二、绩效计划制订的流程

（一）岗位职责界定

岗位职责界定主要是通过工作分析的方法，对目标岗位的关键业务及应实现的主要工作成果，用简洁凝练的语言进行书面描述。这项工作主要由人力资源部协助企业高层管理者来完成。岗位职责界定是设定关键绩效指标、制订绩效计划的前提和基础。

（二）设定关键绩效指标

企业根据自身的战略及业务计划、岗位职责的描述，为被考核者设定可衡量的、可量化的、具有代表性的关键绩效指标。这项工作由各级经理根据直接下级的岗位职责，结合本部门的关键绩效指标，与被考核者沟通确定其关键绩效指标。

（三）工作目标的设定

企业内部不同岗位的工作性质存在较大的差异，并非所有岗位都可以用量化的关键绩效指标来衡量，如职能部门，其工作内容不少属于管理职责，一般的描述都是定性的。因此，各级经理需要与被考核者沟通，结合企业的发展战略和业务计划，针对被考核者的岗位职责和工作性质，把一些具有长期性、过程性和辅助性的关键工作纳入工作目标评价，作为对关键绩效指标的一种补充和完善。

在设定工作目标时，需要注意以下几个方面。

（1）与关键绩效指标的选择遵循同样的原则，但侧重不易衡量的领域。

（2）作为关键绩效指标的补充和完善，工作目标内容不能和关键绩效指标内容重复。由于关键绩效指标相对于工作目标完成效果评价，其客观性更强，对绩效的衡量也更精确，所以可以用关键绩效指标衡量的工作领域应首先考虑使用关键绩效指标，而在无法科学量化的领域可以引入工作目标完成效果评价。

（3）只选择对企业价值有贡献的关键工作领域，而非所有工作内容。

（4）目标不宜超过5个。

（5）不同工作目标应针对不同工作方面，不应重复；而每个工作目标应只针对单一的工作方面。

（四）确定目标的指标值

根据已经批准的年度计划、财务预算及工作计划，由企业提出引导性意见，各级经理和员工共同商讨确认，按各级管理权限分别审核确认。

在确定目标的指标值时，首先，可参考过去类似指标在同一市场环境下完成的平均水平，据此做出调整；其次，可参照一些国际指标、行业指标、技术指标和监管指标，从而确定合理的水平；再次，可参考作为上级职位相关指标所设定的目标值，保证下级单位对上级单位目标值的分解；最后，应结合本企业战略的侧重点，服务于本企业关键经营目标的实现。

1. 指标检验

作为绩效计划制订结束前的关键一环，要从横向和纵向两个方面检查计划是否维持了统一的标准。从横向上来看，检查相同单位、职务的关键绩效指标与工作目标设定的选择和权重的分配等标准是否统一；从纵向上来看，根据企业的战略及业务计划、岗位职责描述，检查上级的考核指标是否在下属中得到了合理的承担或进一步分解，能否保证企业的整体发展战略目标和业务计划的实现。

2. 制订个人能力发展计划

在设定了关键绩效指标和工作目标之后，各级经理和员工应该就员工如何达到绩效目标进行讨论，确定员工应该着重发展的能力领域，以及希望实现的目标，并根据具体的目标制订个人能力发展计划（见表6-12）。

表 6-12 员工个人能力发展计划

部门		被考核者		职位		自评日期	
		考核者		职位		评价日期	
能力类型	需要发展的能力	能力发展活动			完成时间	衡量标准	
		培训课程	上级辅导				
核心胜任能力							
专业能力							
上级意见：							
讨论日期： 被评价者：				直接上级：			

跟进记录（本计划应按照季度进行回顾、检查）：

说明：

1. 请员工与直接上级一起制订个人能力发展计划，个人发展能力的提高通过培训和上级辅导来实现。

2. 根据最终评价结果，凡评分在 2 分（含）以下者，均属个人需要发展的能力，需在表中的核心胜任能力部分体现。

第四节　绩效评估管理

一、绩效评估介绍

（一）绩效评估类型

针对员工的绩效评估主要有三种类型，即年度评估、平时评估和专项评估。企业高层管理者（如总经理、副总经理）的绩效评估根据董事会决定另行安排。

1. 年度评估

一般来说，企业在每年 7 月对普通员工进行年中考核，次年 1 月进行上一年的年终考核；对特殊岗位的员工，如营销人员，应每季度考核一次。

2. 平时评估

各级直属主管对所辖人员就平时工作、能力、品德、知识和敬业精神等随时做出考核，并在"平时考核记录表"上记录下来，以便作为年度考核或专项考核的重要参考依据。

3. 专项评估

在考核年度内，员工如有特别优秀的表现或特别恶劣的行为时，可随时安排专项考核。

（二）全面了解被考核者的工作

全面了解被考核者的工作是顺利进行考核的基础。

1. 应该做什么

（1）应该完成什么任务和履行什么职责。

（2）准确把握考核工作的主要方面。

（3）把考核工作的主要方面作为考核的重点。

2. 应该如何做

（1）应该遵循哪些规章制度。

（2）应该遵循哪些工作程序和操作规程。

3. 应该达成什么工作结果

（1）工作的质量。

（2）工作过程的正确性。

（3）工作结果的有效性。

（4）工作结果的时限性。

（5）工作方法选择的正确性。

4. 工作的数量

（1）工作效率。

（2）工作总量。

5. 应该具备哪些知识、经验和技能

（1）工作要求员工具备哪些知识。

（2）工作要求员工具备哪些经验和技能。

6. 应该以什么样的态度和行为从事工作

（1）工作态度。

（2）工作行为。

（三）绩效评估的方式和程序

绩效评估应逐级进行，第一级考核者应当是被考核者的直接上级，第二级考核者应当是被考核者的直接上级的上级或授权考核部门。

1. 绩效评估的方式

绩效评估的方式分为封闭式考核和开放式考核两种。

（1）封闭式考核

不将考核情况告知被考核者，也不进行考核面谈，考核过程封闭进行。

（2）开放式考核

通过被考核者填写考核表中的"自我考核"部分，考核者与被考核者进行绩效面谈，双方交换意见，以达成一致，考核过程开放进行。

是采取封闭式考核还是采取开放式考核，企业应根据自身的实际情况来确定。

2. 绩效评估的一般程序

（1）人力资源部制定绩效评估办法，并发放"绩效评估表"。

（2）员工以自己的实际成绩与行为事实为依据，给自己逐项评分。

（3）直接主管以员工的实际成绩与行为事实为依据，对员工逐项评分并写评语。

（4）业务部门或职能部门进行综合评核打分。综合评核后，直接主管将考核结果告之员工。

（5）在进行季度或半年考核时，各业务部或职能部仅向人力资源部送交"绩效评估汇总表"，考核表存在各业务部或职能部。在年终考核时，各业务部或职能部应将"年度绩效评估表"和"考核分数汇总表"一并送交人力资源部。

（6）员工的"年终考核分数汇总表"交人力资源部归档。同时，人力资源部对年终考核

结果进行统计分析，并报总经理审核。

（四）绩效评估的流程

1. 封闭式绩效评估的流程

封闭式绩效评估的流程如图 6-7 所示。

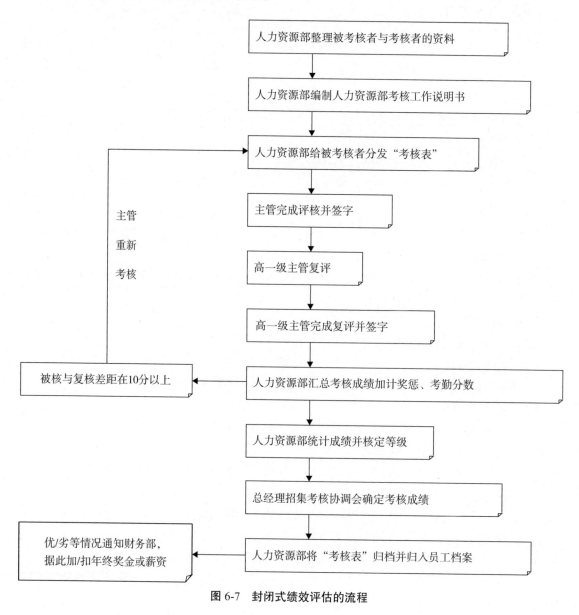

图 6-7　封闭式绩效评估的流程

2. 开放式绩效评估的流程

开放式绩效评估的流程如图 6-8 所示。

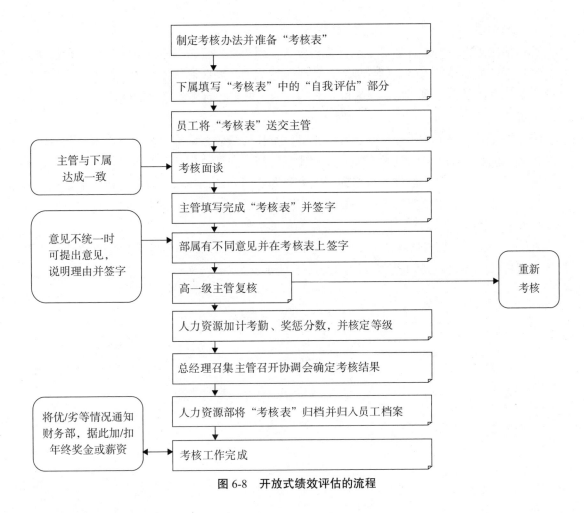

图 6-8　开放式绩效评估的流程

（五）绩效评估的方式

1. 直接上级评估

员工绩效由直接上级评估，是因为他最熟悉员工工作及其工作状况和工作结果。在大多数情况下，直接上级是评估员工的最佳人选。直接上级在对员工绩效进行评估时，必须做好记录；完成评估后，一般要由员工直接上级的上级对评估结果进行复核。

2. 自我评估

自我评估是由员工对自己的绩效所做的评估，一般形式是员工在综合绩效评估以前就自己的绩效水平填写"评估表"。通过这种方式，员工一方面可以找到自身需要优化的方面，另一方面可以就影响高绩效形成的原因进行深入思考。

3. 同级评估

同级评估通常是以一种更现实的眼光来看待某位员工的工作绩效。这是因为，员工通常会向与自己朝夕相处的同事展示自己真实的一面。采用同级评估来对上级评估进行补充，可以帮助形成关于个人绩效的一致性意见。同事在评估某位员工时，能够很容易观察到该员工的领导能力和人际交往能力。

4. 下属评估

在评估经理人员时，普通员工也有资格发言，因为他们经常与经理人员接触，他们能观察到经理人员的工作行为，如领导能力、口头表达能力、团队协作能力和对员工的关注程度等。需要注意的是，下属评估应该采取匿名的方式，并要综合考虑最终的评估结果。

5. 客户评估

采用外部客户评估的企业往往将客户服务标准作为绩效评估的一个参考数据，其目的是获得更客观的评估结果。与外部客户评估相比，内部客户评估包括企业内部任何得到其他员工服务支持的人。例如，经理人员得到了人力资源部门和培训员工的服务支持，那么经理人员就可以成为对人力资源部门进行评估的内部客户。

6. 360 度绩效评估

360 度绩效评估是指从各个方面获取关于员工绩效的信息，这些绩效信息可以让员工更好地了解自己的绩效。360 度绩效评估如图 6-9 所示。

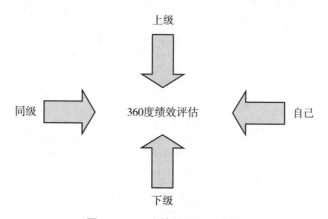

图 6-9　360 度绩效评估示意图

（1）360 度绩效评估的特点

① 全方位、多角度进行。

② 基于胜任特征。

③ 匿名性。

④ 目的是促进员工发展。

（2）360 度绩效评估的原理

360 度绩效评估的原理主要是基于 GAPS 评估模型，即每位员工都希望了解自己在别人心目中的形象及对自己的期望。GAPS 包含的内容如下。

① G 表示目标（Goal），即你想做什么？

② A 表示能力（Ability），即你能做什么？

③ P 表示看法（Perception），即别人是怎么看待你的？

④ S 表示标准（Standard），即别人对你的期望怎样？

（3）360度绩效评估的流程

事实上，360度绩效评估更多的是在向我们表明一种思想，也就是要关注我们工作产出的输出对象对我们的评估和期望。360度绩效评估的流程如图6-10所示。

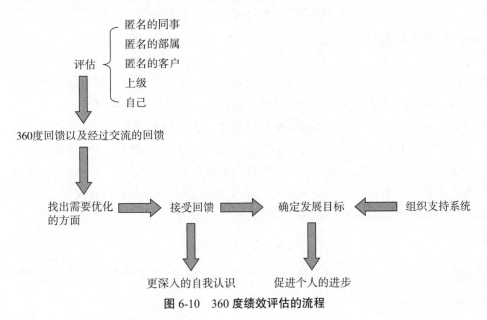

图6-10　360度绩效评估的流程

（六）绩效评估的注意事项

（1）对他人保密。

（2）强调优点和不足之处。

（3）确定一个对双方都方便的时间。

（4）回顾跟进表中的绩效记录。

（5）讨论并制定绩效改进方案。

（6）征求员工对其本人的评估，包括好的方面和有待改进的方面。

（7）对事不对人。

（8）逐个目标进行讨论，并给出具体且具有建设性的反馈。

（9）倾听并准备改变自己的观点。

（10）征求与倾听员工的意见。

（11）明确每项评分的理由，不要过于注重分数，而应注重目前及将来的绩效发展。

（12）当主管和员工就评估结果确认并签字后，双方各保留一份表格复印件，将表格原件送交人力资源部归档。

（13）当主管与员工不能对评估结果达成共识时，由主管的主管进行最后裁定。

二、绩效考核的评估方法

绩效考核的评估方法有很多种，如排队法、评分法、目标管理考核法和关键事件法等。

这些绩效评估方法可以归入两类绩效评估系统，即相对评估系统和绝对评估系统。相对评估系统又称员工比较系统，它适用于群体考核，该评价系统的评价分数为常模参照分数；绝对评估系统又称个人考核系统，在个人考核中，要对某位员工在一段时间内的绩效行为考核，不存在与其他员工进行比较的问题，该评价分数为标准参照分数。

（一）相对评估系统

1. 排队法

排队法注重员工之间的比较。不管选择何种排队的程序，考核的结果将是有关员工表现的一个序列。在排队结果上，表现最好的员工排名第一，然后依次排列。

在对员工进行排队时，既可以使用整体化标准，也可以使用复合标准。在采用整体化标准时，员工在排队中的位置将是他最后的位置。在采用复合标准时，员工的最后位置取决于他在几个标准排队中的位置。这里所说的标准是根据工作分析的结果确定的。当选择复合标准时，我们必须认真地以工作职责为基础，避免使用定义不清或者具有高度主观性的标准，这样才能得到准确的排队结果。排队法示例如表 6-13 所示。

表 6-13　排队法示例

员工姓名	上级 A	上级 B	上级 C	平均排列
赵 ××	5	6	4	5.00
钱 ××	2	3	2	2.33
孙 ××	9	7	7	7.67
李 ××	8	9	8	8.33
周 ××	7	8	9	8.00
武 ××	4	4	5	4.33
郑 ××	3	2	3	2.67
王 ××	6	8	6	5.67
冯 ××	1	1	1	1.00

2. 成对比较法

成对比较法是指将信息加工减少到只有两位员工同时进行比较。成对比较法示例如表 6-14 所示。

表 6-14　成对比较法示例

表现考核标准：工作数量							排队顺序
员工姓名	雇员号码						
	员工号码	1	2	3	4	5	
张 ××	1	—	2	3	4	5	5
李 ××	2		—	3	2	5	3

（续表）

表现考核标准：工作数量							排队顺序
员工姓名	雇员号码						
	员工号码	1	2	3	4	5	
赵××	3			—	3	5	2
陈××	4				—	5	4
王××	5					—	1

注：每位员工与另一位员工做比较，当某员工比另一位员工表现好时，输入该员工的号码。

为了克服顺序误差，一般要对每对员工进行两次比较（一次以 A、B 顺序进行，另一次以 B、A 顺序进行）。

表 6-15（a）所示的矩阵模式是采用总的工作绩效标准进行成对比较；表 6-15（b）是采用复合标准（三个）进行成对比较。

表 6-15　采用不同标准进行成对比较示例

（a）

	赵××	钱	孙	李	周
赵××		√	√		√
钱××				√	
孙××					
李××	√	√			√
周××			√		
得分	1	2	4	0	3

（b）

	赵××	钱××	孙××	李××	周××
赵××		√√√	√√	√	√√√
钱××			√√√		√√
孙××					√
李××	√√	√√	√√√		√√√
周××		√	√√		
得分	2	6	11	2	9

一般来说，做出评估比较的个体员工人数越多，其绩效考核结果就越准确。同样是对员工的绩效进行排序，成对比较法比排列法的评估结果要准确得多。但是，当员工人数比较多时，成对比较法的工作量就会很大，通常要进行 $N(N-1)/2$ 次比较（N 为员工人数）。例如，当员工人数为 40 人时，这时就要进行 780 次 $[40×(40-1)/2]$ 比较。

（二）绝对绩效评估系统

1. 描述性评定量表法

在考核中，最常使用描述性评定量表。考核者要在描述性评定量表中就各项指标对员工进行评分。评分可以是一系列的空格或者是从 0～9 的等级。这些等级要对应相应的分数，如将"出色"定为 4 分，将"不合要求"定为 0 分，最后统计总分。在表 6-16 所示的描述性评定量表的示例中，表中 A 和 B 是连续描述性评定量表，要求考核者在线段的任何地方做出标记，然后用尺子测量出标记位置的距离，这样就得出了最终评估结果；C、D 和 E 是多级分段评定量表，给评定者几个选项，供其选择。量表上各点的定义可用一个词或一个字表示，如 C；可用一个百分比表示，如 D；也可以用一段简短的描述表示，如 E。

表 6-16　描述性评定量表示例

A. 员工与别人相处的能力	差	较差	平均	较好	好
B. 工作质量	差	较差	平均	较好	好
C. 工作动机	□ 差	□ 较差	□ 平均	□ 较好	□ 好
D. 工作能力	□ 底部 10%	□ 底部 20%	□ 居中 40%	□ 顶部 20%	□ 顶部 10%
E. 工作态度	□ 能少干就少干	□ 对工作兴趣 不大	□ 偶尔需要催促	□ 工作态度比 多数员工好	□ 工作态度 令人满意

2. 混合标准量表法

混合标准量表（Mixed Standard Scales，MSS）是为了将光环效应和宽容偏见降低到最低限度而特别设计的一种绩效考核方法。有两种改进的方法可以使混合标准量表更为有效，其中一种是混合标准计数法，这种方法与简单的特征评价不同。例如，就工作主动性这一特征进行考核，混合标准量法将特征分为以下三句话加以描述。

①他是一个真正工作主动的人，他总是能主动地工作而不需要主管的督促。

②尽管总体上说他是工作主动的人，但是偶尔也需要主管的督促。

③他在工作中总是持观望态度，等待主管的指示。

考核者要在上述三句话后面做标记，如"√"表示该员工符合标准；"+"表示该员工优于标准；"−"表示该员工低于标准。

另一种方法是在量表中加入一些说明来描述员工表现的不同水平。

混合标准量表的设计步骤：首先，从了解详细情况的人那里得到一些能区别绩效高低的项目；其次，对每个要评价的绩效方面，选择三个项目分别代表"好""一般"和"差"，这就是绩效的考核标准或对应等级，考核者必须对每一个标准做出回答，指出他是否认为被考核者高于标准或符合标准或低于标准。

在表 6-17 所示的混合标准量表示例中，A 部分列出了需要考核的因素，并对这些因素进行了简要的描述；B 部分描述了用于考核四个因素的各种标准。

表 6-17 混合标准量表示例

表 A：表现因素
1.工作知识（深度、广度和现代程度） 例如，在履行工作职责的时候，实际行为证明他所具有的工作知识的深度、广度和现代程度，应当考虑工作的数量与质量
2.判断和决策（一致性、准确性和有效性） 例如，某员工思维是否清晰，能否做出正确和符合逻辑的结论？某员工如何抓住问题、分析问题并提出可行性的解决方案
3.计划与公司工作（及时性和创造性） 例如，某员工是否不局限于目前的工作要求？他如何预测未来的重要事件
4.资源管理（人力和物质资源） 例如，是否通过有效的人力和物质资源的管理达到最佳的经济效果

表 B	与标准距离较远 （−2σ）	低于标准 （−1σ）	符合标准 （−1σ ~ +1σ）	高于标准 （+1σ）工作	高于标准较多 （+2σ）
工作知识	• 在技术和专业知识方面存在严重不足 • 只知道工作中的基本知识 • 缺少能提高工作效率方面的知识 • 需要对其工作进行超出常规的检查	• 具备的技术与专业知识不充分 • 只能安排从事一些日常的工作并需要常规检查 • 要求密切监督	• 证明具有完成工作所需要的技术和专业知识 • 能够分析各种因素，找到解决问题的正确方法 • 具有丰富的与工作有关的知识 • 具有对工作发展有关的知识	• 具有敏锐的洞察力并能将其应用到实际工作中 • 了解有关领域的重要发展信息 • 对工作任务具有广泛的知识 • 可以有效地应对工作中的难题 • 工作中很少需要引导或者协助	• 具有超常的技术和专业知识 • 精通工作，通过改进工作方法能有效地节省人力和材料 • 能够保持和提高专业技术知识 • 主动寻求新观点，并且能在工作任务中寻求突破 • 在其领域中具有公认的权威性

3. 行为观察量表

目前，在人力资源管理实践中，美国的人力资源专家拉萨姆和瓦科斯雷提出的行为观察量表法得到了广泛应用。相比传统的业绩评定表法，行为观察量表既具有全面、客观的优点，又能避免因各种主观判断失误所造成的偏差。行为观察量表示例如表 6-18 所示。

表 6-18 行为观察量表示例

评定管理者的行为
5 表示 95%~100% 都能观察到这一行为
4 表示 85%~94% 都能观察到这一行为
3 表示 75%~84% 都能观察到这一行为
2 表示 65%~74% 都能观察到这一行为
1 表示 0~64% 都能观察到这一行为
NA 表示从来没有这一行为

（续表）

克服对变革的阻力
（1）向下级详细地介绍变革的内容
（2）解释为什么变革是必须的
（3）讨论变革为什么会影响员工
（4）倾听员工的意见
（5）要求员工积极配合参与变革的工作
（6）如果需要，经常召开会议听取员工的反应
6~10分：未达到标准；11~15分：勉强达到标准；16~20分：完全达到标准；21~25分：出色达到标准；26~30分：极优秀

行为观察量表的设计步骤如下。

第一步，运用关键事件分析法进行职务分析。对一组既了解职务的性质、目的，又能经常观察到这项职务（包括职务的领导、任职者、下级、客户等）的人员，通过会谈法了解他们所观察到的职务的操作情况。谈话可以单个进行，也可以集体进行。职务分析专家要求观察者描述职务操作行为中的有效和无效事件，一般至少要求30人进行大约300个事件的描述。职务分析专家需要运用会谈技术，引领职务观察者对事件进行正确描述。例如，服务态度不好，最终被描述为与顾客争吵，把顾客的食物或饮料弄洒了而没有向顾客道歉，让顾客等待过久等。

第二步，对关键事件依照行为归类。例如，两个或多个观察者都描述了饭店服务人员要回答顾客对菜单的一些特殊问题，那么这些就应归入"回答顾客对菜单提问"的行为项目中。

第三步，把类似的行为项目归类成行为观察量表标准。在这一步骤中，行为项目被归为3～8个行为观察量表标准。

第四步，评价内部判断一致性。内部判断一致性是考察不同个体对同一关键事件是否归入同一行为标准中评价。把事件随机顺序呈现给另一些职务观察者，比较他们按上述步骤所确定的3～8个行为观察量表标准是否把事件做了相同的归类。

第五步，评价内容效度。对把关键事件进行归类集中时，大约有10%的事件没有归入行为项目中。这时应考虑这些事件是否描述了没有列出的行为项目，或者是否可以列入已列出的行为项目中。

第六步，构造评定量表。把每一个行为项目与一个利克特五点量表连接起来。要求观察者指出其所观察员工的每一行为出现的频度。

第七步，去掉次数过少和过多的项目。在上述步骤得到的行为观察量表行为项目中，有些虽然能够描述有效或无效的职务操作，但是无论是对好的还是差的员工，这些行为都是经常出现或是很少出现的，如与顾客争吵等。这类不具有鉴别意义的项目就应去掉。

第八步，确定行为观察量表的信度及各个行为观察量表标准的相对重要程度。

三、绩效反馈

绩效反馈是绩效管理工作的最后一环，是由员工和管理者一起回顾和讨论考核结果。如果管理者未将考核结果反馈给被考核者，考核也就失去意义了。因此，绩效反馈对绩效管理起着关键作用。

（一）绩效反馈的定义

绩效反馈是一个双向的沟通过程，主要由反馈源、反馈信息和反馈接收者组成。考核者应该与被考核者进行沟通，考核者就被考核者在考核周期内的绩效情况进行反馈，在肯定其成绩的同时指出其工作中的不足。被考核者在绩效反馈的过程中，如果对考核结果有异议，可以向企业高层提出申诉，直至最终认可。

（二）做好绩效反馈的意义

有效的绩效反馈对绩效管理起着至关重要的作用，其作用具体体现在以下几个方面。

（1）绩效反馈在考核者和被考核者之间架起一座沟通的桥梁，使考核结果公开化，确保考核结果公平和公正。由于绩效考核结果与被考核者的切身利益息息相关，所以考核结果的公正性就成为大家关注的焦点。在考核的过程中，考核者会不可避免地掺杂自己的主观意识，导致这种公正性不能完全依靠制度的完善来实现。而绩效反馈可以很好地解决这个问题，它不仅让被考核者成为主动因素，更赋予了其一定的权力，使被考核者拥有知情权和发言权；同时，通过程序化的绩效申诉，有效减少了考核过程中的不公正因素所带来的负面效应，在被考核者与考核者之间找到了平衡点，这对整体绩效管理体系的完善起到了积极作用。

（2）绩效反馈是被考核者改进绩效的前提。被考核者在接到考核结果通知单时，在很大程度上并不了解考核结果的来由，这时就需要考核者就考核的全过程，特别是被考核者的绩效情况进行详细介绍，指出被考核者的优点与不足之处，尤其是要提出绩效改进建议。

（3）绩效反馈有助于促进组织目标和员工个人目标一致，增强企业的核心竞争力。组织目标和员工个人目标一致能够促进组织的不断进步；反之，会产生负面影响。在这两者之间，组织目标占据主导地位，它要求员工个人目标处于服从的地位。有效的绩效反馈可以通过对绩效考核过程及结果的探讨，发现员工个人目标中的不和谐因素，借助组织采取的激励手段，促使员工个人目标朝着组织目标方向发展，以达成组织目标和员工个人目标的一致。

（三）绩效反馈的实施指南

绩效反馈的实施指南如表 6-19 所示。

表 6-19　绩效反馈的实施指南

引导、反馈及季度跟进评审	• 引导主要是指各级主管应成为员工的教练，及时引导员工发掘自身潜力，对员工的绩效表现给予认可与支持 • 反馈主要是指各级主管应针对员工提出的建议和问题及时、有效地回复，这有助于提高员工满意度 • 引导和反馈是对绩效进行不断讨论和评价的过程。引导和反馈都是双向交流与合作的过程，而不是从主管到员工的单向操作 • 月度或季度跟进评审是主管和员工总结一个季度以来绩效目标进展状况的正式会议。如有需要，主管可以采取额外的行动来帮助员工达成绩效和发展目标。同时，主管要根据实际需要（如公司经营目标的调整或经营环境发生了变化）调整目标。这样做可以确保员工在考核周期内达成目标
事先思考与准备	• 你如何解释这次引导与反馈的目的 • 这次讨论要达到的目标是什么 • 你如何鼓励员工参与这次讨论 • 在这次讨论中，员工可能提出哪些问题 • 你如何针对员工的优点给予表扬 • 哪些是员工存在的问题，你怎样提出来 • 针对员工存在的问题，你的改进建议是什么 • 下一步的行动方案是什么 • 阅读年初设定的工作目标 • 检查每项目标的完成情况 • 从员工的同事、员工本人、客户和供应商处了解关于员工个人工作表现的情况 • 对得高分和低分的方面要收集翔实的资料 • 整理员工的表扬信、感谢信和投诉信等资料 • 提前通知员工做好准备
预期的成果	• 让员工知道他自己的表现已达到或已超过公司对他的期望 • 让员工知道他的表现和贡献得到了公司的认可 • 强化员工的良好行为，并提高这些行为重复的可能性 • 探讨下一步的做法 • 坚定员工的信心
引导与反馈的类型	• 正向的引导与反馈 • 改进的引导与反馈 • 确定绩效改进的困难所在 • 信息交流

（续表）

提供有效反馈的引导原则		• 将工作分成若干阶段 • 每个阶段的工作内容不能过多或过少 • 让员工循序渐进，分阶段吸收 • 各个阶段之间要有停顿，让你或员工提问 • 列出每个阶段的重要性 • 经常表彰突出绩效 • 在反馈的过程中提供具体事例 • 及时向团队成员提供积极的反馈或改进型反馈 • 倾听员工的意见和建议 • 及早发现绩效问题，以防患于未然 • 在提供反馈的同时征求对方的反馈 • 确保双方在沟通过程中的相互理解
如何向员工提供反馈	积极的反馈	• 具体地说明员工在表现上的细节 • 说明事件反映了员工哪方面的品质 • 这些表现所带来的结果和影响 • 具体地描述员工的行为 • 耐心、具体地描述相关的言行
	发展需求	• 让员工解释他为何没有表现出应有的工作能力或技能 ——问题区分："不能做"还是"不愿做" • 让员工提出具体的绩效改进方案 ——针对员工的发展需求，制订一个包括衡量标准和时间期限在内的行动计划
	积极引领	• 描述所观察到的行为——在回馈中提出具体事例，要对事不对人 • 阐明员工行为对领导、部门及公司所产生的影响 • 征求员工的反馈 • 表明你对未来行为或改进绩效的期望 • 与员工探讨解决方案 • 描述改进绩效或不改进绩效的后果 • 商定一个检查进程的时间表 • 提供支持，帮助员工解决困难 • 对员工改进绩效的能力表现出信心 • 描述这种行为所带来的后果 • 客观、准确，不指责 • 探讨下一步的做法 • 提出建议及采纳这种建议的好处

（续表）

引导与反馈的流程	• 消除干扰因素 • 营造和谐的氛围 • 说明讨论的目的、步骤和时间 • 根据每项工作目标考核完成的情况 • 分析成功和失败的原因 • 肯定员工在工作能力上的强项，并提出其有待改进的地方 • 探讨改进的方案 • 引导员工做决策	

四、绩效面谈

（一）绩效面谈的目标

（1）主管指出员工需要改进的地方。

（2）主管帮助员工分析绩效低的原因。

（3）主管就员工的表现与员工达成一致意见。

（4）主管与员工协商制订绩效改进计划。

（5）主管对员工提出希望，并确定下次面谈时间及内容。

（二）绩效面谈的实施流程

1.面谈准备阶段

（1）收集所有资料和表格。

（2）选择环境安静的谈话地点。

（3）确定合适的谈话时间并提前通知面谈对象，同时告知其此次面谈的目的。

（4）准备面谈提纲。

2.面谈实施阶段

（1）明确面谈的目的和程序。

（2）由员工根据年初确定的工作计划目标简单汇报下一年的工作情况。

（3）经理对员工一年的工作绩效定性或定量加以评估。

（4）经理就员工的绩效提出改进建议。

（5）制订行动计划。

（6）讨论并澄清部属发展的需要及期望。

（7）经理填写"员工绩效评估表"。

（8）经理确定员工绩效考评等级。

（9）双方探讨下一年的工作计划目标。

（10）双方协商确定下次面谈的时间和地点。

3. 面谈评价阶段

（1）面谈是否达到目的？是否真正帮助了员工？

（2）如果没有达到面谈目的，应该怎样办？如何改进谈话方式？

（3）在面谈过程中，谁的发言次数最多？

（4）是否对员工有了更深入的了解？

（三）绩效面谈的注意事项

（1）营造和谐的谈话氛围，明确面谈的目的不是追究责任，而是为了更好地改进工作。

（2）明确此次面谈的目的。

（3）根据目标和标准逐一讨论，进行绩效评估，并说明考核的依据，一切要以"数据"说话。

（4）肯定员工的优点，提出有待改进的地方。

（5）面谈是一个双向沟通的过程，在沟通过程中要学会倾听。

（6）勿将考核结果与工资混为一谈。

（7）避免算旧账。

（8）不要与他人做比较。

（9）给予员工发言的机会，不要制止员工发言。

（10）尽量不采用说教的方式。

（11）具体指出与你（主管）要求较接近的事例。

（12）面谈期间避免受其他因素干扰。

（13）谈话中心应始终围绕绩效本身。

（14）客观地向员工提出改进方法。

（15）让员工放眼于未来，制定新的工作（改进）目标。

（16）坚定员工的信心。

五、绩效考核结果的应用

（一）绩效改进

绩效改进是绩效管理工作中的重要环节。传统的绩效考核的目的是通过对员工的工作业绩进行评估，将评估结果作为确定员工薪酬、实施奖惩、进行晋升或降级的依据。而现代绩效考核的目的是不断提高员工的能力、持续改进员工绩效。

绩效改进的流程：首先，企业管理者分析员工的绩效考核结果，找出员工绩效中存在的问题；其次，企业管理者针对这些问题制定合理的绩效改进方案，并确保其能够有效地实施。要想做好绩效改进工作，企业管理者必须明确绩效改进的指导思想，这主要体现在以下几个方面。

（1）绩效改进是绩效考核的后续工作，所以绩效改进的出发点是对员工实际工作的考核，企业不能将这两个环节的工作分割。由于绩效考核强调的是人与标准比，而非人与人比，因此绩效改进的需求应该是在与标准比较的基础上确定的。绩效标准的确定应该是客观存在的，而不是主观臆造的，只有找到标准绩效与实际绩效之间的差距（而非员工与员工之间绩效的差距），才能确定绩效改进的需求。通过员工之间比较进行的考核，只能恶化员工之间的关系，增加员工对绩效考核的抵触情绪；而通过人与标准比较进行的考核，由于有了客观评判的标准，员工从心理上更能接受绩效管理，因为他们明白绩效管理的目的确实是为了改进他们的绩效。

（2）绩效改进必须自然地融入部门日常管理工作中，这样才有其存在的价值。绩效改进不是管理者的附加工作，也不是企业在特殊情况下追加给管理者的特殊任务，它应该成为管理者日常工作的一部分，管理者不应该把它当成一种负担，而应该把它看作是一项日常管理任务。当然，这种自然融入的达成，一方面有赖于优秀的企业文化对管理者和员工的理念灌输，使他们真正认可绩效改进的意义和价值；另一方面有赖于部门内双向沟通的制度化、规范化，这是做好绩效改进工作的制度基础。

（3）帮助员工改进绩效并提高其能力，与完成管理任务一样都是管理者所应承担的责任。管理者不应该以"没有时间和精力""绩效改进效果不明显"等理由来加以推脱。

（二）员工的职业生涯发展规划

企业应将绩效考核结果与员工的职业生涯发展规划结合起来，这样可以实现员工发展与部门发展的有机结合，达到本部门人力资源需求与员工职业生涯需求之间的平衡，营造一个高效率的工作环境。

良好的员工职业生涯发展规划能帮助企业吸引和留住员工。企业的人力资源部门应针对不同的员工制定不同的职业生涯发展规划，并定期与员工一起修正职业生涯发展规划，确保员工始终朝着正确的方向前进。例如，企业可以根据绩效考核结果实行岗位轮换制，这样既能做到人尽其才，物尽其用，又能提高员工的工作积极性，激发员工的潜能；反之，如果人力资源部门不注重员工的工作流动，不注重为员工提供创业的平台，没有绩效考核、激励机制来保证员工按业绩，也没有按贡献正常晋升、加薪等，就会严重挫伤员工的工作积极性，影响其工作业绩和效率。

绩效考核结果可以为员工的工作配置提供科学依据。工作配置分为晋升、工作轮换和淘汰三种形式。人力资源部门对员工进行绩效评估时，不能只评价员工目前的工作业绩，还要通过对员工能力的考察，进一步评估员工的潜力。对那些绩效与潜力双高的员工，企业可以通过晋升的方式给他们提供更大的舞台和施展才能的机会，帮助他们取得更大的业绩。对那些绩效不佳的员工，企业应该认真分析其绩效低的原因。如果是员工自身的素质和能力与现有的工作岗位不匹配，那么企业可以考虑对其进行工作调动和重新安排，以发挥其长处，帮助其提高业绩。如果是员工个人不努力工作、消极怠工，那么企业可以将其淘汰。需要注意的是，人力资源部门在淘汰业绩不佳的员工时要慎重，必须认真分析造成员工绩效不佳的具体原因，然后再做决定，且要控制好淘汰比例。

绩效考核结果还可以为企业对员工进行全面教育培训提供科学依据。企业要找到导致员工绩效低的原因，如果员工仅仅是因为缺乏完成工作所必需的技能和知识，那么企业可以通过对其进行培训来提高其知识与能力。依据绩效考核结果，员工可以清楚地看到自己当前的绩效与期望绩效之间的差距，找到造成差距的原因并据此制订绩效改进计划，而企业可以开发更有针对性的培训课程。

（三）薪酬奖励的分配

为了增强薪酬的激励作用，在员工的薪酬体系中有一部分报酬是与绩效挂钩的。对于从事不同工作的员工，这部分与绩效挂钩的报酬所占的比例是不同的。例如，销售人员的薪酬体系中绩效占据较大的比重，这主要是促使销售人员取得更高的绩效。而且，薪酬的调整往往是由绩效来决定的，如薪酬的涨幅是与绩效联系在一起的。一般来说，根据绩效考核结果发放薪酬有两种表现形式：一种是发放一次性的绩效工资或奖金；另一种是岗位工资基数的调整。

在分配薪酬奖励时要注意以下四个事项。

（1）利用绩效评估来实现激励，关键要看薪酬对努力的敏感度。

（2）当薪酬取决于员工的努力程度时，考核就会变得很重要了。

（3）对资深员工的考核应该基于工作业绩。

（4）薪酬奖励奖金的基本考核体系。

本章练习题

2006年某企业实行了企业工资与档案工资脱钩，与岗位、技能、贡献和效益挂钩的"一脱四挂钩"工资、奖金分配制度，该制度的内容如下。

一是以实现劳动价值为依据，确定岗位等级和分配标准，岗位等级和分配标准经职代会通过形成。企业将全部岗位划分为科研、管理和生产三大类，每类又划分出10多个等级，每个等级都有相应的工资和奖金分配标准。科研人员实行职称工资，管理人员实行职务工资，工人实行岗位技术工资；科研岗位的平均工资是管理岗位的2倍，是生产岗位的4倍。

二是以岗位性质和任务完成情况为依据。确定奖金分配数额。企业每年都会对在科研、管理和生产工作中具有突出贡献的员工给予重奖，奖金金额最高达80000元。从总体来看，该企业加大了奖金分配的力度，这样做的目的是进一步拉开薪酬差距。

该企业注重公平竞争，将此作为拉开薪酬差距的前提，如对科研人员实行职称聘任制，每年一聘。这样既稳定了科研人员队伍，又鼓励优秀人员脱颖而出，为企业的长远发展提供源源不断的支持。

请根据上述案例回答以下问题。

1. 上述案例中该企业的薪酬体系优势主要体现在哪些方面？

2. 你对完善该企业的薪酬体系有何建议？

第七章　教练式绩效管理

本章学习目标

  教练式绩效管理是传统绩效管理的承接与提高。本章首先说明了两者之间的差别，使读者对教练式绩效管理和绩效教练这一角色有整体的了解。同时本章详细讲述了教练式绩效管理的六个环节，并结合各个绩效管理环节的目标与任务，为管理者构建了清晰的教练式绩效管理流程，总结了有效的教练方法、工具和模型。通过对本章的学习，读者可以掌握教练式绩效管理的含义及方法，并能够将之应用于管理实践。

  教练式绩效管理是绩效管理的进阶内容。现如今，知识型员工越来越多，其工作能力和工作成果难以用绩效结果来衡量，同时运用传统的绩效管理模式缺乏与员工的深入沟通，难以激发员工的创新热情。教练式绩效管理改变了传统的绩效管理模式，更注重给予员工正向激励，更强调增强员工的责任感，从而引导员工自主地进行思考，激发他们的潜能。教练式绩效管理的核心是绩效教练，通过采用特定的沟通技术与引导方法，绩效教练能够穿针引线般地带动员工，促使其自发地提升自身绩效。需要注意的是，教练式绩效管理的成本较高，企业需要根据自身的需要和定位决定是否实施教练式绩效管理。

第一节　教练式绩效管理概论

  人才资源是提升组织效能的核心资源。随着市场环境的变化和知识型员工的增加，以往的管理模式难以达到充分唤起员工内动力、挖掘员工潜能、促进人才发展、提高企业绩效水平的效果，这就需要管理者转变管理思维，采用教练式绩效管理模式。

  在教练式绩效管理中，上级作为绩效教练，通过运用相关技巧让员工反映出其真实的工作情况，引导其制定合理的绩效目标和职业规划，并就其表现的有效性给予直接的反馈，促使其及时调整心态，以最佳的状态去创造成果。

  教练式绩效管理与传统绩效管理的区别主要体现在以下几个方面。

  （1）关系新。在教练式绩效管理模式中，员工与绩效教练（即直接上级）之间不再是严格的上下级关系，而是相互合作、相互信任的教练关系。绩效教练对员工不再是命令与权威，而是鼓励与支持。这种关系的改变有助于减少员工对绩效管理的抵触心理，有利于增强员工的主动性和工作热情，从而提升绩效管理效果，改善上下级关系，同心协力实现绩效目标。

  （2）立足点新。传统的绩效管理立足于业绩的增长，而教练式绩效管理追求的则是企业和员工的可持续性发展。因此，企业实施教练式绩效管理的目的在于挖掘员工的潜能，注重员工的能力发展和个人规划，力求在达成组织绩效的同时促进员工发展。

（3）关注点新。传统的绩效管理关注的是员工的行为，而教练式绩效管理更关注员工的思维方式和情绪。教练技术融合了神经系统科学、脑科学和心理学的知识，借助这些知识基础建立了很多有效的引导技术。教练通过一系列有方向性、有策略性的提问，洞悉被教练者的心智模式，厘清其情绪状态，向内挖掘潜能，向外发现可能性，使被教练者学会主动思考，认清目标，进行自我超越、自我突破，有效达成最终目标。

（4）方式新。传统的绩效管理方式是以问题为导向的告知或命令，直接上级向员工给出解决问题的方法，而绩效教练的管理方式是以目标为导向的引导，直接上级向员工进行有效的提问和倾听，引导员工自己找到解决问题的方法。

第二节　绩效教练介绍

一、什么是绩效教练

教练技术起源于体育界，随后其理念被企业界广泛应用。发展至今，教练技术被誉为具有革命性的管理理念。绩效教练将员工的潜能激发出来，帮助员工不断提升个人效能。

绩效教练相信每位员工都很优秀，他们有改变的能力，会为自己做出更好、更合适的选择，问题的关键在于他们的这些潜能能否被激发出来。因此，绩效教练认识到通常阻碍人们取得成功的不是外部障碍，而是人的心理障碍。

因此，绩效教练支持员工自我检视和成长，从拓宽人的信念和改变人的心态入手，运用各种教练技术，反映员工的真实状况，协助员工确定目标、制订计划，并唤起他们的内在动力，使他们立即采取行动，更有效、更快捷地达成目标。

二、绩效教练的能力素质

绩效教练应具备的能力如图 7-1 所示。

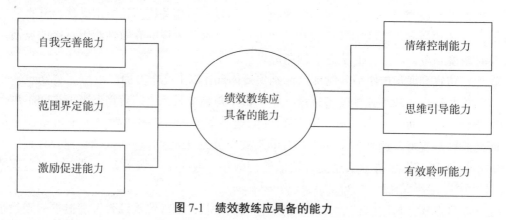

图 7-1　绩效教练应具备的能力

除此之外，绩效教练还需要拥有以下八种心智模式。

（1）没有任何两个个体是一样的。

（2）沟通的意义取决于对方的回应。

（3）有效果比正确与否更重要。

（4）凡事必然有至少三个解决方法。

（5）每个人都已经具备成功的能力和资源。

（6）最灵活的部分便是最能影响大局的部分。

（7）没有失败，只有反馈。

（8）对彼此和企业都有利的态度和行为是最好的行为。

三、教练技术的精髓

（一）提问

1. 为什么要提问

为什么说提问是教练技术的精髓呢？主要原因有以下几点。

（1）没有人比员工自己更了解自己。

（2）提问的方式有助于员工接受绩效教练。除了命令，教练应让员工自己主动去回答、去思考，尊重彼此的看法，这可以有效减少员工的抵触情绪，有助于提升反馈引导的效果。

（3）提问可以促使员工自主思考，锻炼他们的思维能力，提高他们解决问题的能力，有助于挖掘他们的潜能。

（4）让员工自己回答直接上级的提问，将产生让员工自己信服的答案，进而积极地将想法付诸行动，而不是被动地接受别人直接给出的答案。

（5）通过询问员工，直接上级会逐渐减少自我意识和掌控答案的欲望，开始真正倾听员工的想法。

2. 有效提问的特点

（1）使用开放式问题而非封闭式问题

开放式问题是以"是什么"或"如何"来开头，这种问题可以让员工进一步思考。而封闭性问题往往用"是"或"否"来回答，这样将局限员工的回答。

开放式问题可以分为探询式提问和自我发现性提问两种。探询式提问着眼于已发生的事实、行为和动机，如"你认为这次订单丢失的原因是什么"。自我发现性提问往往侧重于了解员工的想法和需求，引导他们学会思考和总结，它是着眼于将来的状态，如"要想争取更多的订单，你认为可以采取哪些措施"。

（2）避免建议性提问和诱导性提问

建议性提问是指在提问的同时给出解决问题的建议，如"你不能在采取行动前先征求上级的意见吗"。诱导性提问是指在提问时会将辅导对象引入期望的答案中，如"如何形容你当时的感觉，是灰心丧气吗"。这两种方式的提问都会融入上级的想法，影响着员工的回答。

（3）将"为什么"式的提问改为"是什么"式的提问

"为什么"式的提问会引起员工的反感，而"是什么"式的提问则更能得到真实、有效的反馈。

（4）要提问的五种问题

①资料性问题。目的是掌握员工的真实情况或者了解事情的实况。这种问题不宜问太多，因为过去不重要。

②信念性问题。目的是了解员工的信念、价值观、性格、心态和行为模式。

③启发性问题。目的是开阔员工的思路，激发员工自己思考，探索问题的解决方案，引导员工看到目标和可能性。

④挑战性问题。目的是让员工对未来发生的事情或未知的结果知道应该怎么做。

⑤计划性问题。目的是让员工将方案付诸实际行动，协助员工制订清晰的计划，并在规定的时间内完成该计划。

（5）多问几个"还有呢"的追问话语，引导员工找出更多的方案。

（二）倾听

1. 为什么要倾听

上级在与员工沟通时往往说得多、听得少，其实倾听是非常有必要的。首先，倾听能够使上级了解员工目前的工作情况；其次，倾听可以使上级听到员工话语背后的动机或者隐含的深层含义；最后，倾听可以拉近上级与员工之间的距离，使员工感到自己被尊重。

2. 有效倾听的技巧

（1）把员工看成是有能力的且能够自行解决问题的人，怀着这种信念去倾听的结果是员工会自己解决问题，并继续工作。

（2）倾听要求超越于细节之上，否则可能会困在细节当中，不能从全局把握事态。上级要时刻提醒自己关注最终目标，引导员工朝着这个目标前进，而不要被不重要的细节束缚住脚步。

（3）听取原本的事实，抛开个人情感和个人目的去倾听。

（4）避免选择性倾听。有时候上级在倾听员工说话前，可能已经在头脑中形成一定的期望和预测，这样在倾听过程中很可能会只听符合自己预期的话，从而产生错误导向，影响自己下一步的引导。

（5）上级可以通过"你是这样做的吗"来和员工确认自己听到的是否是事实。

（6）上级可以通过"你的看法是……""你真正想要的是……，对不对"来给予员工反馈。

四、教练式绩效管理的作用

（一）员工层面

1. 深度挖掘员工的潜能

不同于直接给出答案的方式，绩效教练通过有技巧的提问，可以引导员工主动思考，全面认识自身的能力，拓展思维，找出解决问题的方法，深度挖掘自身的潜能。

2.提升员工解决问题的能力

绩效教练通过多种教练技术引导员工从多个角度来自主思考问题，挖掘自身潜力以找到问题的解决方案，提升员工思考问题和解决问题的能力。

3.有助于员工的职业发展

绩效教练根据企业的职位阶梯和岗位说明书向员工展示清晰的职业发展空间，并帮助员工进行自我分析，规划出与其性格和能力发展相匹配的职位发展路径，利用金字塔模型制订清晰的职业发展计划，并为员工提供资源支持。

4.员工感到被尊重与认可

在教练式绩效管理中，绩效教练要给予员工足够的鼓励与支持，让员工感到平等与被重视。而且，员工在参与整个绩效管理的过程中可以提出自己的见解，与绩效教练进行双向沟通。

5.员工学会自我管理

在绩效教练的指导下，员工能够掌握一些教练技术，在日常工作和生活中可以担任自己的教练，进行有效的自我管理。

（二）管理者层面

1.降低管理难度

由于绩效教练管理模式倡导尊重、引导和激励员工，因此员工十分愿意配合，这将大大减少管理阻碍，使管理者更加顺畅地开展工作。

2.提升管理者的形象和地位

在教练式绩效管理中，上级与员工是相互信任的合作伙伴，这有助于提升上级在员工心目中的形象和地位。

3.提升管理能力

在实施教练式绩效管理的过程中，上级以不同的角色支持员工提升个人表现并达成目标，这就对上级的能力提出了更高的要求，因此绩效教练在日常工作中要不断地提升自己的各项能力，如沟通能力、学习能力和创新能力等。

（三）企业层面

1.提高企业生产率

绩效教练可以激发员工的主观能动性，提升员工的能力。国际人力管理协会的调查表明，传统的员工培训可提高22.4%的生产率，而结合教练活动的员工培训可提高88%的生产率。每位员工高效率地为企业创造财富，企业的生产率可获得大幅提升。

2.有助于建立持续化的学习型组织

策略性地运用教练技术，引导员工主动思考，充分授权与激励，能有效地为员工创造一个不断自我超越的学习空间，促使员工不断提升能力，使员工与企业共同成长，这对建立学习型组织、自我管理型团队起着推动作用。

3.提高员工对企业的忠诚度和满意度，减少人员流失

教练式绩效管理体现以人为本的理念，员工参与整个管理过程，并承担着主要角色，上

级则主要通过提问和倾听来引导员工，这样员工可以自由地表达个人观点，受到足够的重视。而且上级会因人而异地为每位员工提供教练帮助，为他们制定符合其自身情况的绩效计划或发展方案。教练式绩效管理可以使员工能力不断被挖掘，发展路径日渐清晰，而且可以有效地提升员工对企业的满意度，增强他们的忠诚度和归属感。

4.提高企业核心竞争力

教练式绩效管理通过完善员工的心智模式，做到"人职匹配、人尽其才、人爱其职"。企业的全体员工拥有共同的愿景，并能为实现这一愿景持续不断地学习，提高自己的能力，这将使企业形成强大的核心竞争力。

第三节　教练式绩效管理的过程

一、教练式绩效管理的六个环节

教练式绩效管理主要包括六个环节，即职能阶梯分析、绩效激励计划制订、绩效管理过程引导、绩效评估与面谈、绩效评估结果应用和职业发展辅导。这六个环节相辅相成，环环相扣，构成了一个完整的绩效系统（见图7-2）。

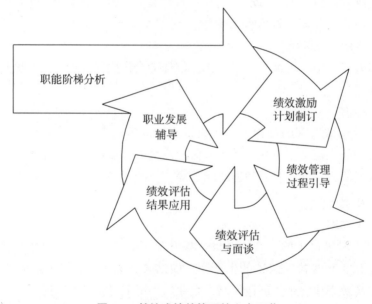

图7-2　教练式绩效管理的六个环节

1.职能阶梯分析

企业管理者根据企业战略和岗位情况进行岗位分析和岗位评估，并在此基础上制定清晰的职位阶梯和能力阶梯图。绩效教练将职能阶梯图展示给员工，运用绩效金字塔模型引导员工制定符合其自身实际能力的发展规划。

2. 绩效激励计划制订

绩效激励计划是指利用目标管理法和关键绩效指标法将企业目标与员工个人目标结合在一起。绩效教练利用有效的教练引导方法和对话模式，挖掘员工潜能，激发员工斗志，帮助员工制定符合其自身实际情况的绩效目标和计划，为整个绩效管理工作奠定良好的基础。

3. 绩效管理过程引导

绩效教练在绩效管理的过程中要对员工进行持续的反馈、引导与跟进评审。在此过程中，绩效教练要通过技巧性、策略性的提问和倾听，帮助员工解决问题，引导员工扬长避短，寻找可利用的资源，调整好心态，信心十足地朝着目标前进。

4. 绩效评估与面谈

绩效教练要提前做好绩效评估的准备工作，然后采用符合企业实际情况的评估方法对员工本周期的绩效表现做出客观、合理的评价。在评估结束后，绩效教练要就评估结果与员工进行绩效面谈。绩效教练要针对不同的员工采取不同的绩效面谈策略，从而有利于获得员工的理解和认可，激发员工的工作热情，指引员工调整行为争取更高的绩效。

5. 绩效评估结果应用

教练式绩效管理应用绩效评估结果衡量招聘效果，及时改进招聘环节；分配薪酬奖金，激励员工提升绩效；调整员工岗位，为员工选择更能充分发挥其才能的岗位。

6. 职业发展辅导

绩效教练根据员工工作业绩和个人能力的不同提供有针对性的发展辅导。对于可塑之才，绩效教练借助绩效诊断箱指导员工制定方案，以改善不当绩效行为。针对待造之才，绩效教练可以引导员工制订符合其发展需求的培训计划，以提升其技能。对放错位置的人才，绩效教练要充当镜子角色，通过提问使员工认清自我，找到适合自我发展的岗位。而对优异的明日之星，绩效教练要使用职业发展双轮矩阵指引员工制订职业晋升计划。

二、教练式绩效管理的沟通流程

对教练式绩效管理来说，沟通是重中之重。教练绩效管理中的沟通流程是传达公司目标与期望的关键通道，是提升员工效能的有效方式。有了这个通道，信息才能有效传播，各级主管与员工之间的共同语言平台才能稳固。在沟通流程管理中，各级主管和员工是沟通的主体，其中各级主管扮演着绩效教练的角色，而绩效管理部门（通常为人力资源管理部门）则提供全程支持。教练式绩效管理的沟通流程如图 7-3 所示。

（一）高层传达目标与重点

1. 人力资源管理部门向企业内的所有员工发出关于绩效评估与绩效计划的公告，公告中应说明以下三个事项。

（1）绩效评估与绩效计划的目的及引导原则。

（2）绩效教练与员工共同确定的沟通时间。

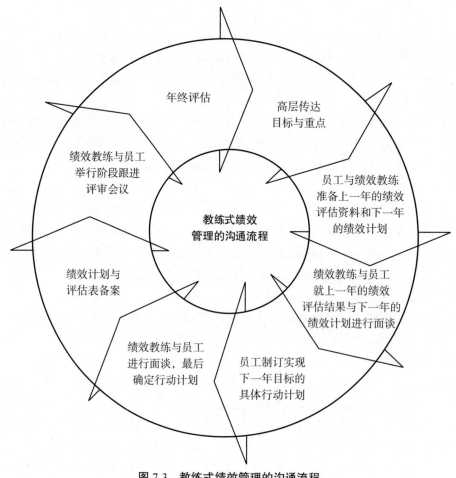

图 7-3 教练式绩效管理的沟通流程

（3）具体的归档（一般一式三份）与管理事宜（如投诉程序等）。

2. 各部门要分层提交各自的目标，公司领导确认问题后分层传达

（1）总经理（最高主管）与所有员工沟通公司在新的一年中的战略、经营目标和侧重点。

（2）各副总经理提交新的一年其所负责领域的目标，由总经理确认。

（3）各副总经理与所负责领域的主管沟通新的一年的部门目标。

（4）各部门主管提交新的一年的部门目标，由副总经理确认。

（5）各部门主管与部门所有员工沟通新的一年的部门目标。

（二）员工与绩效教练准备上一年的绩效评估资料和下一年的绩效计划

1. 绩效教练应完成的工作

（1）对员工在过去一年中目标的实现程度进行评估（包括回顾员工绩效表现记录、面谈记录、发展计划、报告与建议、评估日期和地点等）。

（2）评估员工绩效目标的实现程度，并确定下一年亟待优化的方面。

（3）根据公司或部门新的工作目标、员工原绩效目标的实现程度、员工目前的能力水平及相关的职位阶梯和能力阶梯图，为员工准备6～8个建议性的绩效目标（来自关键职位职责，及公司或部门的工作目标）和1个发展目标（来自关键职位职责，与技术技能相关的）。

2. 员工应完成的工作

（1）自我评估过去一年绩效目标的实现程度，并确定下一年亟待提高的方面。

（2）根据公司或部门或项目组的工作目标、自己的关键岗位职责、自己目前的任职能力及相关的职位阶梯和能力阶梯图，为自己准备6～8个建议性的绩效目标（来自关键职位职责，及公司或部门或项目组的工作目标）和1个发展目标（来自关键职位职责，与技术技能相关的）。

（三）绩效教练与员工就上一年的绩效评估结果与下一年的绩效计划进行面谈

1. 绩效教练要做好的工作

（1）绩效教练运用教练技术，就员工在过去一年中目标的完成情况与员工进行双向交流，并确定新的一年员工亟待优化的方面及方案。

（2）绩效教练对员工在过去一年中目标的实现程度确定最终评分，并签署评估表。

（3）绩效教练引导员工正确地认清自己，与员工就下一年的目标进行双向交流。

2. 员工要做好的工作

（1）总结自己在过去一年中目标的实现程度，并在绩效教练的引导下确定新的一年亟待优化的方面。

（2）与绩效教练一起就过去一年中目标的完成情况确定最终评分。

（3）提交自己为新的一年设定的目标，并与绩效教练展开讨论，在绩效教练有技巧的提问下分析目标的合理性和可行性，并最终确定目标。

（四）员工制订实现下一年目标的具体行动计划

（1）员工就每一个目标制订具体的行动计划。

（2）员工填写"绩效计划与评估表"（见表7-1）。

表7-1　绩效计划与评估表

绩效计划执行表				绩效评估
年度目标	评价标准	权重（%）	关键事件描述	评估结果
绩效目标1				• 杰出 • 超越目标 • 实现目标 • 实现部分目标 • 未实现目标

（续表）

绩效计划执行表			绩效评估
绩效目标 2			• 杰出 • 超越目标 • 实现目标 • 实现部分目标 • 未实现目标
绩效目标 3			• 杰出 • 超越目标 • 实现目标 • 实现部分目标 • 未实现目标
绩效目标 4			• 杰出 • 超越目标 • 实现目标 • 实现部分目标 • 未实现目标
发展目标 1			• 杰出 • 超越目标 • 实现目标 • 实现部分目标 • 未实现目标
发展目标 2			• 杰出 • 超越目标 • 实现目标 • 实现部分目标 • 未实现目标

注：年初制定本表，年末根据本表进行绩效评估。

（五）绩效教练与员工进行面谈，最后确定行动计划

（1）绩效教练就行动计划与员工进行沟通，运用各种教练会话技巧指导员工完善计划，并找到排除行动中可能出现的障碍的方法。

（2）在绩效教练的启发下，员工优化自己的行动计划。

（3）绩效教练与员工共同签署员工下一年的绩效计划与评估表。同时，绩效教练还要根据员工行为填写"跟踪评审表"（见表 7-2）。

表 7-2　跟踪评审表

年度目标： 1. 2. 3. 4. 5. 6.		计划：	障碍：	措施：
季/月度跟踪评审	第一季度	一月		
		二月		
		三月		
	第二季度	四月		
		五月		
		六月		
	第三季度	七月		
		八月		
		九月		
	第四季度	十月		
		十一月		
		十二月		

（六）绩效计划与评估表备案

（1）员工、绩效教练与人力资源部各保存一份上一年的员工绩效计划与评估表。

（2）员工、绩效教练与人力资源部各保存一份下一年的员工绩效计划与评估表。

（七）绩效教练与员工举行阶段跟进评审会议

1. 人力资源部向绩效教练与员工发出关于阶段跟进评审会议的备忘录

备忘录中应包含以下信息。

（1）提供阶段跟进会议的引导原则。

（2）确定阶段跟进会议的起始时间。

2. 绩效教练与员工进行跟进评审会谈

（1）绩效教练应提供正式的绩效反馈与引导。

（2）绩效教练与员工回顾目标的实现状况。

（3）绩效教练与员工共同探讨，发现偏差或需要更改的领域。

（4）员工在绩效教练的启发下制订行动计划。

（八）年终评估

（1）绩效教练与员工进行年终沟通。

（2）回顾各个季度、月度绩效事宜。

（3）讨论最后评价结果。

（4）按照前面的步骤，制订下一年度的绩效工作计划。

第四节　教练式绩效激励计划

绩效激励计划是绩效管理体系中的关键组成部分，也是实施绩效管理的具体执行方案。通过构建科学合理的绩效激励计划主干流程，可以在企业内部建立起一种高效的管理机制，有机地将股东利益和员工的个人利益整合在一起。教练式绩效沟通方式能引导员工自主学习，主动迎接挑战，制订出能充分发挥员工潜能的绩效激励计划，让员工的技能得到提升，在实现个人发展目标的同时产出高绩效，推动企业实现目标。

一、绩效激励目标的种类

教练式绩效管理强调以人为本的理念，重视员工的发展。因此，绩效激励目标分为两类，即绩效目标和发展目标。

1. 绩效目标

绩效目标集中于工作改进、工作创新、特殊项目及能够帮助实现部门目标的一些责任。它是由公司总目标层层分解到各级子公司及部门，最终落实到个人的目标。这些目标是岗位职责具体化和产出结果量化的表现。绩效激励计划制订的关键就在于寻求各级绩效目标之间的衔接点，使之环环相扣。绩效目标应具有一定的挑战性，以利于员工的发展。

2. 发展目标

发展目标注重员工的能力与行为发展，它需要与各岗位所需要的技术、技能相适应，并支持绩效目标的实现。这个目标强调的是与企业目标相一致的价值观、核心行为与能力表现。这些目标主要是岗位职责所要求行为与能力的具体化。

二、绩效激励计划的组成要素

绩效激励计划的组成要素如下。

1. 被考核者信息

考核者将被考核者的绩效激励计划及评估表格与其薪酬职级直接挂钩，便于了解其在公司中的职级及与之对应的薪酬结构。

2. 考核者信息

我们通过考核者信息，可以了解被考核者的直接负责人和管理部门。通常情况下，考核者是按业务管理权限来确定的，常常为上一级正职（或正职授权的副职）。

3. 关键职责

关键职责是设定绩效激励计划及评估内容的基本依据，是提供查阅、调整绩效计划及评估内容的基本参照信息。

4. 绩效激励计划及评估内容

绩效激励计划及评估内容包括关键绩效指标与工作目标完成效果评价两大部分。它们被用于全面衡量被考核者的重要工作成果，是绩效计划及评估表格的主体。

5. 权重

列出按绩效计划及评估内容划分的大类权重，以体现工作的可衡量性及对公司整体绩效的影响程度，并便于查看不同职位类型在大类权重设置上的规律及一致性。

6. 高效指标值的设定

关键绩效指标设定要符合 SMRAT 原则的高效目标值，以界定指标实际完成情况与指标所得绩效分值的对应关系。对工作目标设定的完成效果评价则主要按照工作目标设定中设置的评估标准及时间进行评价。

7. 绩效评估周期

绩效计划及评估表格原则上以年度为周期。针对某些特定职位，如销售人员、市场人员等，根据其职务及应完成的工作目标等具体工作特点，可以月度或季度为评估周期。

8. 能力发展计划

能力发展计划是根据员工所具备的技能，将企业对个人能力的要求落实到人，让员工明了为实现其绩效指标需要做出哪些努力。

三、绩效激励计划制订的原则

1. 价值驱动原则

绩效激励计划要与提升公司价值和追求股东回报最大化的宗旨相一致，突出以价值创造为核心的企业文化。

2. 与其他战略计划相匹配原则

在考核内容的选择和指标值的确定上，绩效激励计划要与公司总体战略规划、资本计划、经营预算计划和人力资源管理规划等紧密地联系在一起。

3. 突出重点原则

在设定关键绩效指标和工作目标时，要选择那些与公司价值关联度较大、与职位职责结合得更紧密的绩效指标和工作目标。

4. 可行性原则

关键绩效指标与工作目标一定是员工能够控制的，要界定在员工职责和权力控制的范围之内，否则难以实现绩效计划所要求的目标任务。

5. 全员参与原则

在绩效激励计划制订的过程中，要让员工、各级管理者和管理层参与进来。

6. 客观公正原则

要保持绩效的透明性，实施公平公正的、跨越公司等级的绩效审核和沟通，做到系统地、客观地评估绩效。

7. 综合平衡原则

通过合理分配关键绩效指标与工作目标完成效果评价的内容和权重，实现对职位全部重要职责的合理衡量。

8. 职位特色原则

绩效激励计划内容、形式的选择和目标的设定要充分考虑不同业务、不同部门中类似职位各自的特色和共性。

四、绩效激励计划制订的流程

1. 界定职位工作职责

在进行教练式绩效管理时，职位分析提供的信息可以作为绩效管理的主要参照内容。例如，职位描述中的工作职责与任务，它是进行绩效管理的基础和依据，把员工在一定时期内的实际工作结果与职位分析得出的该职位应产出的结果进行对比，就能得出该员工的绩效水平；职位分析中各项职责和任务所占的比重可以协助制定绩效指标的权重；职位分析得出的各层级职位所需的胜任条件，既是绩效教练辅导员工制定发展目标和发展计划的依据，又对员工具有指引作用。

2. 设定绩效指标和工作目标

企业内部不同职位的工作性质存在着很大的差异，并非所有职位都可以用量化的关键绩效指标来衡量。如职能部门，其不少工作内容属于管理职责，一般的描述都是定性的。因此，各级经理需要与被考核者沟通，结合企业发展战略、业务发展计划，针对被考核者的职位职责描述和工作性质，把一些具有长期性、过程性和辅助性的关键工作纳入工作目标评价，作为对关键绩效指标的一种重要补充和完善。

3. 分配指标权重

权重是绩效指标体系的重要组成部分，通过对每位被考核者所在职位性质、工作特点及对经营业务的控制和影响等因素的分析，确定每个指标及其在整个指标体系中的重要程度，赋予它们相应的权重，使考核相对科学合理。

4. 绩效教练引领员工确定目标指标值及行动计划

企业可根据已经批准的年度计划、财务预算及职位工作计划，提出引领性意见，经各级经理和员工共同商讨认同，按各级管理权限分别审核确认指标值。在确定指标值时，首先可参考过去类似指标在相同市场环境下完成的平均水平，并根据情况的变化予以调整；其次可参照一些国际指标、行业指标、技术指标和监管指标，从而确定合理的水平；再次应参考作为上级职位相关指标所设定的目标值，保证下级单位对上级单位目标值的分解；最后，应结合本企业战略的侧重点，服务于本企业关键经营目标的实现。

5. 检验指标的合理性

作为绩效计划设计结束前的关键一步，要从横、纵两个方面检查设计是否遵循了统一的标准。从横向上来看，应检查相同单位、职务的关键绩效指标与工作目标设定的选择和权重的分配等标准是否统一；从纵向上来看，应根据企业战略及业务计划、职位工作职责描述，检查各教练的考核指标是否进一步分解，能否保证企业整体发展战略目标和业务计划的实现。

6. 填写绩效激励计划表

在绩效教练的引导下，员工应该明确本绩效周期内应完成的绩效目标和行动计划，接下来需要将这些计划形成书面文本，即签订绩效激励计划表。绩效激励计划表签订后需要绩效教练进行审核。

表 7-3 为绩效教练引领经营计划部经理制定的以平衡记分法为基础的绩效激励计划表。

表 7-3　经营计划部经理的绩效激励计划表

被教练者		所在职位		填写日期			
绩效教练		所在职位		评估周期			
指标类别	指标名称	权重	指标说明与计算方法	目标值	行动计划	考核周期	数据来源
财务（25%）	合同回款率	15%	按时到账金额 / 应到金额	不低于 95%		月度	财务部
	部门费用控制	10%	费用按预算执行情况：（实际费用－预算费用）/ 预算费用 × 100%	不超过 5%		月度	财务部
管理流程（40%）	市场开拓计划	5%	计划是否明确、有效	不低于 50%		年度	经营计划部
	方案和建议的有效性	10%	方案和建议被采纳的情况：被采纳的方案和建议数 / 提出的方案和建议总数	不低于 70%		年度	经营计划部
	经营计划完成率	10%	计划的实现情况：本期已完成工作量 / 本期计划工作量	不低于 95%		年度	经营计划部
	项目完成进度	10%	项目按计划完成进展情况（项目考核表——是否按合同要求）	不低于 90%		月度	经营计划部
	供方名录、文档完整率	5%	文档管理的规范情况——内部审计报告	不低于 90%		年度	经营计划部
客户（20%）	内部客户满意度	10%	公司各部门、分支机构的综合满意程度指数：客户满意度调查表	不低于 80%		年度	人力资源部
	外部客户满意度	10%	外部客户的综合满意程度指数：客户满意度调查表	不低于 80%		年度	质保部
员工（15%）	部门员工满意度	5%	本部门员工对工作的满意程度指数：员工满意度调查问卷	不低于 80%		年度	人力资源部
	部门关键员工的培养	5%	关键员工每年参加培训时数	不少于 40 小时（年度·人）		年度	人力资源部
	个人能力提高和自我学习计划	5%	计划的实现程度：本期已实现的学习项目 / 本期计划的学习项目	不低于 80%		年度	人力资源部

（续表）

	员工本人签字：
绩效教练审批：	
	签字：
备注：	

第五节　教练式绩效管理过程引导

教练式绩效管理过程中持续地反馈、引导与跟进评审，是对员工绩效表现不断进行讨论和评价的过程。在此过程中，绩效教练要注意观察员工的绩效行为，及时与员工沟通、交流，及早发现绩效问题，优化员工行为，促使员工高效完成绩效计划，推动企业战略目标顺利达成。

绩效反馈与引导的流程如图 7-4 所示。

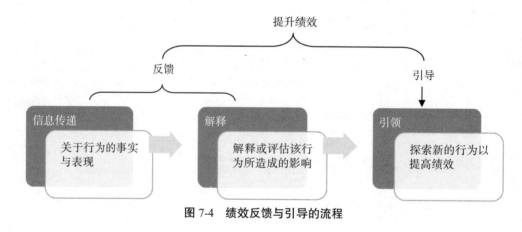

图 7-4　绩效反馈与引导的流程

一、绩效反馈

绩效反馈是指绩效教练对员工阶段性的绩效表现，以及绩效教练提出的问题和建议，予以有效回复，以使员工充分发挥自身优势，提升自己的业绩水平，有助于提高员工的满意度。

（一）反馈的原则

组织内存在职位分工和专业化程度的差异，所以在绩效教练与员工之间存在着信息不对称的情况。为了不断提升员工关注的层级，努力实现组织内评估双方的信息均衡分布，绩效教练与员工之间进行反馈沟通应该是经常的、及时的，并应该遵循新的 SMART 原则。SMART 原则的具体内容如下。

1. S（Specific）即具体的

面谈要直接而具体，不能做泛泛的、抽象的、一般性评价。对绩效教练来说，不论是赞扬还是批评，都应有具体客观的结果或事实作为依据，使员工明白哪些方面做得好，哪些方面还有待改进与提高。如果员工对反馈的内容有异议，可以向绩效教练进行申辩或解释，但也要有客观的事实作为依据。只有双方交流的是具体、准确的事实，回馈才是有效的。

2. M（Motivate）即激励

面谈是一种双向的沟通，为了获得对方的真实想法，绩效教练要激励员工多发言，充分表达自己的观点。绩效教练不应打断员工的话，对员工好的建议应给予肯定，共同制定双方发展、改进的目标。

3. A（Action）即行动

绩效反馈面谈中涉及的是工作绩效，是工作中的一些事实表现，需要讨论员工是怎么做的、采取了哪些行动与对策、效果如何，而不应讨论员工的性格等。员工的优点与不足都是在工作完成中体现出来的。性格特点本身没有优劣好坏之分，不应作为评估绩效的依据。对于关键性的影响绩效的性格特征需要指出来，但不应将它作为指责的焦点。

4. R（Reason）即原因

在面谈的过程中，绩效教练要指出员工在工作中的不足之处，但不需要批评，而应立足于帮助员工改进不足，找到绩效目标未达成的原因。绩效教练要从了解员工工作中的实际情形和困难入手，分析员工绩效目标未达成的原因，并给以辅助、建议，这样员工更乐于接受。

5. T（Trust）即信任

信任是交流的基础，缺乏信任的面谈会使双方都感到紧张、烦躁，不能敞开心扉地交谈。反馈面谈是绩效教练与员工的一个双向沟通过程，若想使双方达成共识，就要建立彼此相互信任的关系。绩效教练应多听员工的想法与观点，尊重员工；同时多站在员工的角度思考问题，勇于承认自己在工作中的失误，以赢得员工的理解与信任。

（二）绩效反馈的方法

1. SAFE 反馈法

绩效反馈通常分为纠正性反馈和正面反馈两种方法。运用SAFE反馈法进行纠正性反馈，可减少员工对负面信息的抵触心理，提升其改善行为的主动性。运用 SAFE 反馈法进行正面反馈，可以让员工感受到上级对自己的重视，增加其工作的安全感和积极性。SAFE 反馈法的具体内容如下。

（1）具体行为（Specific Behavior）。描述具体、明确的行为表现或事件。

（2）影响（Affect）。阐述该行为的结果及其产生的积极影响或消极影响。

（3）处理方法（Find Solutions）。如果是正向行为，要找到让员工发挥更大作用的方法；如果是负向行为，要找出改善或补救的方法。

（4）鼓励成功（Encourage Them to Succeed）。以积极的方式结束谈话，让员工了解行为改善后的积极效果，鼓励员工继续努力，并表达出对员工成功的期待。

2. 汉堡法

汉堡法主要用于纠正性的反馈过程，该过程的结构与汉堡结构非常相似，所以命名为"汉堡法"。在绩效反馈开始时，绩效教练不直接对员工的错误行为进行批评，否则会引起员工的抵触情绪，而是先对员工进行表扬，对他的优秀行为给予肯定，然后指出员工需要改进和提升的一些行为表现，并与员工共同探讨改进措施，即在底层面包上加上馅料。最后，以肯定和支持的话语结束谈话，绩效教练要表示出自己对员工的期望和信心，即在馅料上加上层面包。把对错误行为的反馈放在汉堡的中间部分，这有助于员工接受和承认负面信息，让员工感到自己被尊重、被重视，进而主动地改善错误行为，提升绩效。绩效反馈的关键在于绩效教练能切实地帮助员工改进绩效，而不是揪住员工的错误不放。

二、绩效引导

（一）绩效引导的频次

绩效引导的频次主要受以下几个因素的影响。

（1）问题多少或情况的性质。

（2）被引导员工的经验与接受程度。

（3）被引导员工的技能发展状况。

（4）被引导员工的在岗时间长短。

（5）被引导员工的工作表现的变化。

（二）绩效引导的方式

在实际工作中，针对不同的员工，绩效引导的内容和方式也不同。

（1）如果被引领者是新手，此时绩效教练要帮助其寻找解决问题的办法。

（2）如果被引领者自己能够理解信息、自己做出判断，但在寻找解决方案方面需要寻求帮助，在此情况下，绩效教练应通过询问或提示的方式协助员工寻找问题的解决方案。

（3）如果被引领者对工作很熟练，同时自己能够对信息做出判断，并能找到问题的解决方案，此时绩效教练应通过授权与激励让员工产生自豪感。

（4）如果被引领者没有意识到自己的行为所产生的影响，此时绩效教练要做好以下工作。

① 向员工解释其所观察到的行为。一旦员工明白了，他自己可能就知道应该做什么了。

② 如果员工意识不到自己的错误行为，那么绩效教练就要用相关引导方法给予员工帮助。

（三）绩效引导过程将工作分成阶段进行

（1）将工作分成若干阶段，避免不同层面的问题交叉。

（2）每个阶段的内容不能过多或过少，要确保内容清晰并含有相关事例。

（3）使员工循序渐进、分阶段吸收。

（4）每个阶段之间要留有时间，以确认员工是否真正理解。

（5）列出每个阶段的重要事项，并进行重点强调。

（四）绩效引导的流程

绩效引导的流程如图 7-5 所示。

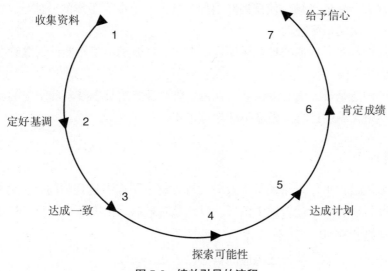

图 7-5　绩效引导的流程

1. 收集资料

（1）事先准备好有关员工岗位职责、目标等资料。

（2）对各个阶段的面谈信息进行汇总。

（3）撰写面谈大纲。

2. 定好基调

（1）与员工确认面谈的时间、地点。

（2）让员工大致了解面谈将要讨论的主题内容。

（3）让员工清楚你能为他提供哪些帮助。

3. 达成一致

（1）在继续讨论之前就现状达成一致，实际上是创造一个对问题表达不同看法的机会。

（2）保证双方理解的是相同的信息。

（3）目标是保证双方都认识到对现状采取一些行动的必要性。

4. 探索可能性

（1）提出开放式问题，鼓励交换各自的看法。

（2）注意聆听，然后表达个人看法。

（3）探索新的行为，以达到期望的结果。

5. 达成计划

（1）决定未来的行动步骤。

（2）怎样衡量各个阶段的结果。

（3）需要何种资源的支持。

（4）具体安排跟进评估的时间。

6. 肯定成绩

（1）通过双方不断地接触，使反馈和引导自然而然地成为工作的一部分，而不是年度绩效评估中的一年一次的最终行为。

（2）每次反馈都要对员工的现有成绩表示肯定，并鼓励员工按照计划继续执行。

7. 给予信心

（1）双方的沟通是员工信心的保证。在每个阶段都要给员工鼓励和坚定的支持。

（2）工作尽量按季度进行，最多不能超过半年。

三、跟进评审

持续的绩效跟进评审可以帮助员工及时发现并解决工作中遇到的问题。另外，绩效跟进评审还可以判断行动与目标是否发生偏离，以便及时采取纠正措施，回归目标正轨。

（一）季度跟进评审的前期工作

在季度跟进评审之前，绩效教练应问自己以下几个问题。

（1）我是否有关于该员工绩效的足够的信息？

① 如果还没有，我应该从何处获得？

② 我是否清楚员工的目标是什么？该目标完成的程度和过程如何？

③ 员工的强项和弱项（需要发展的领域）是什么？

（2）我是否清楚了解员工绩效的结果 / 后果？它能否清楚地表达出来？

（3）员工可能会提出什么问题？我能否回答或提供引领？

（4）与员工谈话期望看到的结果是什么？

（二）跟进评审的步骤

以季度跟进评审为例，其步骤如图 7-6 所示。

图 7-6 跟进评审步骤

首先，绩效教练与员工共同回顾员工的年度个人绩效、发展目标及行动计划，总结其中的成果。绩效教练要围绕"你取得了什么成绩""是什么使你取得了进步""哪些因素影响了你实现目标""哪些目标的实现还有新方法"等方面进行提问。其次，绩效教练按照员工填写的"跟踪评审表"，与员工共同分析其成绩及其与目标之间的偏差，发现并讨论存在的问题。再次，绩效教练与员工共同总结经验，分析偏差的原因，寻找对应的解决方案。在分析偏差的原因时可使用鱼骨图法，从人（指人的动机、素质能力及愿望方面的原因）、机（指设备工具方面的内容）、料（指工作的输入方面的原因）、法（指方法使用方面的原因）、环（指工作的外部环境方面的可控或不可控因素）这五个方面进行分析。最后，绩效教练与员工共同制订新的跟进计划，跟进员工新的表现行为和绩效结果。

第六节　教练式绩效评估

一、绩效评估

在绩效评估的过程中，员工和绩效教练根据绩效计划设定阶段目标，同时绩效教练要评估并总结员工的实际绩效和工作情况。

二、绩效面谈

在教练式绩效管理中，绩效教练与员工就员工的表现进行绩效面谈尤为重要。

（一）绩效面谈的目标

（1）指出员工需要优化的方面。

（2）帮助员工分析绩效低的原因。

（3）就员工的表现达成一致的看法。

（4）协商制订绩效改进计划。

（5）绩效教练对员工提出希望，确定下次面谈的时间及内容。

（二）绩效面谈的实施流程

1.准备阶段

（1）员工收集所有的材料和表格

① 关于工作表现的记录。

② 别人对员工的评价。

③ 岗位说明书。

④ 年初设定的工作目标。

（2）选择环境安静的谈话地点

① 单独的一间办公室是最理想的地方。

② 保持室内的干净、整齐。

③ 注意双方座位的摆放方式，最好是并排向内倾斜 30 度摆放。

（3）确定谈话的时间

提前通知员工谈话的时间，并告知员工此次面谈的目的。

（4）准备面谈提纲

① 如何开场。

② 怎样指出员工需要优化的方面。

③ 怎样提出绩效改进计划。

④ 如何表达对员工的期望。

⑤ 员工有不同看法怎么办。

⑥ 怎样让员工表达个人想法。

2. 实施阶段

（1）明确面谈的目的和程序。

（2）员工根据年初设定的工作计划目标简单汇报一下一年的工作

① 注意倾听。

② 实事求是。

③ 澄清不清楚之处。

④ 总结和反馈。

（3）绩效教练对员工一年的工作绩效加以定性或定量的评估

① 以年度工作目标为依据。

② 举例说明你希望讨论的要点。

③ 提出从其他经理和客户处得到的反馈。

（4）双方商讨绩效中潜在的可改进之处

① 确定改进绩效所需要的知识、技能。

② 确定任何需要改善的行为。

（5）确定行动计划

① 确认双方同意改善绩效的行为（包括培训、引领、新的经验等）。

② 互相理解和达成一致。

③ 对行动计划表现出兴趣。

（6）明确员工发展的需要及期望。

（7）填写"员工绩效评估表"。

（8）确定员工绩效考评等级。

（9）双方商讨下一年的工作计划和目标。

（10）确定下次面谈的时间、地点。

3. 汇总和评价阶段

（1）引导员工进行自我评估

绩效教练应引导员工学会自我评估和自主思考。绩效教练可以通过以下对话来引导员工对绩效面谈做出评估。

"你觉得这次面谈对你是否有帮助？"

"这次绩效面谈是否达到了你预期的目的？"

"你觉得在整个过程中你哪些方面做得不错？哪些方面需要继续改进？"

"用 10 分制打分的话，你对你在此次面谈中的表现打几分？"

"下次做出哪些改变能提高这个分数，使面谈效果更好？请说出具体的改善行为。"

（2）引导员工对绩效教练提出反馈意见

绩效面谈能否成功，主要取决于绩效教练的引导能力和水平，因此，引导员工提出反馈意见有助于绩效教练提升引导水平。

绩效教练引导员工对自身的辅导提出反馈建议的对话如下。

"我们现在做的是不是你最想得到的辅导帮助？"

"用 10 分制打分的话，你对此次面谈过程打多少分？"

"用 10 分制打分的话，你对这次辅导打多少分？"

"你认为此次面谈中我做得不错的地方有哪些？"

"你认为面谈时我需要调整的地方在哪里？"

"你觉得我怎样做才能增强面谈效果？"

"我想做一些适当的调整，让自己的风格更适合你，你有什么建议或要求？"

"每次辅导结束后你的精神状态如何？动力十足、信心满满，还是受到打击、不知所措。"

（3）绩效教练进行自省

每次面谈结束后，绩效教练都要进行自省，认真回顾刚才的谈话内容，并进行简短的评估，以便下次面谈的可以取其精华、去其糟粕，提高面谈效果。绩效教练可以问自己以下几个问题。

"这次面谈是否客观地反映了员工在上一个绩效周期的表现？"

"通过此次面谈，员工对未来的绩效目标和能力发展计划是否有了明确、清晰的认识？"

"用 10 分制打分的话，针对面谈提升员工效能、促进员工发展这一目的，我给自己打多少分？"

"在此次面谈的辅导过程中，哪些做法效果不错，可以推广开来？"

"今天的面谈我发现了哪些问题是需要以后调整注意的？"

"这次面谈谁说得较多？是否是充分的双向交流？"

"还要做哪些方面的激励？哪些问题还能探讨出更有价值的内容？"

"员工给我带来了哪些挑战？此次我应对得如何？下次应该怎样调整才能更好地应对这些挑战？"

"通过此次交流，我对员工有了哪些更深入的了解？针对所了解的这些情况，我应该做出哪些行动？"

"针对不同的员工，在面谈过程中我需要做哪些调整？"

"如何才能让员工更好地配合我进行绩效面谈？"

"通过此次面谈，员工是否斗志昂扬，准备积极努力实现下一个绩效目标？"

（三）绩效面谈的注意事项

（1）面谈是双向沟通的过程，倾听是沟通最好的方法。

（2）对照目标、标准逐一讨论，进行绩效评估，并说明考评分数的依据，一切以"数据"说话。

（3）肯定员工的优点，指出有待改善的不足之处。

（4）不要说教，列举出与你要求较为接近的事例。

（5）让员工把重点放在对未来的展望上，共同制定新的工作（改进）目标。

（6）避免算旧账。

（7）不要与他人做比较。

（8）给员工发言及说明的机会，不要制止员工发言。

（9）谈话应围绕绩效进行。

（10）谈话结束后，要给员工鼓励。

（11）一旦出现以下情况，应立即停止面谈

① 彼此缺乏信任。

② 教练或员工有急事要前往某处。

③ 到了下班时间。

④ 精力难以集中。

⑤ 预先设定的目标在谈话之前未能达成。

（四）绩效面谈的策略方法

1. 3F 倾听技术

在绩效面谈的过程中，绩效教练要倾听员工所说的话，这是绩效教练了解员工具体情况的有效途径。但很多刚刚做教练的主管不善于倾听，在交谈中很少留意员工说些什么，或不能在员工所说的话中捕捉到有价值的信息。在这种情况下，绩效教练可以通过运用 3F 倾听技术来了解员工的真实想法。

3F 倾听技术，即按事实（Fact）倾听、进行感觉（Feel）倾听和聚焦（Focus）倾听。事实倾听是指当对方说话时不要基于你个人的想法做出判断，要听取事实的本源，把注意力放在事实上，不要加入自己的主观想法。感觉倾听是指要仔细倾听，并找到对方的情绪状态，告知对方这个情绪状态是什么。聚焦倾听是指把焦点放在对方身上，识别出对方真正的想法是什么，以及这个期望背后的真实意图，并向对方反馈。

一般来说，主管更多地关注员工身上的不足之处，也就是关注员工必须在哪些方面做出改正。其实，好的教练应该倾听并识别出对方的优点，帮助对方提高并充分利用自己的长处，这样才能使员工获得转变的动力。

2. 80/20 法则

绩效教练与员工进行绩效面谈时应遵循 80/20 法则，即 80% 的时间留给员工，20% 的时

间留给自己，而自己在这 20% 的时间内，有 80% 的时间在发问，20% 的时间用于指导、提建议。教练要多提问题，引导员工自主思考和解决问题，让员工自己评价工作进展，而不是发号施令，或是告诉员工应该怎么去做。这样既可以充分了解员工的真实情况，又可以调动员工的主动性，充分激发员工的潜能。

本章练习题

假设你是某公司的总经理，马部长是你一手提拔上来的研发部部长。你认为马部长是个人难得的人才，专业知识丰富，研发技术一流，凭借他的才干和经验，担任这个部门的部长非常合适。事实上，自马部长担任部长后，其绩效考评结果一直都不高，马部长也开始怀疑自己的能力。经过仔细思考，你认为马部长可能并不适合高层管理工作，于是决定运用教练技术重新为他做一次职业发展辅导，帮助他确立正确的发展方向。请根据上述情景进行模拟练习，并填写"练习记录表"。

练习记录表

教练者		被教练者		练习日期	
练习过程记录					
练习内容					所用时间
1.					
2.					
3.					
4.					
收获：					
表现优异之处：					
有待改进的地方和改进计划：					
新的想法或观点：					

第八章　培训与开发

本章学习目标

本章介绍了培训的类型及各类培训方法的优点和缺点，以及如何设置一套完整的培训流程，并选择合适的方法组织人员进行培训，从而帮助企业在实际工作中有效地实施培训计划。通过本章的学习，读者对培训的流程有了整体的了解，可以据此设计一套完整的培训流程。

培训与开发是提升员工能力的两种方式，但二者的目的不同。培训着眼于现在，通过提高员工的知识和技能，以满足职位要求，最典型的培训是新员工培训。开发着眼于未来，是对员工的潜能进行开发。无论采用哪种方式，其实施步骤都是遵循需求分析—计划制订—计划执行—效果评估这一流程展开的。企业在进行实际的培训过程中要注意，不同的培训方法针对的对象不同，且各有利弊，合理运用各种方法才能不断地提高员工的技能和管理能力，从而提高企业整体的竞争力。

第一节　培训与开发的相关概念

一、培训与开发的定义与作用

培训与开发既相互联系又有所区别。培训是指企业通过一定的方法，使员工在知识、技能、态度、行为，甚至动机、能力等方面得到提高，以保证员工能够预期完成所要承担或将要承担的工作和任务。开发是依据员工需求与组织发展要求，对员工的潜能开发与职业发展进行系统设计与规划的过程。培训与开发的联系与区别如表 8-1 所示。

表 8-1　培训与开发的联系与区别

方式		培训	开发
联系		最终目的都是提高劳动者的能力和技术，从而满足企业的需要，达到双赢	
区别	目的	短期的绩效改进	未来予以重任
	关注焦点	目前的工作	未来的工作
	培训时长	短期	长期
	范围	小	大
	参与方式	强制参加	自愿参加

虽然培训与开发既有联系又有区别，但二者的最终目的都是通过提升员工的能力实现员工与企业的共同成长。在实践中，我们往往不会对培训和开发做严格的区分。培训与开发对于企业的意义并不局限于对员工技能与能力的培养，两者更是深化组织发展、推行企业管理行为与文化实践的重要内容，同时开发对激励和留住员工也有一定的积极作用。

二、培训与开发的意义

1. 调整员工素质与职位要求的矛盾

随着信息化时代的到来，人类社会进入高速发展的时代，各种技术手段和商业模式的更迭对人员素质提出了更高的要求，具体来说就是各职位对工作人员的智力素质和非智力素质的要求都在提高。"蓝领"的比例在不断下降，"白领"的比例在不断上升。为了解决较低的人员素质与不断提高的职位要求这一矛盾，培训与开发就显得尤为重要。通过必要的培训可以使员工更新观念、增长知识、提高能力，最终适应新的职位要求，更好地在公司中展现自己的价值。

2. 培养优质人才

在信息化时代，大部分传统企业都面临着转型、改革的难题，继续坚持传统的理念往往会导致企业走向衰落，因此企业急需依靠优秀人才进行创新，探索新的发展方向。从外部招聘的人才往往对企业的实际情况不了解，企业需要对现有的潜力员工进行培训与开发，对各层次的人才进行培养。

3. 调动员工的积极性

组织中的人员因其学历、背景、个性的不同而有不同的需求。越是高层次的人才，他们越希望不断地充实自己、完善自己，以充分发掘自身的潜力。在组织中得到锻炼和成长，已成为人们择业的重要标准之一。企业如能满足员工的自我实现需要，就能激发员工深刻而又持久的工作动力，提高员工工作满意度，从而达到激励、留住员工的目的。

4. 建立优秀的组织文化

在激烈的市场竞争中，越来越多的企业家发现文化因素的重要作用。培训作为建设企业文化的重要环节，在培训过程中宣传、讲解和强化企业文化，能够有效地提高组织的凝聚力和向心力，使企业在竞争中取得优势。

三、培训与开发体系的建立

1. 依据企业战略确定培训开发策略

企业战略是组织进行培训与开发体系设计的出发点和中心点，组织进行培训与开发的流程如图 8-1 所示。企业未来战略与人力资源现状之间总是存在一定的差距，因为企业在制定战略目标时，一般都是机会导向，主要按照市场竞争的要求和压力设定战略目标，而此时，人力资源部门就需要按照战略目标培养所需的人才。以企业战略作为培训出发点有以下意义。

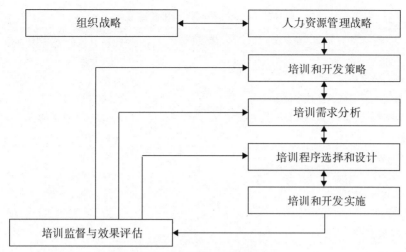

图 8-1　培训与开发的流程

（1）从企业的战略目标出发，满足企业未来发展的需要

战略决定了培训工作的方向和目标，是企业一切管理活动的纲领，培训工作也不例外。为有效落实和执行企业的战略目标，企业必须有计划地在未来特定的时间节点完成必要的能力配置，以匹配战略要求。另外，在战略执行过程中充满了变数，只有对培训不断地进行完善才能保持解决问题的效率与效果，这都要求培训工作必须围绕战略进行。

（2）提高企业的核心竞争力

企业的核心竞争力是指能够为企业带来比较具有竞争优势的资源。企业的发展环境是不断变化的，企业核心竞争力的构建是一个动态演变的过程。企业在某一时点、某一具体的市场环境下所具有的核心竞争力和竞争优势，会随着时间的推移发生改变。只有基于战略的培训体系才能不断强化企业的核心竞争力，即通过具有企业特点的战略性员工培训，使员工不断摆脱原有经验与观念的束缚，不断提高自己的技能，不断转换自己的思想，从而形成企业核心竞争力的源泉。

（3）基于战略开展培训才能最大限度地发挥培训的价值

培训的本质是通过弥补员工素质能力的缺口，保持、提升组织的绩效，进而达成设定的战略目标。如果以员工达到岗位技能要求为目标，则企业最多只能保证生存，而将长远的战略目标作为企业的能力缺口，则会给企业发展带来强劲的动力。开展具有战略导向的员工培训的意义在于克服应急性培训、盲目跟风式培训等培训工作中的无序和紊乱，提高培训效率。

2. 企业战略与培训策略的匹配

不同的企业战略对组织进行培训与开发的要求不同，这是因为不同的企业，其战略要求不同，要达到这些要求，需要员工拥有的能力也不尽相同。除此之外，不同的企业战略还会影响培训的类型（个体、团队、特定群体、全体员工），数量及培训所需要的资源（资金、培训者的时间、培训项目开发）等方面。具体的匹配如表 8-2 所示。

表 8-2　企业战略与培训策略的匹配

战略类型	战略要求	关键事项	培训重点
集中战略	· 提高产品质量 · 提高生产率或革新技术流程 · 按需制造产品或提供服务	· 技术交流 · 现有劳动力的开发	· 团队建设 · 交叉培训 · 特殊项目培训 · 人际交往技能培训 · 在职培训
内部成长战略	· 销售现有产品 / 增加分销渠道 · 拓展全球市场 · 调整现有产品 · 创造新的或不同的产品 · 通过合作发展壮大	· 制定新的工作任务 · 技术革新	· 文化培训 · 培养创造性思维和分析能力 · 工作中的技术能力 · 对管理者进行的反馈与沟通方面的培训 · 冲突调和技巧培训
外部成长战略	· 横向联合 · 纵向联合	· 整合 · 富裕人员 · 重组	· 判断被兼并公司的员工的能力 · 整合培训系统 · 公司重组的方法和程序 · 团队建设
紧缩投资战略	· 降低成本 · 创造利润 · 重新制定目标	· 效率 · 裁员与分流	· 管理变革、目标设置、时间管理、压力管理和交叉培训 · 领导力技能培训 · 人际沟通方面的培训 · 寻找工作技能的培训

四、培训的类别

培训的类别如表 8-3 所示。

表 8-3　培训的类别

分类标准	培训类别		培训重点
培训对象	参加培训的人员	高层管理人员	培养新思想、新观念
		中层管理人员	个人能力素质培养，兼顾企业战略规划
		普通员工	专业技能，兼顾企业文化的培养
		工人	加强安全教育和员工技能培训，以提高职业素质
培训方式	在职培训		提升员工理念、人际交往和专业技术能力
	脱产培训		履行职务所必须具备的知识和技能
培训内容	知识培训		专业知识积累
	态度培训		信任、忠诚度
	心理培训		激发员工的潜能
	观念培训		更新思想，更好发展
	技能培训		规范工作技能

（续表）

分类标准	培训类别	培训重点
培训主体	内部培训	培训的内容贴近企业的实际需求
	外部培训	培训内容多样

1. 培训对象

根据参加培训的人员不同，可以分为高层管理人员培训、中层管理人员培训、普通员工培训和工人培训。针对不同的受训对象，企业应设计相应的培训方式和内容。一般来说，对于高层管理人员，以培养新思想和新观念为主，应聘请国内外知名的管理专家、知名学者等作为培训讲师，同时一次性参与培训的人数不宜过多，单次时间不宜过长。对于中层管理人员，应注重其个人能力素质的培训，如人际交往能力、管理能力、协调能力等，同时兼顾企业的战略规划内容。对于这类培训，参训规模可以适当扩大，培训时间可以延长，可采用演讲、讨论及报告等方式，通过互动增加学习效果，培训讲师既可以是企业内部的高层领导也可以从外部聘请。对于普通员工，企业需要加强其专业技能的培养，以提高技能为主，兼顾企业文化的培养。对于工人，企业需要加强安全教育和技能培训，以提高他们的职业素养。对于普通员工和工人的培训，培训讲师可以是企业内部优秀员工，也可以是外聘的讲师。

除此之外，企业还可以根据人员的数量对培训进行分类，即分为大班培训、小班培训和个体培训。大班培训以基础性、公共性较强的知识内容为主，如企业文化、新员工培训等。大班培训的优点是可以降低培训成本，减少培训时长。小班培训以专业知识和技能培训为主，因为各个部门的工作内容不同，员工所需要的知识和技能也不尽相同，所以小班培训的方式较为适合部门培训。个体培训主要是针对特殊员工进行培训，如高层领导、核心员工等，培训的内容主要是针对培训对象的个人需求来制定。

2. 培训方式

培训方式主要有在职培训和脱产培训两种。在职培训又称在岗培训，是指员工在不离开工作岗位的情况下接受的培训；脱产培训是指员工在离开工作岗位的情况下接受的培训。具体来说，在职培训的方式有工作教导、工作轮调、工作见习和工作指派等，这种培训方式较为灵活，时间并不固定，对提升员工理念、人际交往和专业技术能力具有良好的效果，而且培训成本低。脱产培训则需要员工到专门的培训现场接受履行职务所必需的知识、技能和态度的培训，一般采取参加研讨会、出国进修、到优秀企业参观考察等形式，这种培训成本高，但培训效果好。

脱产培训和在职培训各有各的特点。一般来说，脱产培训不易大规模、大范围使用，而当企业需要尽快取得效果时，也不宜采用在职培训。因此，将在职培训和脱产培训结合起来使用，可以起到良好的培训效果。

3. 培训内容

从培训的内容和目的的角度来看，培训主要包括知识、态度、心理、观念和技能五种。知识培训能够使员工储备必要的专业知识；态度培训能够使员工端正工作态度，以适应组织的发展，使员工彼此之间更加信任，对组织的忠诚度更高；心理培训能够促使员工更好地发挥个人潜能；观念培训可以帮助员工创新思维，以寻求更好的发展；技能培训可以提升员工的工作技能。

4. 培训主体

从培训实施主体来看，可分为内部培训和外部培训两种。内部培训的培训讲师来自企业内部，这种培训方式可以帮助企业节省培训成本，同时培训内容更加符合企业的实际。外部培训的培训讲师来自企业外部，即聘用企业外部的管理人员、学者到企业为员工开展培训，采用这种培训方式，培训内容会更加丰富。

第二节　培训体系的构建流程

培训体系的构建流程通常包括分析培训需求、制订培训计划、组织实施培训活动和评估培训效果四个环节，具体如图 8-2 所示。为了方便操作，企业通常将分析培训需求与制订培训计划两个环节同时进行，有时候会在分析培训需求阶段就开始组织评估培训效果了。比如说，在确定培训需求之后，可以就培训的目的、内容及对象进行评估，从一开始就能够确保培训效果。

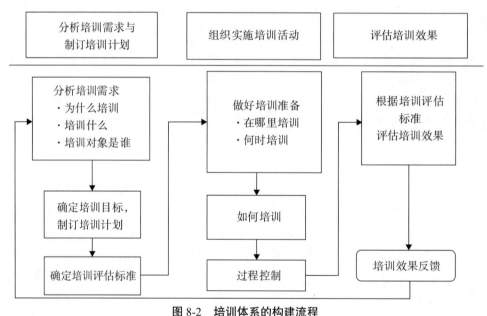

图 8-2　培训体系的构建流程

一、分析培训需求

培训需求分析是指针对培训对象及其服务客户、上司、下属及同事的培训需求进行分析。这样做的目的是了解通过开展培训能否满足这些需求，以及采用哪种培训方式可以满足这些需求。

1. 培训需求分析的来源

培训需求分析是整个培训开发工作流程的出发点，其直接决定着整个培训工作的有效性。企业在进行培训需求分析时，要从表 8-4 所示的几个方面来考虑。

表 8-4　培训需求分析来源

项目	分析着眼点	对于培训的意义
企业发展战略分析	员工知识技能水平及培训现状	对培训需求形成大致的判断，为确定培训经费的预算及培训重点提供依据
	组织氛围（缺勤率、劳动生产率和员工满意度）	帮助管理者针对存在的问题确定需要改进的方向与环节
	机制变革与新技术的引进	新理念、新技术和新方法的宣传与推广是培训工作的主要内容
任职资格分析	岗位说明书	岗位说明书中对从事该工作 / 职位的员工的任职资格条件的描述是确定培训目标的依据
	任职资格标准	提升员工的知识和技能水平，改变员工的行为方式与思维习惯，获得任职资格的晋升
	业务运营分析（质量问题、配送与交货问题）	从流程的角度分析存在的问题及节点，通过培训进行修复或避免再次发生
绩效考核分析	现场观察与实地访谈	培训需求的来源要真实、贴切，培训计划的制订要符合实际工作的要求
	满意度调查	了解员工关注的问题、动机与相关评价，为开发培训课程、选择培训方法提供依据
	突发事件的处理	总结员工处理突发事件的经验与教训，通过培训的方式与全体员工共享

资料来源：彭剑锋.人力资源管理概论（第三版）[M].上海：复旦大学出版社，2018.

（1）企业发展战略对培训需求分析的主要作用在于它明确指出了企业希望员工拥有什么样的专长与技能，从而为企业制定培训开发战略指明了方向。

（2）任职资格分析是确定企业培训开发需求的基本依据之一，同时它还为企业设计分层分类的培训课程体系以及确定课程的培训目标提供了基本思路。

（3）绩效考核分析也是培训需求分析的来源之一。在公布绩效考核结果后，主管应该与员工共同分析员工绩效不佳的原因。通常而言，绩效表现主要与员工的知识、技能和态度有关，通过分析员工缺乏哪些知识、哪些技能有待进一步提高、态度方面存在什么样的问题，可以找到员工绩效不佳的原因，而这些原因正是确定培训需求的一个重要来源。

2. 分析培训需求的方法

在确定需求分析的来源后，企业可以采用多种方法从中提炼出有价值的信息，如岗位观察法、问卷调查法等。

（1）岗位观察法。岗位观察法是指人力资源部相关人员到员工所在的工作地点进行考察，将标准时间内分类职位上发生的所有事情如实记录下来。企业通过岗位观察法能够得到有关工作环境的数据，这种方法对工作的干扰小，但是需要较多的调查人员参与，并要有较充裕的时间，对观察者的素质也有一定的要求，部分员工有可能在被观察时改变自身的行为，从而导致观察结果的失真。

（2）问卷调查法。问卷调查法即通过向调查对象发放纸质或电子版问卷，以获取培训所需要的信息。具体来说，问卷调查表应包括职位名称、员工姓名、单位名称、主管姓名、职务内容等。下面提供了两类人员培训需求调查表示例，供读者参考（见表8-5和表8-6）。

表 8-5　某公司年度高层管理人员培训需求调查表示例

为了将＿＿＿年的职工培训工作做得更好，请针对以下几个问题谈谈自己的意见，并做出指示。					
一、您认为公司明年战略推进和核心能力的提高需要哪些培训支持（管理能力、业务能力、企业文化、经营能力、核心人才等培训）					
序号	培训内容	培训对象	培训时间	是否外聘专家	推荐培训机构、培训师（培训或其他部门寻找）	外聘预算（万元）或培训中心预算
1						
2						
3						
费用合计（培训中心合计）：						
二、您所辖的业务部门和直接下属需要哪些培训支持						
序号	培训内容	培训对象	培训时间	是否外出培训	推荐培训机构（培训或其他部门寻找）	外聘预算（万元）或培训中心预算	是否需要时再提需求
1							
2							
3							
三、您自己所需的培训及所需费用预算							
序号	培训内容	培训时间	培训总费用	费用分摊到每月/季，还是一次性支付			
1							
2							
3							
四、您对培训工作还有何建议和指示							
注：请您在繁忙的工作中抽空填写并于本年度12月5日以前完成。谢谢							
领导签名：							

资料来源：宋玉芬. 双维导向的培训需求分析及其技术路径［J］.中国人力资源开发，2013（21）：56~62.

表 8-6　某公司员工个人发展培训需求调查表示例

为了使部门经理及培训中心了解您本人对培训与发展的要求，并制订出完善高效的培训计划，最终达到您与公司共同成长发展的目标，请您仔细填写以下调查项目，并取得部门经理的认可。
本调查表要求在__月__日前填写完成，交至部门指定培训负责人处，然后由培训中心汇总。
一、基本情况
姓名_____　性别_____　年龄_____　　　　　文化程度_____ 毕业学校及所学专业_____　　　加入公司时间_____ 现工作部门、分部门及职位_____　直接上级_____
二、职位培训
您认为要做好本职工作，还需要哪方面的专业技能培训？请列出建议课程名称及内容概要
三、提高培训
您今后的职业发展目标是什么？为达到该目标，您认为您需要哪方面的培训？请列出建议课程名称及内容概要
四、直接上级主管意见
签名：　　　　　　　　　　　　　　　　　　　　　　　年　月　日

（3）主题专家会议法。主题专家会议法是指熟悉目标职位的企业内部人员就目标职位的相关信息展开讨论，以确认需要培训的内容。主题专家会议的组成成员包括企业的内部成员和外部成员，内部成员是指直接上级、曾经任职者、内部客户、其他熟悉目标职位的人；外部成员是指咨询专家、外部客户、其他组织标杆职位任职者。企业通过主题专家会议法虽然能够全面地分析培训需求，但往往需要耗费较长的时间。

二、制订培训计划

培训需求分析结束之后，人力资源部门要制订培训计划。培训计划需得到各级员工及其直接主管的支持与认可，要让员工及其主管承担培训效果转化的最终责任。人力资源部的职责是提供基于人力资源开发目标的培训平台与相关资源，最终的实施与受益者是员工本人。因此，在制订员工培训计划时要以来自人力资源其他业务板块或一线主管提供的信息为依据，培训组织管理者要将这些信息转化为培训可以实施的语言，经过汇总后形成计划表，具体流程如下。

1.确定培训课程与教材

企业在开展培训活动时要有培训教材的辅助。为了开发一套比较规范的、适合企业实际情况的培训教材，首先要进行课程设计。课程设计的目的是根据培训项目的目标确定培训课程大纲，为教材开发做准备。课程设计的主要成果是形成一份标准的、明晰的"授课计划表"（示例见表 8-7）。授课计划表包括培训主题、培训内容、培训目的、培训日期、培训方式、培训讲师和受训人员等内容。

表 8-7　授课计划表示例

培训主题	培训内容	培训目的	培训日期	培训方式	培训讲师	受训人员	备注
入职培训	公司规章制度，岗位职责	了解公司规章制度、岗位职责、公司企业文化等	每月 20 日、21 日和 22 日	集中授课	行政部助理	新入职员工	行政部组织实施
质量管理体系基本知识培训	质量管理体系方针和目标的理解	了解质量管理体系的基础知识，贯彻、落实方针目标	3 月中旬	集中授课	行政主管	全体员工	行政部组织实施
特种设备培训	天车、龙门吊操作	了解特种设备基本安全知识和操作	入职前	集中授课	行政部助理	新入职员工	行政部组织实施
安全生产培训	安全生产	了解并掌握安全基本知识，规避风险	每个季度的最后一周	集中授课	行政部助理	全体员工	行政部组织实施

企业在编写培训教材时，要注意三个方面的问题。一是培训教材要符合企业的实际情况。这里所说的教材既包括教材的具体内容，也包括教材的难易程度及授课方式。这一点对外购教材和外部师资尤为重要。许多外部培训讲师接到企业的培训邀请后，着实花费了不少精力制作培训讲义，但是培训效果并不理想，其原因主要在于培训者没有充分考虑企业的实际情况和受训群体的接受能力。二是企业内训要尽可能多地运用本企业的实际案例和素材。在组织企业内训的时候，切忌和讲授公开课一样列举某某企业的案例进行研讨，如果培训讲师能够讲解、剖析本企业的案例，不仅能引起受训者共鸣，而且能在帮助他们解决具体问题的同时提高他们学以致用的能力。三是企业应逐步建立起教材编写与审核的机制。建立这一机制不仅有助于加强对教材开发工作的监督，提高教材编写的质量，而且可以促进教材开发工作的规范性、制度性，以形成一致的模板，有利于构建企业培训教材数据库系统。

2. 培训讲师的选择

培训讲师主要来自两个渠道，一是从企业内部挑选出来并经过相应的培训而成为培训讲师；二是从企业外部聘请。内部讲师和外部讲师各有所长，企业需要根据不同情况进行选择。对企业来说，内部讲师应为培训师资队伍的主体，因为内部讲师能够以本企业的实际案例来诠释培训内容，能够总结、提炼并升华自身和周围同事有益的经验和成果，能够有效传播和扩散企业真正需要的知识与技能，从而实现经验和成果的共享与复制。

外部讲师包括大学老师、企业经理人员、专职培训讲师等。大多数企业在聘请外部讲师时仅局限于高等院校的老师。当然，有许多大学老师既精通理论知识，又熟悉企业运作实践，这当然难能可贵，但是大部分大学老师缺乏社会实践和企业管理经验。因此，企业在聘请外部讲师时要拓宽选择范围，并严格遴选程序。外部讲师的选拔应和内部讲师一样遵循相应的程序，要接受申请、试讲、认证、评价、续聘或进阶等流程的管控。

3. 培训场地的选择

培训的环境对培训的效果有重要影响，同时场地布局的方案也决定了课程进行的流畅性，以及员工参与的舒适度，因此培训场地不能过于拥挤，但也不能过于分散，这样会影响员工与讲师之间的互动，降低培训的效果和质量。另外，所选择的培训场地要与培训的规模相适应，如庄严、大气的培训场地，与大型培训在形象和气势上会有着极好的映衬，而温馨、精致的场地，对一个小型交流会的氛围营造大有裨益。

4. 培训管理工作职责划分

培训体系的构建与管理工作纷繁庞杂，需要企业的高层领导、人力资源部门、业务部门、培训专业人员以及受训者的支持配合，唯有如此才能有效推动培训工作，增强培训效果。表8-8对培训管理工作的职责进行了细分，并对各部门所承担的角色进行了分析。

表 8-8　培训管理工作职责划分

战略管理（20%）	资源与建设管理（30%）		日常营运管理（30%）	基础行政管理（20%）
• 企业家培养 • 中高层管理队伍培养 • 组织变革推动 • 企业文化推动 • 核心能力培养 • 培训政策制定	• 技能体系建立与管理 • 课程体系建立与管理 • 讲师培养与管理 • 培训信息体系建设与管理 • 培训经费管理		• 需求调查 • 计划制定 • 培训实施 • 培训评估 • 培训管理制度的监督与执行	• 会务组织 • 文档管理 • 日常行政工作
企业高层	人力资源部门	业务部门	培训师	员工
• 制定或批准人力资源开发战略 • 制定或批准培训政策 • 审定、批准培训计划和培训预算 • 制定或批准重点项目	• 拟定培训战略，执行培训战略 • 拟定培训制度和工作流程 • 培训资源建设与管理 • 日常培训营运管理 • 基础行政工作	配合支持人力资源部门的活动	• 课程调研与课程开发 • 进行培训 • 培训辅导与跟踪 • 学习研究	• 提供个人培训需求 • 按要求参加培训 • 养成良好的工作习惯 • 进行在岗培训

另外，企业可以成立临时或者长期的培训协调委员会，负责协助人力资源部门开展培训需求的调查并推动培训工作的实施。企业各级管理者对员工在岗培训的有效实施、培训评估的开展以及推动培训成果的应用方面也要承担重要的责任。

5. 培训成果的转化

培训成果的转化是指将培训中学到的知识、技能和行为应用到实际工作中的过程。培训成果的转化在很大程度上受工作环境的影响，包括转化的气氛、管理者的支持、同事的支持、运用所学能力的机会、信息技术支持系统及受训者自我管理能力等诸多方面。

为了提高培训的转化效果，在培训的过程中要注意以下几个问题。

（1）受训者必须明白和接受培训的程序和方法，这是转化效果的重要环节。

（2）加强培训中的示范和参与，这会增强培训的实用性。

（3）模拟与演示会强化受训者的感受，而讨论与反馈会加强学习效果。

（4）增加实际应用机会、与受训者共同探讨进展情况，这会明显增加培训的转化效果。

（5）实际应用过程中的专人指导是培训过程的必要延续，一般由直接上级进行指导。

（6）建设完善的信息技术系统，支持知识共享与学习成果的保存和积累。

第三节　培训效果评估

一、培训效果评估的程序与方法

1.培训效果评估的概念和作用

培训效果评估是指运用科学的理论、方法和程序，结合组织的需求和目标，对培训信息进行效益评价的过程。

培训效果评估是培训流程的最后环节，它既是对整个培训活动实施成效的评价与总结，也为下次培训活动确定培训需求提供了参考信息。进行培训效果评估时，企业要采取合适的培训方法来评估培训目标的达成度，并据此判断培训的有效性，以作为日后举办类似培训活动的参考依据。

一个完整、有效的培训效果评估，应该从培训需求分析、培训课程开发、培训师资开发以及培训活动组织实施多个方面同时进行。在培训需求分析阶段，评估的重点主要是培训要点是否全面、准确；在培训课程开发阶段，评估的重点是课程目标是否适当，课程设计是否合理；在培训师资开发阶段，评估的重点是选择的师资是否合适；对培训活动的组织实施可以从教务组织、授课内容、授课形式和授课效果等方面进行评估。因此，培训效果评估具有建设性和总结性的作用。培训效果评估的建设性作用在于完善培训规划，提高培训的管理水平、实际效果及效率；培训效果评估的总结性作用在于通过对培训实际效果和成本收益的测定和分析，帮助人们对特定培训项目的必要性做出科学的评价，从而决定这一特定的培训项目是继续下去还是终止。

总之，在运用科学的方法获取培训活动信息的前提下，培训效果评估能够帮助企业决策者做出科学的决策，以提高培训项目的管理水平，并确保培训活动实现既定的目标。

2.培训效果评估的原则

培训效果评估需要遵循以下几个原则。

（1）培训效果评估要贯穿培训全过程，坚持过程评估与结果评估相结合。培训效果评估不仅仅是收集反馈信息、衡量结果，其根本意义在于检验与促进培训目标的达成，因此从制订培训计划开始，到培训过程结束，评估一直发挥着不可或缺的作用。

（2）关注培训效果评估与人力资源其他业务板块的有序联动以及培训效果的实践转化力。依据现阶段培训战略，确定相应的评估策略重点，指导评估的有序进行。

（3）依据培训效果目标，选择相应的培训评估方法组合。保证培训持续、有效开展的关键在于培训效果评估方法的系统性，具体涉及根据培训目标、培训对象确定评估层面以及相应的工具等内容。

（4）培训管理者要对培训效果评估整个环节负责；学员要对培训应取得的成果负责；各级直线管理者要参与培训效果评估的各个阶段，为培训效果的实践转化提供支持。

3. 培训效果评估的方法

评估本质上是一种信息活动，其目的在于提供科学、全面、准确的信息，以便企业做出正确的决策。从培训效果评估的定义来看，评估过程必须要收集相关的数据，以便为决策者提供所需的事实和评判依据，因此培训效果评估需要运用专业的方法进行。目前，企业主要采取的方法如下。

（1）访谈法。访谈法是指人力资源部与受训者就培训结果进行交谈，这种交谈可以是一对一的，也可以是一对多的。访谈法作为一种直接沟通的方法，能深入了解员工的某些信息，这种私人性质的接触有助于员工提出建议，是一种十分灵活的方法。但是访谈法引发的反应在很大程度上是回应性的，同时需要花费较高的人力成本，也需要对访谈者进行培训。

（2）问卷调查法。问卷调查法是指运用一系列标准化的问题去了解受训者的一种方法。但问卷的数据准确性可能不高，且回收时间难以控制，回收率低。

（3）直接观察法。直接观察法是对一项任务或多项任务的完成过程进行观察和记录，既可以是对一天的所有任务进行记录，也可以是对某个关键任务进行记录。通过这种方法收集的资料客观、可靠，但难以了解观察者的真实想法。

（4）测验和模拟法。测验和模拟法是在结构化的场景下分析受训者的知识水平或其完成某项任务的熟练程度。这种场景可以是员工之前经历过的，从而测验其效率和准确性；也可以是全新的场景，从而测验员工对新知识、新技能的掌握程度。采用这种方法花费的成本较低，能够大面积采样，但是耗费时间，对场景的依赖也可能会歪曲个人的绩效。

（5）档案记录法。档案记录法是使用现有的信息，如对档案或报告进行分析，并对培训前与培训后的档案或报告进行对比，计算出培训结果。这种方法比较可靠、客观，且与员工工作绩效关系密切，但是要花费大量的时间，同时开发成本也较高。

4. 培训效果的评估

柯克帕特里克提出的培训评估模型，对培训效果的评价是借助反应、学习、行为和结果这四个层面逐渐实现的。

（1）反应层面。反应层面的评估是指受训者对培训内容的直观感受和体验，主要包括对培训题目的理解力、相关基础设施的使用情况、培训实施方法、培训内容、相关体验的大小等方面的看法。反应层面的评估通常是围绕设计问卷调查表的形式进行的。其具体内容包括培训组织情况（含通知时间、环境与设施、课程及教材、住宿安排、工作人员服务等），讲师情况（能力、语气语调、控场能力等）和自我评估（投入状况、积极性、学习内容等）。

（2）学习层面。学习层面的评估相较反应层面的评估，其更侧重于评估受训者对培训内容的相关机理、原则的理解程度和掌握程度。这个层面主要考察的是学员掌握了多少知识和技能。在具体的操作中一般会在反应层面评估的基础上增加学习内容测试和问答题，要求学员运用已掌握的知识进行解答；同时，这个层面的评估是在现场操作过程中检验学员对关键知识点的掌握情况。

（3）行为层面。行为层面的评估通常发生于组织内培训结束的一定时间内，通常采用 360 度评估的方式，由受训者的直接上级、直接下级或利益相关方等对他们在接受培训后的态度和行为变化进行反馈。行为层面的评估需要花费一定的时间，一般为 3 ~ 6 个月，有的需要一年，这就要求学员制订一个可行的实践计划，列明目前的情况和需要改进的方面。培训实施者要设计一份跟踪评估调查问卷，在培训结束后的 3 ~ 4 个月的时间里对学员进行跟踪调查。然后，培训师、学员及其直接上级讨论实践详细计划，并由直接上级备份。当到了约定的评估时间时，培训师和学员都需要进一步与直接上级进行评估交流。

（4）结果层面。结果层面的评估主要是从企业利益与组织效益的角度出发，通过评估员工接受培训后能否给企业带来直接利益和价值，以及价值的大小来判断。结果层面的评估是培训效果评估最大的难点。因为对企业经营结果产生影响的不仅仅是培训活动，还有许多其他因素。从目前来看，国内外通常采用培训成本 – 收益分析法来计算培训的投资回报率（ROI），其计算公式如下：

$$培训的投资回报率 = 收益 / 培训的成本 \times 100\%$$

在使用这种方法之前，企业确定需要培训的成本和收益，其中培训成本包含直接费用（培训讲师工资、交通费、材料费等）、间接费用（培训管理人员工资、培训管理费）和一般管理费用（受训者工资和福利等）。培训收益一般以同行业客户服务同类培训课程平均教学水平的平均投资回报率作为参考。

表 8-9 是在柯克帕特里克提出的四层次评估模型的基础上，丰富并完善了企业培训与开发效果评估的内容。

表 8-9 企业培训与开发效果评估一览表

评估层次	评估标准	评估重点	评估方法	评估主体	评估时间
第一层次	反应层面	学员对培训活动的整体性主观感受	• 问卷调查 • 访谈法 • 观察法	培训主管机构	培训进行中或培训结束后
第二层次	知识层面	了解学员对基本原理、知识与技能的掌握程度	• 测试 • 问卷调查 • 现场模拟 • 座谈会	培训主管机构	培训结束后
第三层次	行为层面	了解学员接受培训后有哪些方面的改进，并分析改进之处与培训活动的相关性	• 绩效考核 • 观察法 • 访谈法	• 培训主管机构 • 学员上级主管、同事及直接下级 • 直接客户	培训结束后的 3~6 个月或下一个绩效考核期
第四层次	结果层面	了解学员及组织的绩效改进情况，并分析绩效变化与企业培训活动之间的相关情况	• 投资回报率 • 绩效考核结果 • 企业运营情况分析	• 培训主管机构 • 学员上级主管 • 企业企管部门	下一个绩效考核期或一年后

值得注意的是，获取培训结果并不意味着培训工作的结束。在完成了培训效果评估之后，企业要根据评估结果审视整个培训过程，并判断培训目标是否已经有效达成，以对培训项目进行调整和优化。

二、培训效果评估的指标设计

培训效果评估的指标设计可以从定量和定性两个方面进行。定量的结果可以通过对劳动生产率、人均利润贡献率、员工满意率和员工忠诚度（流失率）等相关数据的对比分析得到；定性的分析可以从企业战略实施程度、新型企业文化的建立、企业对环境适应性等方面进行。所有的这些数据都可以归为硬数据和软数据两类。硬数据包括产量、质量、成本、时间等因素；软数据包括工作习惯、新技能氛围、发展满意度和主动性等因素。

硬数据和软数据各有优缺点。硬数据比较客观，可衡量和量化，更容易转化成货币价值，衡量管理业绩的可靠性很高，是衡量组织机构业绩的常用标准；而软数据在多数情况下是主观性的，有时候不能衡量和量化，很难转化成货币价值，作为对业绩的衡量标准可信度较低，而且往往是以行为为导向的。但软数据更具有弹性和动态性，可弥补硬数据单一、固化、抽象的缺点，同时运用两者可以使培训评估的效果更加真实、可靠。

在实际的评估工作中，我们还应该注意考察一些具有明显特征的指标，具体如表 8-10 所示。

表 8-10　培训效果评估常见指标分类

等级	正向指标	负向指标
反应和既定活动	上课准时、参与度高、课上注意力集中等	打瞌睡、迟到、早退、借故不参加、无精打采、干扰多、私下讲话、抱怨连连等
学习	课后对培训内容有清晰的记忆，能明确说出重点与收获，也能说出主要的理念与技巧	记忆模糊，说不出所以然，观点不清晰，忘记重要内容，看教材依然说不出重点
行为	感觉课程很实用，与工作配套	与现实脱节，与现状不符，无法运用，太抽象，缺乏必要的技巧与细节，案例不切实际
业务结果	通过培训后，工作态度、行为或工作方式发生了改变	依然故我，我行我素，没有任何变化
投资回报率	由于培训带来的效果或解决的问题与所付出的直接与间接成本相比，报酬大于投资	相比结果报酬小于投资，严重者适得其反

第四节　培训方法

一、传统的培训方法

1.课堂培训法

（1）讲座和讨论法。讲座和讨论法一直以来都是培训项目中的主要实施方法，一般指培训者向受训者进行课堂讲授，并辅以问答、讨论、自由发言等形式。这种方法能够以最低的成本、最少的时间向大量的受训者提供某种专题信息。受训者能够将所学知识运用到工作中的量与受训者参与培训的积极程度和练习程度有关。不过，课堂培训只能同等程度地传授材料，不能恰到好处地根据受训者个体在能力、态度和兴趣上的不同而采取合适的方式。有经验的培训者可以通过安排丰富的讲课内容，给予受训者积极的反馈，并且有效地引导受训者通过讨论和发言来克服这一缺点。

（2）案例研究法。案例研究法可以帮助受训者建立起分析和解决问题的技能。在研究案例的过程中，受训者可以根据诸如人、环境、规则等因素来分析问题，并提供解决问题的方法。案例研究过程中的自我思考和自我发现可以使受训者对原理有更好的理解和记忆。

（3）角色扮演法。在该方法中，受训者在特定的场景中或情境下扮演分派给他们的角色。角色扮演主要运用在人际问题的分析、态度的改变以及人际关系技能的发展方面。该方法使受训者有更多机会体验各种工作。角色扮演的学习效果取决于参与者是否愿意通过转换角色来发挥自己的潜能。

2. 自我指导学习法

自我指导学习法是指由受训者自己全权负责的学习——什么时候学习以及让谁来帮助自己学习等。受训者不需要任何指导者，只需按自己的进度学习预定的培训内容。培训者只是作为一名辅助者负责评估雇员的学习情况并回答所提出的问题。培训者不控制或指导学习过程，而完全由受训者自己掌握。

开发一个有效的自我指导学习计划的步骤如下。

（1）进行职位分析以确认主要任务。

（2）列出与任务直接相关的、以受训者为中心的学习目标。因为学习目标取代了指导教师的地位，这些目标必须指明哪些信息是重要的，受训者应采取哪些行动，以及受训者应掌握哪些内容。

（3）开发学习内容计划。这些内容要按照以受训者为核心的学习目标来制定，还要考虑用于沟通培训内容的媒介因素（如文稿、录像、计算机、网络等）。

（4）将内容分成若干板块。第一个板块要从学习目标开始，并包括评估受训者学习行为的方法。每一板块之后要附加实践练习。

（5）开发一份评估计划，包括对受训者的评估及对自我指导学习内容的评估。

自我指导学习法既有优点也有缺点。从个人角度来说，它能使受训者按照自己的节奏进行学习并能够得到关于学习绩效的反馈。从公司角度来说，自我指导学习不需要太多的受训者参与，极大地降低了培训成本，并且使得在多种场合进行培训变得更为现实。同时，自我指导培训的局限性就在于受训者必须是愿意学习并且喜欢自学这种学习方式，而且这种培训方法的开发时间比其他类型的培训项目更长。

二、现代化培训方法

1.情境模拟法

情境模拟法是一种模仿现实生活中的场景的培训方法。采用情境模拟法时，要注意模拟环境必须与受训者的实际工作环境有相同的构成要素，必须能够准确地对受训者所发布的指令做出反应。正是基于这种原因，开发模拟环境的成本很高，并且当获得了新的工作信息之后，还需要对这种模拟环境进行不断的改进。

2.商业游戏

商业游戏要求受训者收集信息并对这些信息进行分析，然后做出决策。商业游戏主要用于管理技能的开发。游戏可以刺激学员学习，因为参与者会积极参与游戏并仿照商业的竞争规则进行。参与者在游戏中所做出的决策一般会涉及多个方面的管理活动，如劳工关系（谈判合同的签订）、市场营销（为新产品定价）及财务预算（支持购买新技术）。游戏多采用团队方式进行，参与者从游戏中学到的内容将以备忘录的形式记录下来。

3.行为塑造

行为塑造适用于学习某一种技能或行为，不适用于事实信息的学习。相关研究表明，行为塑造是传授人际关系技能的有效方法之一。行为示范培训项目的开发包括明确关键行为（完成一项任务所必需的一组行为）、设计示范演示、提供实践机会及促使培训成果的转化。

课堂培训、自我指导的学习方法及各种模拟培训都是非常重要的培训方法。传统的培训方法存在许多不足。例如，传统课堂和模拟培训的方法对许多企业来说非常昂贵；许多传统的培训方法在本质上是标准化地而不是个体化地来满足受训者的需要；许多传统的培训项目是在特定的时间段进行的，这造成了培训不及时或者未能有效满足个体培训需求的现状；传统培训在技能练习方面存在局限性，练习常常被限制在一定的现场或某一时间段。这些不足促使企业要寻求新的培训方法，如远程学习、多媒体培训、网络培训、智能化辅导系统以及虚拟现实培训等。

（1）远程学习。可以使处于不同地点的人们同时进行学习的培训形式称为远程学习。通过声音和数据的联系，使处于不同地点的受训者可以同时与培训者互动。远程学习的发展反映了培训需求的快速变化，组织在寻找成本更小、时间更灵活以及更加客户化的培训形式。

（2）多媒体培训。多媒体是由计算机驱动，使各种类型的课文、图表、图像和声音信息交互性交流的系统。各种形式的多媒体相互结合可以使各种不同的内容被使用者以多种不同的方式获得，学习进度也可以由使用者自由掌握。

（3）网络培训。网络培训可以根据受训者的需求及时更新内容。网络培训也可以在受训者需要的时候及时实施培训，学习者可以控制怎样接收信息和何时接收信息，可以使用对附加信息的链接，也可以选择信息和练习的深度以更好地适应个体的培训需要。

（4）智能化辅导系统。这是以计算机为基础的培训项目，其强调培训的完全个体化。智能化辅导系统能够诊断出受训者现有的理解和行动水平，并且选择适当的干预方法使受训者向更加专业化的表现方向进步。

（5）虚拟现实培训（VR）。通过虚拟现实培训，受训者能够看到他们在工作中可能遇到的各种 3D 情境。在这些情境中，受训者能够接触、观看、参与设置。VR 培训能够最大限度地激励和吸引员工，可以把学习经历迁移到模拟情境中去，并且不受环境和时间的限制。

本章练习题

1. 培训与开发的概念及其内涵是什么？
2. 如何构建有效的培训开发体系？
3. 如何确保培训成果的转化与应用？
4. 如何对培训效果进行评估？

第九章　人才开发

本章学习目标

通过本章的学习，使读者了解人才发展的经济背景，掌握人才发展所面临的挑战，以及目前学术界、商界、政界应如何应对这些挑战，明了未来的人才发展方向并拓展思维。

人才是区别于普通员工的人群，其拥有创造性、进步性等特点。因此，针对人才的管理方法也应有所区别。在具体管理上，企业需要对内部人员进行盘点，了解人才的数量和质量的层级；随后对人才设置更具有激励性的评估方式，推动人才不断发挥自身能力；最后，企业要对人才提供细致的服务，从而留住人才。

第一节　人才与人才资源

一、人才与人才资源的概念

人才是我国特有的概念。我国对人才曾经有过三次权威定义。第一次是1982年，国务院在批转国家计委关于制定长远规划工作安排的通知中，在人才预测工作方面，首次界定了"专门人才"的概念，即"具有中专以上学历者和具有技术员或相当于技术员以上职称者"。但是人才是个大概念，专业人才只是人才中的一部分，完全以学历和职称高低来判定人才并不够科学。第二次是2003年12月，全国人才工作会议上的《中共中央、国务院关于进一步加强人才工作的决定》中对人才做出了表述："只要具有一定的知识或技能，能够进行创造性劳动，为推进社会主义物质文明、政治文明、精神文明建设，在建设中国特色社会主义伟大事业中做出积极贡献，都是党和国家需要的人才。"第三次是2010年，中共中央、国务院印发的《国家中长期人才发展规划纲要（2010—2020年）》把人才定义为"具有一定的专业知识或专门技能、进行创造性劳动并对社会做出贡献的人，是人力资源中能力和素质较高的劳动者"。这个定义在继承2003年人才定义的基础上，更好地反映了人才的本质特征，为人才这个概念赋予了新的时代内涵。

本书的人才定义沿用《国家中长期人才发展规划纲要（2010—2020年）》的内容，即人才是具有一定的专业知识或专门技能、进行创造性劳动并对社会做出贡献的人，是人力资源中具有较强能力与个人素质的劳动者。

相对于人才，人才资源侧重于将人才作为资源，它可以进行流动与配置，具有极强的战略意义。资源不仅仅指物，还包括人，并且人是极为重要的因素。人才资源指的是一个国家人力资源中素质层次较高的那部分。与任何一种物质资源相比，以创造力为核心的人类智力资源十分宝贵，因此需要我们进一步对人的潜力资源进行开发和利用，使其对社会发展具有一定的价值。

对企业来说，企业的人才资源指的是企业中所有那些体现在企业员工身上的才能，包括企业员工的专业技能、创造力、解决问题的能力，以及管理者的管理能力，在某些情况下，甚至还包括企业员工的心理素质，因为企业员工的心理素质在很大程度上将影响其才能的发挥。

二、人才的特点

人才具有杰出的素质与能力或者具有一定潜力的原因在于人才具有创造性、进步性、相对性和动态性四个主要特点，这也是他们与一般人相区别的关键点。

1.创造性

进行创造性劳动是人才与普通员工的根本区别。能力人人皆有，但每个人的能力所发挥作用的大小、水平的高低却是有差别的。只有那些具有敏锐思维和创新性，能在难题和新问题面前充分发挥才能来解决问题的人，才称得上是人才。因此，创造性是人才的根本特点，也是社会的第一需要。

2.进步性

进步性是人才的本质属性之一。如果仅仅通过是否具有天赋、才能及是否成功、杰出等因素来判断、定义人才是不科学的。人才并不是单纯地依靠天赋进行判断的，更多的是对其现阶段的整体素质进行判断。

3.相对性

人才总是相对某一参照系来说的，也就是说人才的与众不同主要体现在其中一个或多个专业领域，有一种领域上的局限性。文学家中的人才是相对于文学领域来说的，而对于军事领域、科技领域都不能相提并论。所谓专家，是指在某一个领域内具有深厚造诣的人。因此，人才既可能是某一领域的杰出者，也可能会在其他某一领域具有相对多的缺点，我们应该用一种宽容、包容的心态来评价一个人是否是人才。

4.动态性

不同类型、不同层次的人才在一定的条件下可以相互转化，因此人才是一个动态的概念，总是处于不停地变化中。例如，企业家与政治家在一定条件下可以相互转化，低层次的人才与高层次的人才在一定条件下可相互转化等。

三、人才资源与人力资源、人口资源的关系

人口不是指任一数量的人的随意聚集，而是指生活在（一定社会生产方式、一定社会制度、一定时间）一定地域内，具有一定数量和质量的人的总称。人口资源则是指一个国家或地区的以人口总数来表示的资源。

人力资源是指一个国家或地区的总人口中减去丧失劳动能力的人口之后的人口。

人才资源是指在一个国家或地区的劳动力资源中具有某种突出能力的、高智商的、高素

质的、高技能的那部分人力资源。人力资源与人力资源、人口资源的关系如图 9-1 所示。

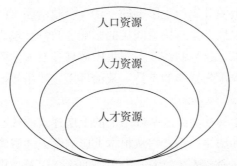

图 9-1　人才资源与人力资源、人口资源的关系

因此，人才资源与人力资源、人口资源之间的关系是由微观到宏观的关系。人口资源是人才资源与人力资源的基础，人力资源是具有一定知识与技能的人员，是劳动力资源。人才资源是人力资源中的佼佼者，人才资源在人力资源中占的比例越大，说明人力资源的整体素质越高。

第二节　社会环境与人才资源的关系

人才的社会环境复杂多变，社会环境对人才资源开发的影响主要通过政治、经济和文化环境直接渗透到人才成长和发展的全过程中。社会政治环境、社会经济环境与社会文化环境构成人才成长和开发的主要社会环境子系统，分别对人才资源开发起到主导性、基础性以及精神性的影响。社会环境与人才资源的关系如图 9-2 所示。

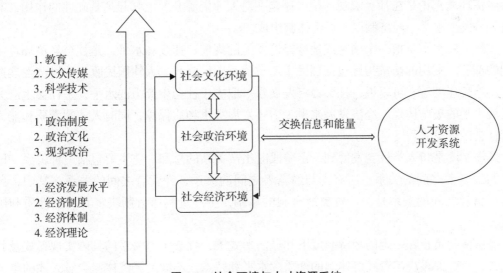

图 9-2　社会环境与人才资源系统

一、社会政治环境

政治环境是指对人才资源开发产生影响的一切社会政治因素的总和。需要注意的是，政治环境会对人才的成长和发展产生直接或间接的影响。政治环境之于人才资源开发具有主导性、强制性和阶级性的特点，这种制约或控制集中体现在对人才资源开发的政治导向上，同时人才资源开发也离不开政策与法律的支持。政治环境主要由政治制度、政治文化和现实政治状况三个要素构成。

政治制度是建立在一定的社会经济基础之上的上层建筑的核心，包括一国的国体、政体以及由此形成的政治体制和法律体系，它从根本上影响着人才资源开发，因为人才标准的制定、人才资源开发主体的任命、人才资源开发手段的确立以及规模和结构的控制等都必须以社会政治制度为基础。

政治文化是一个国家中的阶级、团体和个人，在长期的社会历史文化传统影响下形成的某种特定的政治价值观念、政治心理和政治行为模式。它一方面通过作用于政治制度影响人才资源开发，另一方面则直接引导成才主体的成才方向。

现实政治状况是社会政治环境变化发展所体现出的现实局面和发展趋势，会在不同程度上影响人们的政治认知、政治情感、政治态度、政治立场、政治观点、政治信仰和政治评价，为人才资源开发提供了最直接的社会政治背景和政治条件。

二、社会经济环境

社会经济环境是指在一定时期、一个国家或地区中影响人才成长、开发和使用的一切经济要素及其相互关系。这些构成要素分别从不同的角度和层次，以不同的方式影响和制约着人才的成长，加速或延缓人才资源开发的进程，在很大程度上影响着人才资源开发的效果。社会经济环境无论是在社会宏观环境中还是在对人才资源开发上都起到基础性的作用，其主要由经济发展水平、经济制度和经济体制组成。

经济发展水平是指一个国家或地区经济发展的规模、速度和水平，是社会经济环境中最基础的部分。常用的衡量指标包括国民生产总值、国民收入、人均国民收入、经济发展速度和经济增长速度等。可以说，社会经济发展水平取决于社会生产力的水平，是社会生产力及其发展水平的集中体现。经济发展水平为人才发展提供物质保障，同时人才的素质和能力制约着社会经济发展程度。

经济制度是指人类社会发展到一定阶段时生产关系的总和，它主要包括三种关系，即劳动者与经营者之间的关系、所有者与经营者之间的关系、经营者之间的关系。其中，劳动者与经营者之间的关系是生产资料所有制的基础，生产资料所有制决定着社会性质和国家制度。

经济体制是指在一定的经济制度下和经济形式下，社会生产关系的具体实现形式及其运行方式，生产关系决定着经济体制的性质、水平和特点。不同的经济体制会对人才的类型和素质提出不同的要求，影响人才资源开发的类型、数量和质量。

三、社会文化环境

社会文化环境是指在一种社会形态下已往形成的信念、价值观念、道德规范、风俗习惯等被社会所公认的各种行为规范。一方面，社会文化环境为人才资源开发提供精神动力，它通过教育、科学技术和大众传媒等使人才接受一定的文化特质和文化模式的影响，从而使人才的思想、情感、能力等素质发生变化；另一方面，人才在一定的文化素质和能力的支配下进行文化实践活动，并创造新的思想观念、规范和风俗，从而改变社会文化环境。社会文化环境主要由教育、科学技术和大众传媒三个要素构成。

教育是由教育者根据社会的要求和人的身心发展的规律，对受教育者所施加的一种系统影响活动。按照层次划分，可以把教育分为初等教育、中等教育、高等教育和继续教育。教育具有人才资源开发的功能。具体来说，初等教育是人才的"初级加工"，即促进个体的社会化及由非人才转变为人才的过程；高等教育在宏观层面上作为创新知识的策源地，促进人才的专门化、高级化和创新性；继续教育具有强大的经济价值，它可以通过提高劳动者的素质直接提高劳动生产率，同时继续教育也是构建学习型社会、实现个体终身学习的重要支撑。

科学技术由科学和技术两个要素组成。科学属于认识范畴，是关于自然界、社会和思维领域最一般规律的知识体系；技术属于实践范畴，是一定时期内应用于社会生产和其他社会活动中的劳动手段、工艺方法和技能体系的综合。科学技术对人才资源开发的作用主要体现在三个方面：第一，科学技术直接影响人才资源开发的内容，它的知识体系是个体智力素质开发的基本内容，同时也是构成人才资源非智力素质开发的重要内容；第二，科学技术作为社会资源，能够强化人才资源在当代促进经济增长和社会进步中的价值；第三，科学技术通过实践提高人才的层次，为人才资源的"二次开发"提供广阔空间。

大众传媒是指专门传播信息符号的媒介。其对人才资源开发的对象、内容与方式会产生一定的影响。在开发对象上，大众传媒可以扩大人才资源开发对象的规模，促使个体素质优化。在开发内容上，大众传媒能够强化人才资源开发的内容，加快人才资源开发内容的更新速度。在开发方式上，一方面，大众传媒是教育的重要组成成分，充当"隐形"的教育者；另一方面，也影响了人才的社会承认，即以社会组织、权威和公众对人才的素质和成果进行评价的方式凸显人才的社会价值，促使个体潜在人才向人才转化。

第三节 人才的开发

一、人才开发的意义

人才开发是指组织通过人才政策性、使用性、培养性开发的方式，提高人才素质与绩效，从而达成组织的目标，实现个人和组织的成长。人才开发的作用主要有以下几点。

1.提高个人素质，指导个体成才

要想成才，首先必须认识和掌握个体人才成长的规律，其次要了解人才成长所需要的条件。做到这些，就能够运用规律，利用人才成长的条件来开发自身的素质。而研究人才资源开发，就是通过各种科学的人才开发方法，如自我设计、职业生涯管理、科学学习方法、时间管理、创新思维、成功学等，从理论上提供帮助，指导个体的成才。

2. 在实践中提高个人技能

员工只有通过不断的实践，发现自身在工作中的不足，从而不断加以改进，才能更好地完成工作。员工在实践中不断成长，以及其技能不断提高的过程，就是其从人力资源发展到领域人才的过程。

二、人才开发的流程

（一）人才盘点

1. 人才盘点的含义

制度化的人才盘点是企业为了识别对人才的需求，依据组织设定的评估标准，通过一系列的评估程序、方法和工具等系统化管理流程，对组织内所有员工进行评估和分类，对高素质、高潜力人才进行识别与挖掘，从而增加企业人才厚度，使企业在动态的市场竞争中占有一席之地，保持持续增长。通俗来讲，企业在管理实践中强调人职匹配：对高技能人才来说，需要将其放在合适的位置，最大化地发挥其能力，这就需要通过人才盘点来促进人才流动，识别高素质候选人；对员工而言，人才盘点也能帮助员工在公平、公正的环境下进行工作，明确自身定位，进行科学、准确的职业生涯规划[①]。

2. 人才盘点的价值

人才盘点的根本目标是"盘活"人才，直接目标是建立、明确岗位标准，评估现有人才，弥补其差距，建立良好的内部人才供应。人才盘点是培养人才的关键战略。从战略角度、企业角度和员工个人角度来看，进行人才盘点具有重要的意义（见图9-3）。

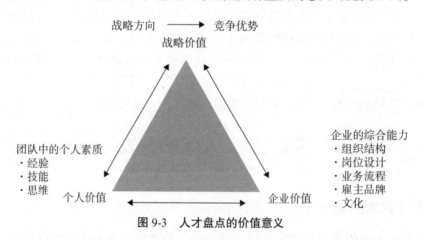

图9-3 人才盘点的价值意义

---

① 何叶.企业人才盘点的作用、路径与实施要点研究 [J].中外企业家，2017（7）：151~152.

（1）人才盘点对战略层面的价值。根据资源基础理论，企业能够迎来长时间的辉煌，主要取决于企业是否拥有异质性资源，即"人无我有，人有我优"的资源。特别是在经济深化改革的今天，企业面临着转型升级的客观需求，成本容纳能力开始下降，当前的人力资源现状难以满足企业生存与发展的客观需求，存在人才结构性短缺、人员冗杂、人员调配不明等问题，如何识别真正的异质性资源，如何识别能够为企业取得优异绩效做出突出贡献的人才，成了当今管理者急需解决的一大难题。

（2）人才盘点对企业的价值。对企业来说，人才盘点直接服务于企业的人才管理。当前，人才竞争日趋激烈，实现企业战略目标的关键就在于寻找高素质、高水平的人才。在人才盘点过程中，企业应对自身的组织架构、人员配比、人才绩效、关键岗位继任计划、关键人才发展、关键岗位的招聘，以及对关键人才的晋升和激励进行深入讨论，并制订详细的组织行动计划，确保组织有正确的结构和出色的人才，以落实业务战略，实现可持续成长。具体来说，人才盘点可以帮助企业突破人才瓶颈：第一，有助于在组织内部推行统一的人才标准；第二，通过诊断组织的用人需求与问题所在，持续改进组织的用工效率；第三，识别优秀人才，达到更好的人岗匹配；第四，塑造绩效导向的文化，对具有高绩效、高发展潜力的人才进行有针对性的激励和开发。

（3）人才盘点对员工个人的价值。人才盘点不仅仅是从组织的视角去分析组织所需要的人才，从而进行人员和岗位的匹配，同时人才盘点也服务于员工的职业生涯发展。人才盘点可以站在员工的视角对人才能否融入组织机构中进行充分的探讨，并根据人才的适应性，在绩效管理、薪酬管理、培训管理等各方面进行有针对性的设计，引导员工对其职业生涯进行设计和规划，选择合适的职业生涯发展道路，帮助员工清晰了解自身的优势、劣势以及所面对的机会、挑战，做好自我定位，提升主动性，从而与企业配合进行个人绩效、薪酬和培训等管理活动。对高层管理人员来说，经理人通过参与人才盘点工作，能够有效提升用人、识人的能力，从而提高管理者的组织建设与管理能力，同时为优秀、高绩效管理者提供更多的发展机会。

3. 人才盘点的实施

人才盘点要嵌入业务运营体系之中，这既是识别人才的过程，也是识别企业发展对人才和组织的需求的过程。人才盘点能帮助企业适应不断变化的市场环境，培养能够为组织创造更多价值的优秀人才。人才盘点应成为每一位管理者日常工作的一部分。一般来说，中层管理者是组织实施人才盘点的中坚力量，因此从中层管理者的角度出发，我们将人才盘点的实施大体分为三个阶段。

（1）准备阶段。在准备阶段，要从组织发展的角度出发确定此次人才盘点的目标。第一，人力资源部负责指导员工填写基本信息表，包括工作经历、经验、职业规划、评价期间的主要成就、评价期间的奖惩信息。第二，业务部门管理者需要对下级进行评价，包括能力评价、业绩评价、判断潜力、确定九宫格中的位置、判断下属的优势项和待发展项等。部门管理者应与每一位被评价员工进行当面沟通，在了解其实际情况和真实想法后完成上级评价表的填写工作。第三，制订岗位继任计划。继任计划是通过识别、有计划地培养人才以及内部提升方式，以有效地获取组织人力资源的方法，它对公司的持续发展具有至关重要的意义。第四，根据各种数据进行组织审查，这里的数据包括员工数量与直接下属数量、各部门职责、组织氛围等，以帮助管理者思考组织如何架构、有哪些关键领导能力、是否需要具备组织能力等问题。第五，制订完善的行动计划，前面所有的人才盘点工作都是"纸上谈兵"，只有行动计划才能真正触及组织和个人的变化。第六，管理者完成所有汇报材料的撰写，明确组织架构是什么、职责是什么、要不要调整组织架构、原则是什么等问题。

（2）实施阶段。此阶段的重点是开好人才盘点会，包括述能会与盘点会。会议应本着保密、客观、开放、倾听等原则，将重点放在能力、业绩和行为方面，而不是个性和态度方面，评价要以事实和具体的实例为基础。述能会与述职会不同，其关注的重点是个人的思想、行为、情绪/情感模式，即什么人做了什么事。多位评价者根据被评价者的讲述内容进行"结构化提问"，并做出评价。述能会的表面效度高，能够提升管理者的识人与用人能力。在人才盘点会上，人力资源主管需要作为会议主持人来推动盘点会的顺利进行，并以提问的形式确定一些关键问题，以便获得一些额外关键信息；准确描述特定行为；澄清问题，获得准确记录；判断领导行为的影响；帮助参与者开拓思路，发现新观点；了解如何使领导能力最大化；找出评价背后的原因；发现员工为提升个人能力已采取的措施，以及更多的个人职业兴趣和发展目标。盘点会结束后人力资源主管负责处理盘点结果，并根据个人报告指导员工编制个人发展计划；根据集体报告，由人力资源主管主导，编制团队提升方案。

（3）后续跟进阶段。人才盘点结束后，要对人才盘点的效果进行跟踪与评估。有些方面在人才盘点结束后就能够看到结果，有些方面可能需要几年的时间才能感受到人才盘点的成效。首先，要进行结果反馈，帮助员工通过建立自我意识、承认现状、采取行动这一过程实现能力的提升；其次，制订个人发展计划，编制人才档案，保证人才的每一次进步均可以追溯；最后，将结果进一步应用于提升组织效率的实践上。

（二）人才选拔

人才选拔是指通过某种方式和途径遴选人才的过程。只有多方面、全方位地对人才进行衡量，建立品德、知识、能力、业绩等多方面的衡量标准，树立"人人都可以成才"的新观念，才能做好人才的选拔和任用工作。

1.人才选拔的含义

具体来讲，人才选拔主要是根据各行各业的需要，有计划地对目标人选进行挑选和培养，从而促进人才结构合理化。选拔和培养人才的最终目标是选准人、用好人。这需要制定合理的人才培养规划。人才的选拔培养，不仅要重视人才已有的表现，更重要的是选择其发展可能性。要想做到这一点，除了要及时掌握人才的现实表现情况外，还必须充分利用人事档案，全面了解人才的情况，为发现人才和正确、合理、适时地使用人才打好基础。

2.人才选拔的原则

人才的选拔不能仅凭管理者和人事部门的主观臆断，要有一定的准则。人才选拔的主要原则如下。

（1）公认性原则。正常情况下，得到同行认可的人才，都具有一定的代表性，且表现非常优异。因此，人才的选拔工作需要遵循公认性原则。

（2）理性思维原则。不受主观感觉的影响，不被世俗偏见所左右，在实践的基础上用理性思维去评价和考核人才，这是选拔人才的重要原则。类似"姜是老的辣"的论资排辈思想，"不求有功，但求无过"的求全思想，还有一些人为的个人思想偏见等，这都是影响正确选拔人才的因素。

（3）唯才是举原则。选拔人才要破除门户之见和个人思想偏见，重视被选拔者的学历、能力、潜力、业绩与贡献，真正依据才能来选拔人才。

3. 人才选拔的方法

如何选拔人才，做到人才与职位的最佳匹配呢？人才选拔的常用方法包括材料法、访谈法、测验法、评价中心法等，这些方法与人力资源管理中的甄选方法是相似的，区别主要是指标的选择更加严格，评价内容更加专业。

（三）人才使用

1. 人才使用的含义

人才使用是人才管理的中心环节。人才的选拔、培训考核、奖惩、保护与流动都是为了合理使用人才、激励人才。人才使用与工作效率关系密切。人才使用合理，就能发挥人才的工作积极性，提高工作效率和经济效益，充分发挥人才结构的优势。

同时，人才使用不能忽视人员培训，有计划地、科学地培训人员，才能长期充分地发挥人才的工作积极性。除此之外，要想不断提高人才使用效率，就必须高度重视人才资源的合理使用，充分发挥现有人才的作用，把它作为人才发展工作的首要任务。在使用人才时，一定要悉心研究和掌握人才的特点、专长，择其长，避其短，使每个人都能充分发挥自己的专长。要防止人才的流失和浪费，真正做到人尽其才，才尽其用。

2. 人才使用的原则

这里所说的原则是指在人才资源合理使用过程中所必须遵循的法则和规范。这些原则是根据人才资源的特点、活动规律和人才使用过程中的特点提出的，主要包括人本原则、系统原则、动态原则、发展原则和能级原则（见图9-4）。

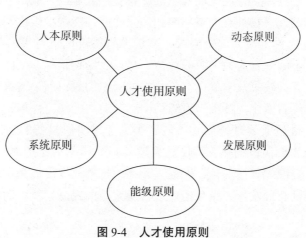

图9-4 人才使用原则

（1）人本原则。人本原则要求在人才资源使用中关注人才的基本需求及实现自身价值的愿望和要求，创造公平的人才发展环境和竞争环境，增强亲和力、凝聚力，通过形成事业留人、待遇留人、情感留人的文化氛围来吸引和稳定人才。

（2）系统原则。系统原则就是把人才作为一个系统，用系统化的观点和方法进行开发，统观全局，把握人才结构，分析能级，跟踪变化，调节反馈，控制方向，达成目标。为实现人才资源的合理使用，该系统由许多分系统组成，具有整体性、集合性、层次性、功能性等特点，紧扣人才的预测与规划、培养与使用、配置与管理等环节，进行整体性人才资源开发。

（3）动态原则。从基本内涵上来看，人才资源的合理使用本身就是一个动态过程，人才资源的能力和才华是随着人才开发利用的目标、开发利用的深度、政策措施和手段方法的引入、环境条件及自我控制意识而逐渐展示的。人才资源的能力提升过程同样存在着从量变到质变的规律性，这就要不断地对人才资源进行投资，实施正确的策略，使人才能力不断得到提升与完善。

（4）发展原则。人才发展既有个体的发展，又有整体的发展。发展原则是指人才资源合理使用要着眼于各级各类人才的协调发展，强化分类指导、统筹协调；努力实现人才资源开发与经济社会发展相协调，要在经济社会发展中实现人才发展，在人才发展中促进经济社会发展。人才资源合理使用既要对已发现的人才资源（显能）进行合理利用，又要对潜在的人才资源（潜能）进行合理挖掘，即发展人才的整体能力。

（5）能级原则。每个人才都有各自的能力类型和等级，能级原则就是根据人才的能力类型和等级，为其安排不同的工作，明确他们的责任和职权，使人才的能力与工作职位、工作内容相适应。遵循能级原则，前提条件是通过全面的综合考察，深入了解人才的能级以及各职位对人才能级的要求。如果出现了人才的能级与职位要求不相适应的情况，就应及时调整，为其安排新的职位。同时，企业应通过加强人才培训、实践锻炼、外出进修等多种形式迅速提升人才的素质和能力。

3. 人才合理使用的措施

（1）合理配置人才资源。合理配置人才资源就是把人才放到能充分发挥人才的能力和智慧的平台上的机制和过程，它具有调整功能和优化功能，能帮助组织实现人尽其才，才尽其用。做好人才资源的配置工作，首先要求人才资源管理部门进行人员的需求预测和供给预测。通过供给预测，了解现有人力资源的数量、质量、结构预期，可能出现的职位空缺、劳动力市场状况、社会有关政策及本单位在公众中的吸引力等；通过需求预测，及时了解产品市场需求、预期生产经营变化、技术与组织结构、劳动力的稳定性等，保证未来人才资源的供需平衡。其次，人才资源管理部门必须对各类人才本身所具备的知识文化程度、素质结构、能力高低、所从事的岗位的熟练程度、兴趣爱好等情况了如指掌，真正做到岗有所需、人有所值，实现人力资源配置最优化，保证人才在为推动社会发展做贡献的同时，还能够使自身的优势和特长得到充分发挥，极大地促进自身素质的提高、能力的增强、知识的升华和自身价值的实现。

（2）重视人才培训和激励。人才培训是指根据实践活动的具体要求，通过学习和培训进一步提高人才素质。其主要包括岗前培训、在职培训、继续教育等。为了迎接新技术革命的挑战，提高人才的应变能力，组织要利用多种形式、多种渠道不断地对人才进行单项知识和能力的培训，从而提高人才素质，增强其业务能力，开发其潜在能力。人才培训要从一般性知识补缺和应试教育转移到全面提高实际工作能力、应变能力等综合素质上来，从传统单一的教育培训方法转移到现代教育培训方法上来，尽快建立人才分类培训制度，不断提高继续教育层次，加强对人才的任职培训、专业培训、知识更新培训和提高培训。在培训内容上，要突出法律、市场经济、现代管理等知识，在形式上结合学历提高、知识更新、岗位培训等方式进行。坚持"国内培养"与"国外深造"相结合，鼓励人才通过多种形式和渠道参与终身学习，做好选派各类人才出国（境）培训工作。

人才激励就是要通过各种手段充分激发人才的主动性、积极性和创造性的过程，这是人才资源使用性开发的重要内容。人才激励是给予各类人才与其业绩相符合的报酬、物质和精神奖励、待遇等，这既是人才价值在一个方面的集中体现，又是人才持续发展应具备的条件。同时，渴望信任是人所共有的心理，也是激励人才奋发进取的助推器。给人才以充分信任，能使其感受到自己的价值和尊严，激发其工作积极性和创造性，增强其对组织的向心力。除此之外，竞争也是激励人才奋发向上的有效措施，只有竞争才能使人才的潜能得到充分释放，人才价值才会被充分实现。只有在自由选择和被选择之间，在人才效益的相互较量中，才能使优秀人才不断脱颖而出，推动社会加快发展。

（3）优化人才资源使用的环境。为人才资源的发掘与使用创造一个不断优化的环境是人才使用性开发的一项重要内容，它主要体现在观念、机制和政策三个方面。第一，在观念上，人才资源合理使用要坚决摒弃重物轻人的观念，进一步倡导尊重知识、尊重人才的风气，从战略高度不断扩大识人视野和用人渠道。第二，在机制上，努力形成广纳群贤、人尽其才、充满活力的用人机制，促进人才合理流动，积极营造有利于人才发掘成长和优秀人才脱颖而出的良好环境，以提高人才素质为中心，以人才机制和人才环境建设为重点，大力开发和利用人才资源，提高人才资源市场化配置程度，让一切劳动、知识、技术、管理和资本的活力迸发出来，让一切创造社会财富的源泉充分涌流，以造福于人民。第三，在政策上，勇于冲破陈旧观念对人才的束缚，制定有利于留住和用好现有人才的政策、有利于人才合理流动的政策、有利于吸引国内外优秀人才创业的政策、有利于提高人才的社会和政治地位的政策，创造一个宽松的选才、育才、用才的政策环境。第四，在物质环境上，建立留学回国人员创业园区和高级专家公寓，完善医疗、休养等制度，为优秀人才创造一个良好的工作和生活环境。

企业应用感情留住人，用事业留住人，即确立重业绩、重能力的用人导向，靠制度选拔人才。正确的用人导向就是在选拔人才时比业绩、比贡献、比能力，如此才能集聚人才，激励人的工作积极性，有利于打破论资排辈、迁就照顾、片面平衡的条条框框，创造不拘一格选用人才的公平竞争氛围。

（四）人才评估

人才的科学评估是实现人才科学使用和管理的重要手段。人才评价标准从学历、职称到重能力与潜力、凭业绩与贡献、看心态与品行，呈现出从单一走向多元的特点，也预示着更加科学、客观、公正的人才评价体系的形成。因此，人才评价内容包括业绩、贡献、能力、潜力、口德与态度[①]。

1. 人才评估的含义与基本要素

人才评估是指相关机构或部门，根据对人才所应具备的一定素质的基本要求和现实状况，运用主要指标和科学方法，对人才个体或群体实施评鉴、估测的管理活动。与人才考核相比，人才评估是为了确定人才的现时价值或效用，它是包含诸多要素的系统工程；而人才考核是通过工作成绩与成果评价人才的优劣，它是对人才已有素质的总结。人才评估活动主要包括以下七项基本要素。

（1）人才评估的主体。人才评估的主体有广义与狭义之分。广义的人才评估主体包括评估的操作主体和管理主体，操作主体是具体主持人才评估的人员，管理主体是组织、管理评估工作的专家和专业人员。狭义的人才评估主体专指操作主体。

（2）人才评估的客体。人才评估的客体即被评估对象，分为专项评估客体和综合评估客体。专项评估客体是指人才或人才群体中的某一方面，如智力评估、道德评估等；综合评估客体是指人才或人才群体的整体状况。

（3）人才评估的原则。人才评估的原则是指在评估活动中必须遵循的基本准则和要求。制定人才评估原则是为确保评估活动的公开、公正和评估结果的真实、客观。人才评估的原则主要包括真实性原则、科学性原则、独立性原则与可行性原则。

（4）人才评估的标准。人才评估的标准是指评估人才价值素质的具体指标，它因不同的评估对象和评估目标而不同。

（5）人才评估的方法。人才评估的方法是指进行人才评估所采取的特定的技术规程，是根据人才评估目标和标准而确定的评估方略、方法、操作性技术及计算公式等技术规程。

（6）人才评估的程序。人才评估的程序是指评估活动全过程应遵循的环节和步骤，包括工作程序和操作程序，两者都是评估活动过程客观、规律性、规范化的表现。

（7）人才评估的参照系。人才评估的参照系是指用以评估结果并得出结论的对照结果。分析人才评估结果的重要参照系是人才评估基准时间。人才评估基准时间是指人才评估活动的时段，是采集评估对象的各种数据和信息的时间范围。以创新创业人才评估为例，其指标体系如表9-1所示。

---

① 萧鸣政. 人才评价机制问题探析［J］. 北京大学学报（哲学社会科学版），2009，46（3）：3.

表 9-1　创新创业人才评估指标体系示例

评价目标	一级指标	二级指标	三级指标
创新创业人才	创新创业知识	基本知识	• 一般常识 • 自然科学、社会科学基本知识
		专业知识	• 专业方向知识 • 创新创业知识
	创新创业素质	身体素质	• 生理机能 • 运动能力 • 适应能力
		心理素质	• 乐观积极 • 自觉 / 自控 / 自信 • 冒险性 / 抗压性
	创新创业意识	超前思维	• 预见性 • 发散性
		内在动机	• 责任感 • 服务性
	创新创业能力	个人能力	• 自学 / 观察 / 模仿 / 判断能力 • 抽象思维 / 决策能力
		交往能力	• 表达 / 时间 / 应变能力 • 组织协调 / 沟通能力

2. 人才评估的功能

（1）鉴定功能。人才评估的鉴定功能表现为两个方面：一是人才评估结果是对人才的素质和能力的定性和定量评价，为按能级使用人才提供了科学依据；二是人才评估结果较为客观、真实地反映了人才的"长"和"短"，为人才的自我定位与发展提供了科学依据。

（2）诊断功能。人才评估不仅是对人才个体素质和能力结构做出诊断，而且是对人才群体结构、使用现状和用人决策进行评价。因此，它能及时反映和预测人才个体和群体发展存在的瓶颈并予以纠正，从而提高人才使用效益。

（3）强化功能。人才评估的强化功能包括正强化和负强化。正强化是指人才评估结果对人才个体或群体产生的积极影响。例如，评估结果的肯定性因素能够调动人才的工作积极性。负强化是指人才评估结果的否定性因素对人才个体或群体产生消极刺激。例如，人才绩效评估结果不高会使人才对自身的能力产生怀疑；人才群体因评估结果不能达到预期目标而产生离心力。因此，企业应对人才个体或群体进行积极引导，避免或减少人才评估的负强化功能。

（4）咨询功能。人才评估过程需要收集各种与人才相关的信息。这些客观事实和真实数据能使管理者检验用人政策或培养计划的正确与否，并为做出新的决策提供科学依据。

3. 人才评估的内容

人才评估的对象是人才，因此人才的特定内涵决定了人才评估的基本内容。

（1）人才的素质。人才的素质可分为先天素质与后天习得素质。后天习得素质是人才评估的重点，包括思想素质、智能素质、非智力素质和生理素质。

① 思想素质。人才的思想素质由政治思想品质与道德品质组成，因此，对人才思想素质的评估主要是考察这两个方面。

② 智能素质。评估人才的智能素质，主要是考察人才的业务知识和工作能力。在知识方面，主要包括文化知识水平、专业知识水平和工作经历等。在工作能力方面，主要包括领导能力、组织活动能力、语言表达能力、文字写作能力、协调能力、计划预见能力、反应判断能力以及应变适应能力等。同时，评估人才的能力时，要注意考察人才的潜在能力，如人才个人的某些特长，以及经过一定的培训和实践后能迅速提高的能力，充分发挥人才的潜在能力，这不论是对人才个人还是用人部门来说都有很大好处的。

③ 非智力素质。评估人才的非智力素质，主要是从兴趣、意志、性格与气质等方面进行考察。在兴趣方面，主要包括兴趣的内容、程度、持久性及中心兴趣等；在意志方面，主要包括行动的自觉性、果断性、克制力、忍耐力等；在性格方面，主要包括思维的独立性、好奇心、创新性等；在气质方面，主要按照胆汁质、多血质、黏液质与抑郁质这四种气质类型的基本特征考察人才的气质，以此作为评估人才性格的参考指标。非智力素质评估的主要方法及其优劣势、适用范围如表 9-2 所示。

表 9-2　非智力素质评估的主要方法及其优劣势、适用范围

评估方法	优势	劣势	适用范围
上级评估	• 易操作 • 内容贴合实际	• 主管能力影响较大 • 信息来源单一	• 人才盘点机制 • 管理人员成熟度高
评价中心	• 和未来岗位比较贴近 • 效度好	• 成本高，时间长 • 一般以项目的形式开展，容易流程化	适合少数高管
心理测评	• 成本低 • 时间短 • 易操作	• 测评内心 • 报告需要解读，对 HR 和主管的专业度要求比较高	• 适用大部分潜力评估 • 可以和主管评估相结合，作为参照工具，辅助判断

④ 生理素质。评估人才的生理素质的，主要从两个方面进行考察：其一，人才是否具有顺利完成某项任务、从事某种工作所必需的身体状况条件；其二，人才是否处在创造力、精力等生理运动曲线的波峰，即最佳生理期。通过人才的素质评估，不仅较为全面地展现了人才的知识结构、能力、性格等基本情况，而且客观地展现了人才的"长"和"短"，为管理者科学认识和使用人才提供了依据。

（2）绩效。绩效是人才各项内在素质的外化表现，通过绩效评估能够验证人才所拥有的素质的真实性与可靠性。人才绩效可以从两个方面考察：一是工作成绩，包括工作数量和质

量；二是工作效益，包括人才为社会、单位创造的价值与贡献。因此，与人才考核的绩效相比，人才评估的绩效更注重通过考察人才各项素质外化的效果，分析人才是否具有担任相应职务或工作的素质。

4. 人才评估的程序

人才评估的程序是人才评估工作全过程所包含的基本阶段、环节和先后顺序等，它是一个规范化的工作流程。人才评估的程序可以划分为三个阶段。

（1）立项阶段。这一阶段主要进行事前的决策和组织准备工作，具体包括申请、立项和委托三部分。首先，由下级用人部门向上级提出对本部门人才进行评估的请求；其次，上级部门批准下级部门的申请后，确立此次评估的具体对象、目标、费用等具体内容，并进行立项；最后，用人部门根据评估的要求，选择专门的评估机构或聘请专门的评估技术人员进行评估。

（2）执行阶段。这一阶段进入业务操作环节，包括评估准备与评定估算。评估准备主要是落实评估组织和人员、制定评估方案、收集信息和数据等。这一环节应注意两点：一是评估方案应详细全面，如评估的分解目标、程序、参照系、基准时间等；二是收集的信息和数据不仅要体现与人才素质和绩效相关的内容，还应包括社会环境中相关的信息。评定估算指由评估人员按确定的评估方法，对收集到的信息与数据进行评估，并得出结果。

（3）后期管理阶段。这一阶段是工作程序与工作结论的验证和确认，包括审核验证、复查与确认。首先，用人部门对综合报告提出质疑；随后，评估人员根据质疑对相关步骤、环节进行重新评估，并提出更改理由；最后，评估方与用人部门共同认定综合报告的客观性、可靠性与真实性，确认评估结果。

人才评估工作程序结束后，用人部门将相关的评估结果传达给被评估人和具体部门。如果被评估人对评估结果没有异议，则直接归档；如果存在异议，则由被评估人提出复议要求，经有关部门核实，做出最终结论并归档。评估结果的归档既是用人部门对人才使用重新认识的开始，也是下一次人才评估的基础。

（五）人才服务

1. 人才服务的定义

从微观上来看，人才服务是指通过改变人、技术、组织和信息的工作与互动方式，提高人才的工作质量和效率的一种手段。只有对人才有深刻的理解，了解人才的特点和需求，才能为人才服务的研究和实践指明方向。人才服务虽然以提供服务为目的，但这个过程却少不了对人才、服务项目和产品流程甚至是对服务要求方的管理。

2. 人才服务的意义

（1）吸引人才。提供素质较高的人才服务的企业，往往能够得到员工的称赞，形成一种雇主品牌。这种形象与品牌可以让组织在潜在的员工中间形成较好的知名度，使优秀人才优先选择本组织，便于更好地将组织推销给各个人才。尤其是在同行业、薪酬水平相似的企业中进行竞争时，好的人才服务有助于企业收获更多人才，从而拥有竞争优势。因此，采用为员工提供多种福利、建立雇主品牌形象的方式来吸引优秀人才，能够帮助企业持续获得核心的关键人才，从而在竞争中赢得优势。

（2）留住人才。今天很多企业开始尝试通过创新、提高产品附加值和服务的附加值、"走出去"等市场竞争策略来摆脱"价格战"泥潭，进行转型升级。但是在"市场突围"过程中，很多企业由于"人才市场竞争战略"的缺失，转型升级步伐受阻，而这不仅仅是靠"高薪挖人""高薪留人"就能形成的竞争优势。当前，已经有一些优秀企业在人力资源管理上摆脱了"员工服务企业"的单向思维，建立起"企业服务员工"的逆向思维。在这种思维下，人力资源部门要做的是通过体系化的人力资源服务管理，提升员工的工作体验和满意度，这种人才服务的成果会通过各种方式广泛传播，为企业员工带来自豪感，从而留住更多的内部人才。

（3）提高组织生产效率。提供成功的人才服务不仅能吸引和留住优秀人才，更能鼓励、推动员工提高生产力及产品和服务质量，这实质上是组织对员工的一种承诺，是组织在员工心目中的一种声誉。只要员工努力工作，发展机会就多，这种在人才市场和社会公众中的良好形象会激励那些为声誉而努力工作的员工，使他们为维护和支持这种服务而继续努力。

3.人才服务的措施

人才服务措施的层次如图 9-5 所示。

图 9-5　人才服务措施的层次

为了更好地满足组织内部员工不同层次的需求，从而更好地服务员工，组织需要构建自下而上的内部人才服务体系。自下而上分别是身心健康层次、工作环境与氛围层次、情感支持层次、个人职业生涯规划层次和长期激励层次。

（1）身心健康。随着人们的工作节奏变快、工作压力增大，媒体所报道的因工作、家庭或生活上的心理压力过大而导致极端行为的现象层出不穷，这是我国在当前社会经济转型中所面临的问题。具体来说，员工首先会面对由于高压工作所带来的各种身体疾病，其次还有来自生活中沉重的经济负担、家庭矛盾、感情纠纷，同时还会面对工作中带来的职业不安全感、复杂的人际关系、紧张的工作负担和严苛的绩效考核压力等，这些因素交织在一起极大影响着组织内部员工的心理健康，也给组织带来了沉重的管理难题。生理与心理的健康是人才资源得以发挥的基础，没有了健康的身心，再杰出的人才也会失去光环，因此员工的身体与心理健康需要得到组织的关注。

健康医疗福利是保障员工身心健康最直接也是必要的方式。一些企业专门设立健康管理部，配备具有丰富的服务经验和专业知识的服务人员，为员工提供专业的医疗报销服务。健康补充福利包括定制化的意外保障方案、补充医疗保障方案以及住院补贴、大病救助及重疾安康等保障性福利、惠及配偶和子女的补充医疗保障，以及为外籍员工和大型客户提供的高端医疗保险或定制化的保险经纪服务。为员工提供健康医疗福利，不仅可以使员工在个人健康方面得到充分保障和额外特定数额的补贴，还因为其配偶及子女提供保障服务，使员工更加安心地投入工作，从而提高员工的工作积极性和对企业的忠诚度及满意度[①]。

为了更好地提前预防员工的心理健康问题，组织要积极宣传和推广职业心理健康知识，通过海报、职业心理健康手册、健康知识讲座、部门会议议程及公司内部电子布告等多种形式的宣传渠道，树立组织上下对心理健康的正确认识。此外，组织也可为员工及管理者提供相关的心理培训，针对每一位员工采用个性化的个体培训，尽量做到全覆盖；同时还需要统一开展有针对性的关于自我压力控制、挫折管理、保持乐观情绪、人际关系交往等一系列培训，帮助企业内的每一位员工和领导都能增强自身的抗压能力和素质，使其提高面对心理困境时的自我应对能力。

（2）工作环境与氛围。人才的个人潜能需要在一个令人满意的环境中最大限度地发挥出来。调查结果显示，员工敬业度很高的一个重要原因就是公司能提供舒适的个性化工作环境。营造舒适的工作环境与氛围有助于建设企业人本文化，可以帮助员工更好地融入团队、组织中。工作环境与氛围既包括硬性的物理办公环境，也包括软性的沟通氛围环境。

组织的物理工作环境对内部员工的心理、行动具有直接影响，与员工的工作状况、组织绩效和组织发展状况都有直接联系，是体现社会工作质量情况、衡量社会发展程度的一项重要指标。为知识型员工提供良好的工作环境，可以保证他们思维的活跃性，从而充分发挥他们自身的创造性以及提高他们的工作效率。例如，以人体工程安全健康的办公设计理念对员工的办公环境进行改进，配置可以自动调节的办公桌、椅，可以自由调节的柔和灯光，绿化室内办公环境，为全封闭的办公空间增加供氧及加湿设备，增加员工可自主掌控的办公空间；增添购物超市，以方便员工的工作生活，在餐厅内增设外卖部以减轻员工回家后的家务劳作；适度扩大体育活动面积、扩建足球场和篮球场等大众化体育娱乐场所、增加健身器材。

除此以外，建立良好的沟通氛围环境也是建立良好工作环境的必要方式。通过建立柔性的沟通机制，使员工和企业的组织代理人之间进行有效交流，在发生消极结果时，可以以友好的方式进行清楚的解释，这些都是员工和企业关系得以调整和巩固的必要条件和制度基

---

① 中国人力资源服务业蓝皮书（2016）［C］.北京：北京大学人力资源开发与管理研究中心，2017：57.

础。建立良好沟通平台的方式有很多，包括建立员工交流计划、绿色通道计划等。员工交流计划是指各相关业务部门之间定期（如一个月）进行工作交流，互相充分了解需要进行协调解决的问题；绿色通道计划是指设立部门负责人和高层管理者的绿色通道邮箱，打通员工与上级沟通的渠道，让高层管理人员也能充分了解基层员工的想法和信息，以便更好地进行决策。

（3）情感支持。建立员工和企业的心理契约，培养员工对企业的情感依托，有助于建立一种特殊的雇主与员工之间的忠诚和信任关系。企业应从以人为本的角度在工作中更加关心、理解支持和信任员工，使员工感受到被重视和被关怀。在员工面对失误与失败时，管理者应给予更多的关心与勉励。在心理层面上极大地激发员工的工作热情和凝聚力，让员工感受到来自领导的支持与信任，必然会使其产生更大的成就感和进取精神。同时，企业在工作中给员工进行充分的授权与决策权力，通过沟通明确公司的预期与整体目标，可逐渐增强员工对公司的认同感和责任感，使员工感到自己处于一个和谐温暖的大家庭中。

公司建立起对员工良好的情感支持，可以通过倡导丰富文体活动、倡导家庭生活工作平衡等方式实现。第一，公司应倡导"努力工作、美好生活"的员工生活模式，鼓励工作时间弹性化，不提倡加班，充分调动员工的工作积极性和生活热情。第二，定期为员工组织丰富的文体活动，缓解工作带来的身心压力，从而提高其工作效率，构建和谐的劳资关系。一些公司（如新浪）提倡通过员工俱乐部的方式，帮助员工调节工作与生活。员工俱乐部是指在公司内部组织俱乐部，各部门人员可以自由参加、定期活动，如羽毛球俱乐部、足球俱乐部等，活动时间为每周五下班后的 2 ~ 3 个小时，公司定期为场地费用进行报销。第三，构建良好的企业文化，在企业内部建立良好的工作氛围、同事之间的和谐关系、支持性的工作环境、强有力的凝聚力，最终融汇、凝聚成企业核心文化向外传播（见表9-3）。

表9-3　特色企业文化示例

企业	企业文化	效果
海底捞	"家文化"	吸引一些对情感联系更看重的潜在求职者
华为	"狼文化"	大批为了梦想殊死搏斗的"勇士"
IBM	"创新文化"	一批脑洞大开、思维放射的"追梦者"敞开大门
……	……	……

（4）个人职业生涯规划。由于企业和员工之间的契约早已从传统的终身雇用变为长期就业能力的培养，如果高薪已经不是能够长期留住员工的利器，那么就需要为员工提供长期发展机会将人才紧紧留住。因此，重视员工职业生涯规划和员工个人发展机会在个人发展层次上是非常必要的，具体措施包括协助进行员工定位、员工职业发展设计和实施、建立培训系统等。

协助进行员工定位是指在一个员工刚加入组织时，企业就要为其未来发展确定方向。否则，在未来的某个时候，企业就会突然发现核心员工正在流失。从定位一开始，就应该关注员工的未来发展。在员工定位过程中，制定明确的 1 年期和 3 年期的个人成长和职业发展目标，详细介绍实现这些目标可以利用的资源，以及指定导师作为员工未来成长的行动榜样。企业保留员工的诚意和决心不仅来自公司、高级管理层以及各位直线管理者，也来自处于同等地位的同事。

员工职业发展设计和实施是指企业指导员工的职业生涯设计并与员工共同努力，促进其职业生涯计划的实现。例如，企业员工希望开发以商业技巧或行为能力培养为中心的职业生涯，企业则必须跳出传统培训和职业阶梯的范围，为员工提供学习新知识、新技能的机会，诸如部门岗位轮换、灵活的工作任务和"拜师学艺"等方式，以满足不同员工的个人发展需求。

除此之外，就企业而言，为核心员工提供培训，就等于为自己的人力银行存款；对核心员工来讲，要想维持或拓展自己的业绩和竞争力，就必须不间断地"充电"，他们有这方面的需求，而且很希望所在企业能够满足自己的培训需求。因此，给予核心员工持续不断的培训机会，可以培育核心员工的忠诚度，同时也为核心员工跳槽设置了较高的机会成本，更为企业的可持续发展夯实了基础。

（5）长期激励。大部分研究表明，金钱作为基础的求职观已经得到刷新和改变，已经不在雇主品牌的构建中占据重要的地位，但是金钱作为雇主品牌构建的基本要素的地位并未被剥夺。当今，劳动力市场绝大部分求职者仍然将金钱作为衡量是否进入该企业的关键条件之一。因此，以金钱给付为核心的长期激励在人才服务中占有十分重要的地位。目前比较新颖的长期激励方式包括自助餐式的"泛薪酬"菜单模式和弹性福利计划。

自助餐式的"泛薪酬"菜单模式可以说是一种新的概念。"泛薪酬"就是在薪酬结构方面提倡多样性、多元化，不局限于金钱这一种形式。自助餐式的"泛薪酬"菜单就是在公司和雇员充分沟通的基础上确定雇员的薪酬表现形式，它的特点是具有多样性、多元化、定制化和动态性。许多有前瞻性的跨国公司，都已经开始实行雇员薪酬方案定制化，根据雇员不同的需求来安排薪酬成分的比重。例如，某个员工对额外津贴不感兴趣，但会对提升生活质量（减少每周工作时间或者早晨可以在家办公）更在意；某个员工不需要医疗保险（因为他的配偶的保险已经将他包括在内了），他就可以把这份原本用于医疗保险的薪酬转换到其他方式上去，如增加基本工资。由于员工的需求在不同的阶段、不同时期有着显著的差异，因此定制化的薪酬方案也不能一成不变，需要根据员工的需求变化情况做出相应的调整。

弹性福利计划是基于市场经济背景下，因企业管理理论与实践的发展而产生的一种企业员工福利管理模式，是指在充分考量企业员工的实际需求的基础上而建立的一种个性化福利组合方式。企业可按照周期对福利组合方式进行适当的调整与变更。例如，根据企业员工个人需要进行调整，将企业员工福利进行"私人定制"，员工根据自身的需要进行选择，这是一种现代企业员工管理模式。弹性福利计划是一种顺应时代发展潮流的企业福利管理模式，其产生与发展是能够与时俱进的，同时也符合企业管理的客观规律。弹性福利计划有其本身的优势所在。对企业而言，弹性福利计划的实施能够有效调整公司人力结构以及员工对企业的满意程度，能够增强员工对企业的归属感，同时也可以作为一项激励制度在企业中实施，以调动员工的工作积极性，提高员工的工作效率。对员工个人而言，这种弹性福利计划的实施能够满足员工的个性化需求，员工可以根据自身情况进行福利合理组合，提高员工的满足感和成就感；同时，新时期企业员工的需求不断多元化，而要满足这种多样化的需求，企业就要根据不同的实际情况制定多元化的福利措施，从而有效调动员工的工作积极性。

本章练习题

1. 人才服务的举措有哪些？
2. 人才盘点的流程是什么？

第十章 远程工作中的人力资源管理

本章学习目标

本章主要介绍传统的人力资源工作模块应当如何进行更新与发展，以更好地适应远程工作的需要。在学习完本章节后，读者应对远程招聘、远程培训的实施，以及对远程工作人员的管理有更深刻的理解，从而在远程工作时代全面到来前做好准备。

作为一种新型的工作形式，远程工作正在不断地发展并在部分行业中逐渐流行起来，这种工作方式的变革对人力资源管理人员来说既是一次机会，也是面临的一项挑战。在这种形势下，人力资源从业者既要顺应潮流，对招聘与培训工作进行升级，逐步采用远程招聘与培训的方式，也要对其他部门进行远程工作的员工采用更加适应其工作情况的绩效和薪酬管理方法，如 OKR 管理等。

第一节 远程办公

一、远程办公的概念

随着信息化手段的不断发展以及工作观念的不断成熟，远程办公从一个新兴的概念转变成为一种实际的工作方式，并融入部分行业的日常工作中。在移动互联网时代，员工可以使用第三方软件远程遥控办公设备以实现远程办公的目的，其中，在家办公和异地办公成为远程办公的主要形式。4G 通信技术的普及、5G 通信的建设，以及移动电子设备的快速发展使得远程办公不再局限于固定地点，诸如智能手机、平板电脑等体积小且功能全的电子设备能够支持人们在多种移动场景下进行办公，这使得移动办公逐渐在远程办公中占据重要地位。除此之外，远程办公的对象和形式并不是固定的，其既可以是与同事进行合作以完成工作、进行上下层级的汇报和讨论，也可以是对客户进行直接的沟通和服务，因此远程办公的形式和内容具有多样化的特点。

虽然远程办公能整合公司内外部的各种商业信息，并且能够在一定程度上替代传统的办公形式，但是其并不是万能的。首先，远程办公不能解决资金问题。当公司需要银行贷款、回收账款时，只能依靠员工进行面对面的交流，一些重要的合同签订、资金交易等工作更需要以正式的方式和场合进行确认。其次，客户的互动和留存也很难通过远程办公达成。大部分企业的客户组成是多层次的，部分客户群体可能没有能力或者不能够接受远程服务与互动，公司会遇到开发新客户困难、老客户流失严重等问题；同时，远程服务也难以令客户感受到人文关怀。最后，产品的开发与控制需要在线下进行。大部分产品开发和制造涉及精密仪器的使用以及实际的体验感受，其只能在公司的环境中进行。因此，远程办公的运用需要考虑特定的工作内容和行业属性，这样才能更好地发挥其优势。

二、远程办公的特点

在过去的 10 年时间里，远程工作实现了跨越式发展。凭借当前的技术状态，现在比以往任何时候都更容易实现远程工作。但是，技术发展只是远程办公推广的基础条件，而公司领导层的意愿最终决定了其推广范围与使用程度。其中，移动办公所带来的一系列对员工和雇主的益处，增加了公司推广远程工作的意愿。

从员工的角度来说，首先，远程办公可以降低时间成本。极光大数据发布的《2018 年中国城市通勤研究报告》中提到，北京、上海等一线城市的平均日通勤时间大于 54 分钟，以全年 232 个工作日计算，相当于每人每年在通勤上要花费 200 多小时，花费 1600 多元。长时间的通勤不仅带来时间与金钱的损失，更对个人的幸福感和家庭稳定造成了威胁。根据中国财经报道，通勤时间每增加 20 分钟，乘客的痛苦感相当于工资减少五分之一，同时那些通勤时间在 45 分钟以上的人，5 年内的离婚率比不需要通勤的人要高出 4%。这是因为，长时间的通勤会给人们带来压力和烦躁感，当这种感受难以得到合理释放时，就会向自身或者家庭成员进行爆发式的宣泄。而远程办公允许员工在家中使用软件进行签到和工作，即使不前往办公场所，也可以正常产出工作成果，这极大地节省了来回通勤的成本，员工的压力和烦躁感也能得到一定程度的缓解。远程工作能提高员工的工作效率，因为远程工作可以减少办公室外的干扰。办公室政治、冗长的会议等在很大程度上可以被消除，从而促使员工专心于手头的工作。从企业管理者的角度来说，允许员工远程工作有很多好处。首先，它可以帮助企业降低固定成本。具体来说，远程办公让企业不需要大型办公室，从而节省了办公场地的固定成本。远程办公在一定程度上能够帮助企业减少员工的流动率。美国斯坦福大学的一项研究表示，当为员工提供远程工作的措施后，员工流动率降低了 50% 以上。这是因为，远程工作不会让员工感受到压力，因此他们会更长时间地保持现有工作。

虽然远程办公对企业管理者和员工都有益处，但相应地也产生了一些问题。首先，公司对员工的控制程度降低，企业管理者无法直接观察员工的具体工作表现，这会导致企业管理者对员工逐渐产生不信任感，怀疑员工的生产力下降。其次，远程办公增加了运营的隐性成本。由于远程办公时人员分布过于分散，这导致了团队内部沟通成本增加，信息不同步，从而导致总的生产效率下降。再次，长时间的远程办公也会导致员工与社会脱离，影响同事之间的交流，员工会感到孤独与焦虑，久而久之失去对工作的激情，同时还会弱化员工的归属感，使公司内部的凝聚力降低，企业文化逐渐弱化。最后，信息安全也是需要重视的问题。在远程办公的过程中，各类文件需要在员工与员工之间、员工与企业管理者之间进行传输，文件在传输过程中存在一定的风险，如病毒的入侵或黑客攻击，从而导致数据被泄露、丢失，进而给企业造成一定的损失。

三、远程办公的具体实施

企业要想更好地实施远程办公，充分发挥其优势，提高员工的工作效率，就需要从以下几个方面着手进行。

1. 明确工作内容

在进行远程办公时，员工之间的沟通成本增加，较难布置额外的工作内容，因此企业需要在远程办公实施之前对工作内容进行直观的阐述，明确解决问题的方式，设置清晰的汇报交接流程，从而减少远程办公时不必要的交流，降低沟通成本。同时，企业还可以提前对从事远程工作的员工进行培训或者在公司进行一段时间的办公，确保其熟练掌握岗位的工作内容，从而在远程工作的过程中独当一面，顺利地完成工作内容。

2. 选择合适的人员

远程办公在一定程度上使得员工脱离了公司的控制，导致了工作时间与休息时间的边界变得模糊，这时如果员工无法正确利用这种相对宽松的工作环境，就会造成工作效率的降低。一般来说，拥有以下特质的人更能够适应远程办公的环境。首先，这类员工要有自我驱动能力，对所负责的事情具有认同感、责任感，在缺乏监督的情况下能够主动的完成任务，如果员工没有这类特质，就会使得企业的管理和教育成本大大增加。其次，员工要能够独当一面，能独立完成工作，这样可以节省很多管理成本，也提高了整体的工作效率。最后，员工要有较强的沟通能力。在远程工作时，沟通的难度会增加，这就需要员工能把模糊的事说清楚，同时还能够有效地说服他人，从而对总体工作进行推动。

3. 设定统一的目标

在远程办公过程中，员工之间交流和沟通的次数往往很少，这可能会导致员工与企业之间的目标产生偏差，因此企业管理者需要为员工设定统一的目标，而且最好在远程工作开始之前就设定。在所有员工认同这个目标后，企业管理者要不间断地向他们重复这个目标，确保所有员工在远程办公时能够持续地朝着这个目标努力。

4. 重视沟通工作进度

虽然远程工作会增加沟通成本，但是现在有很多方法能在一定程度上避免这个问题。首先，员工之间可以使用文档驱动进行交流。当员工之间要讨论具体工作内容时，发起人可以先写一个文档，内容包括问题背景、目标、可选的方案等，然后在线上发起讨论。这样能够提高线上的沟通效率。其次，员工之间需要进行闲聊和自行见面。在一起工作时，人和人之间因为闲聊会产生更深的羁绊，但远程工作时，人们之间更多的是单纯的工作交接，从而造成一定程度的生疏感和冷漠感。因此，员工在远程工作时有必要进行私聊、闲聊，互相讲讲自己的经历和过往，甚至在适当的情况下与一起工作的人会面，这样能够更好地提升同事之间的亲切感，营造更和谐的工作氛围。最后，在进行任务交接时，每位员工需要对自己的工作目标做出承诺。一般来说，员工为自己设定的目标应与未来 1~2 周内的工作计划相关。在做出承诺后，员工在短期内会有更强的自驱力进行工作，从而提高工作效率，在自驱力降低时，下一次的目标承诺也会开始。

5.选择合适的工具

一般来说，企业要在内部建立一个信息共享平台，以满足员工在远程办公时提交、下载、共享资源的需求。同时，这个平台还要保证其安全性、及时性和可靠性，因此负责网络信息的部门成为保证远程办公的关键，这些部门要做到 24 小时值守，确保网络畅通。除此之外，如果公司的平台功能不够健全，员工还可以选择一些已被广泛应用的协作工具（如飞书、钉钉）进行任务分配、过程控制和结果合并，并将结果传送给企业内部员工，从而间接提交成果。在沟通方面，企业可以通过 Zoom、Slack 这种多人语音软件进行交流，从而更好地完成多人的信息交换。

第二节　针对远程办公的人力资源管理

在远程办公不断发展并成为趋势的背景下，人力资源管理者如何参与远程办公，以及如何对远程办公人员进行管理逐渐成了亟须解决的问题。根据人力资源管理者的职能，其在远程办公中的身份是双面的。一方面，作为员工，其需要顺应趋势，加入远程办公的行列，将招聘和培训的工作逐渐远程办公化，从而降低企业运营成本。另一方面，作为企业管理者，需要不断更新管理理念，对远程工作的员工采用新的绩效、薪酬、员工关系管理方式，从而保证最大限度地发挥远程办公的优势。

一、远程招聘

（一）远程招聘的主要内容

远程招聘是以互联网通信系统为基础，利用多媒体技术和远程视频传输技术使企业能够获取优质人才资源的一种招聘方式。在此过程中，企业通过线上的简历筛选、远程交流、远程面试等一系列环节，了解候选人的情况，从而筛选出所需要的人员。其中，远程面试是远程招聘的核心环节，通过进行人与人、面对面的语音即时交流及影像的在线审视，企业在短时间内便可完成整个面试过程，达到预期的招聘效果。

（二）远程招聘的特点

1.远程招聘的优势

（1）降低招聘成本。常规的招聘往往需要经历多轮面试才能确认最终的录用情况，而在面试的过程中，一方面企业的人力资源部门、部门负责人、领导层需要逐层沟通筛选，对员工进行面试；另一方面候选人也要多次来回参加面试、复试。这种方式不但流程冗长，造成业务停滞，增加了招聘的时间成本，而且容易增加人才流失的风险。远程招聘则能够使得企业和候选人双方可以不受时间、地点的限制进行面试，从而简化招聘流程，缩短招聘周期，节约时间成本，抢占人才高地。

（2）扩大招聘范围。企业进行招聘时，往往会因为候选人的地理因素阻碍，在简历筛选阶段就放弃了对其的进一步审查，从而错过了与大量优质人才沟通的机会。而在远程办公的趋势下，人力资源部可以对这类员工进行远程招聘，甚至开拓国际视野，选择国际化人才进行招聘，并在员工录用后为其安排远程工作任务。在这种条件下，企业的招聘范围更广，企业能够在全国乃至全球挑选优秀的人才并通过远程的云视频会议进行互动面试。

（3）进行软性检测。远程招聘主要依靠互联网和移动设备进行，而在信息技术高速发展的今天，能否熟练使用计算机是绝大部分工作所需的基本技能之一。通过互联网与招聘人员进行交流、沟通的过程实际上也是对应聘者的计算机使用能力的检验，因此远程招聘的使用也可以说是对应聘者的一个侧面考察。

2. 远程招聘的劣势

（1）沟通效果受限。与传统招聘相比，远程招聘的各个环节都没有涉及真正面对面的沟通，最直接观察也只是通过屏幕进行局部的了解。企业在招聘过程中需要考察应聘者的整体仪表、表达能力、应变能力和心理素质等，远程招聘时企业最多只能看到应聘者的头像，虽然可以听到其声音，但却无法做到传统面试那般全面，这将会给招聘工作带来许多误差。

（2）招聘手段受限。在招聘工作中，岗位的候选人往往数量众多，为了能选出更合适的人员，企业就需要对候选人进行横向比较，这时可采用情景模拟、无领导小组讨论等面试方式。然而，现阶段的远程面试一般是"一对一"的，很难进行多样化的面试，这不仅是因为软件功能限制，更是因为部分面试方式需要与特定场景相结合，而远程面试无法满足这一点。

（3）信息真实性存疑。目前来说，远程面试缺乏诚信保障。对于企业来说，在远程面试时只能看到应聘者的头像，失真性和片面性较大，并且有可能出现那种在摄像头范围之外有人提供帮助的情况，如果企业需要进行笔试，也很难保证笔试结果的真实性。另一方面，对于应聘者来说，其并没有到过企业现场，无法对企业进行更细致的了解，其有可能在入职后感受到心理落差。

（三）远程招聘的流程

远程招聘与传统招聘的区别并不大。传统招聘在面试环节中更多倾向于采用"笔试—集体面试—个人面试"的流程，然后分别从横向与纵向进行比较，筛选出合适的人才。远程招聘则主要通过视频面试的方式来获取候选人的信息。在招聘的其他环节，传统招聘与远程招聘的区别并不大。

（1）准备工作。在招聘开始之前，人力资源部需要向业务部门核对招聘岗位、招聘数量、薪资与待遇等信息，随后在智联招聘、前程无忧等招聘网站上发布招聘信息。除此之外，人力资源部还要准备好面试需要使用的各种测试题目和提问题目等。

（2）筛选简历与邀约。在获取简历时，企业可以在招聘网站收集简历，也可以通过直播的形式，在新型移动平台上向大量的潜在候选人介绍岗位情况、公司福利，从而获取更多的曝光度和简历数量。在此之后，企业可以根据所确定的条件对简历进行筛选，并对符合企业期望的员工进行邀约，询问其应邀意向，确定后再进行下一环节。

（3）进行问卷测试。确定候选人的意向后，企业应向候选人发放电子问卷进行测试。因为线上测试很难确定候选人是否是独立完成的，此时更倾向于发放性格特质类问卷，从而对候选人的性格特征有大概的了解，而非发放技能水平类测试问卷，测试其工作能力。

（4）进行远程面试。在获取测试结果后，企业应组织符合条件的候选人进行远程面试。面试通常采取"一对一"的方式，此时企业可通过提问了解员工的业务能力情况、以往工作经验等，同时候选人也可就薪酬条件、工作环境、工作内容等进行发问。

（5）通知最终结果。招聘环节结束后，企业应根据录像或文字资料，对候选人的各个方面进行审核，如果符合企业要求，则发送录用通知。

二、远程培训

（一）远程培训的主要内容

随着视频会议技术的提升、大众观念的转变，远程培训作为网络时代的先进培训通道得到迅速发展，这是知识经济时代的要求，是人力资源管理信息化的要求，更是提高人力资源管理水平、增强企业综合竞争实力的要求。远程培训打破了传统的培训模式，降低了企业的运营成本，且培训工作不受时间、地点等因素的影响，给培训工作带来了一次新的变革。

远程培训是指以互联网通信系统为基础，利用多媒体技术和远程视频传输技术为企业提供优质的远程培训的人才资源服务，培训双方在此系统中可进行人与人、面对面的语音即时交流及影像的在线审视，达到即时互动的沟通，且短时间内便可完成整个培训过程，从而达到预定的培训效果。在远程培训过程中，可以传输大量包括图像、声音、文字等数据，实现"一对一"或"一对多"的面对面多媒体交流。

（二）远程培训的特点

1. 远程培训的优势

（1）节省费用。企业的常规培训或是培训单位派人到受训者所在地培训，或是员工到总部所在地培训。不管是哪种方式，都需要支付远距离的交通成本，甚至还要负担培训期间的食宿等各项差旅费用，因此总体培训成本较高。在这种情况下，企业很容易减少培训次数，甚至忍痛割爱，放弃异地培训，而这对人力资源的提升是极为不利的。远程培训的出现则大大解决了这一难题，它使培训人员和受训人员无须奔波于几个城市就能达到面对面沟通的效果。远程培训节省了企业培训成本，同时提升了培训效率，为企业打造了人力资源核心竞争力。同时，远程培训会议功能强，支持会议记录实时制作，无须在会后花费大量的时间进行会议记录后期制作，节省了大量的人力、物力。

（2）操作简单。近年来，多家厂商推出了基于云计算的视频会议模式，如华为的云视频会议系统、阿里巴巴的钉钉、腾讯的腾讯会议等，这些都是植根于互联网的视频交互平台。通过对这些平台的运用，可以使得企业的线上培训建设成本大大降低，易用性也得到极大提高。参加远程培训的员工只需安装服务器端或打开一个网址，即可进入在线演示互动系统，即使员工对网络应用的了解较少，甚至没有太多的接触过相关内容，通过简单的培训也可以完成各项操作。

（3）互动灵活。与传统的人才培训形式相比，视频会议培训平台为企业和求职者提供了一个优质、快速、个性化的"零距离"互动平台，实现了各地人力资源的有效互通互动。培训双方是主动进行网上交流，不受时间、地域限制，也不受周期限制。培训平台应用灵活，可以任意地在会议室、办公室、教室，甚至在家中主持会议和进行教育培训，而无需在这些场合专门配置视频会议终端设备。设备中电子白板强大的交互功能，最大限度地保证了教学和培训的连续性及最佳效果；所有现场在电子白板上做的图解、注释、说明、修改等都可以即时反映到计算机上，方便讲解内容的远程共享和保存。

2. 远程培训的劣势

（1）培训的效果难以把控。与传统培训中的领导视察、同事监督不同，远程培训所采用的互联网虚拟技术无法对培训的过程和结果进行有效的监督，容易引发培训过程中偷懒、培训考核中造假等问题。同时，远程培训时缺乏工作氛围，各种随机事件较多，这会导致员工很难杜绝其他非工作因素的干扰。

（2）造成情感隔绝。远程培训中员工与同事及领导直接接触较少，非正式交流机会有限，彼此之间难以建立社会情感连接，很容易产生隔绝感和陌生感；电子通信工具缺乏丰富性和现实存在性，这也会给员工带来一定的心理压力。同时，远程培训所强调的分散性、独立性，也将会对团队协作造成一定的冲击，这种培训方式无法像面对面沟通那样直接、高效，从而阻碍了员工之间的团队精神和协作。

（三）远程培训的组成部分

远程培训包括视频会议终端、云计算中心、传输网络三大部分，用户可以根据自身的网络状况、硬件设施对系统中的各部分提出不同的需求。在实际使用中，一个高性能的视频会议系统或软件和良好的网络环境是该系统能够正常运作的基本保证。对于企业培训师以及受训员工来说，他们更多的是对会议终端进行操作，从而完成培训。会议终端主要由以下四部分组成。

1. 课件制作与上传

在培训开始前，培训师需要对内容有整体把握，并制作相应的课件上传至远程软件中。这种课件的制作不同于传统的 PPT 制作，因为远程培训很难控制员工的接收情况，所以需要用音频、视频的相互配合，来时刻吸引员工的注意力。如今市场上有很多的远程培训平台支持课件制作，能让培训师非常方便地在任意时间、地点录制制作课件并上传、管理。课件的内容完全虚拟直播设计，包括音视频、文档、问答等，这最大限度地符合了远程教学培训的特点，能够以图文并茂的方式讲述培训内容，吸引员工观看。

2. 直播模块

直播培训即通过网络语音、视频、数据等多媒体方式，与员工进行实时的互动。在这种形势下，员工和培训师之间可以进行无间隙的沟通和答疑，培训师还可以通过点名、文字问答、互动调查等方式提高员工的参与度和关注度，收集员工反馈和课程答卷，从而获得更好的培训效果。根据不同的员工级别和培训内容，培训师既可以同时对大规模的学员进行培训，增加培训的覆盖程度，也可以专注于小范围的学员进行多次的互动。例如，关于入职培训的相关知识，可以同时对所有新员工进行直播培训，而针对中高层员工的新知识培训，则需要分成小群体进行培训，从而增加互动的次数，保证内容的完整吸收。

3. 录播模块

录播系统能将授课或演讲者的影像、声音及上课讲义，以硬件设备方式即时记录成标准的网络格式并通过网络播放。在录播内容的制作中，培训师可以将直播内容录制下来，为员工提供二次播放的渠道，也可以专门录制视频，从而保证视频的高质量。无论选择哪种方式，员工都可以随时随地进行点播，并反复观看，这使得学员可以自由选择听课时间，并对不理解的内容进行反复学习。不过需要注意的是，在选择录播内容时，尽量以理解难度低、受众群体广的内容为主，同时辅以练习、常规问题答疑等环节，保证员工通过录播也能全面地掌握相关知识。

4. 内容管理模块

内容管理模块包括课程管理、学员管理、权限管理等。课程管理可以设置增选所学课程；学员管理可以详细设置每个学员每门课程的点播次数，并提供详细的统计。通过对这些内容的设置，培训师可以对课程进行上传与更新。同时，根据点播次数和播放时长等信息，分析员工的学习状况和学习兴趣，从而更有针对性地发布和完善培训内容。

（四）远程培训的流程

远程培训的流程与企业传统培训的流程相似，两者最大的差异体现在培训的形式方面。一般来说，人力资源部首先要根据员工的问题进行培训需求分析，确定培训依据、培训内容、培训对象，从而制订培训计划，再根据计划与培训师对接，形成有针对性的培训方案并设置特定的培训课程，这些都是进行培训的必备工作。在此之后，远程培训需要安排培训师准备相关的课件，同时通知并指导员工进行远程培训的操作，随后才开始培训。在培训结束后，人力资源部通过线上的数据对课程效果进行评估并提交分析报告，以此作为进一步培训的依据。远程培训流程如图 10-1 所示。

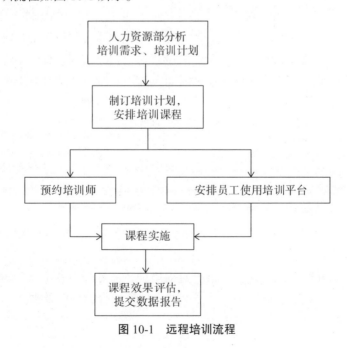

图 10-1 远程培训流程

三、针对远程办公的绩效管理

（一）远程办公绩效管理的主要内容

在不同的环境、时间、对象下，对绩效管理的理解和关注点也不尽相同。一般来说，针对远程办公的绩效管理主要注重三个要素：行为、能力和结果，而在这三个要素当中，能力与行为是都是为结果服务的，同时前两项内容也很难在远程工作时进行观测和衡量，因此这种形式的绩效管理主要是以对结果的管理为主，以能力和行为为辅（见图10-2）。

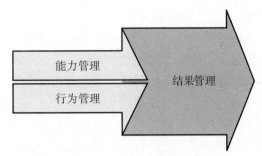

图 10-2 远程办公的绩效管理层次

（二）远程办公绩效管理的特点

1.绩效的多因性

绩效的优劣不是由单一因素决定的，它受团队内外的主客观多种因素的制约和影响。远程办公的员工和普通员工因为周围环境不同，其影响因素也不尽相同。根据约翰逊等学者提出的FPVT模型，远程工作员工的绩效影响因素分为两个方面：一是团队内部特征，其主要是从动态维度进行分析，如工作特性、甄选过程、成员关系、团队管理者；二是团队外部机制，其主要是从静态维度进行分析，如培训体系、奖酬体系、领导风格、工具技术及沟通模式。这些因素涵盖了员工在远程工作时所面对的多数影响变量。因此，当对员工的绩效结果进行分析和归因时，要从以上方向进行考虑，探讨导致绩效结果出现的原因，从而保证绩效管理的合理性。

2.目标的重要性

目标管理是管理学大师彼得·德鲁克在其名著《管理实践》中率先提出的，他倡导将组织、团队的使命、任务转化为目标，使成员实现目标管理、自我控制。目标管理对远程办公的绩效管理尤其重要，因为远程办公的管理者与团队成员之间、团队成员相互之间常常存在时间、空间与组织差异，相互间地理位置分散，传统的管理权威大大削弱，必须有其他力量来引导、约束、管理远程办公员工的行为。因此，远程办公的组织以成员对共同目标的承诺为依据，形成了一种内在的权威性。只有远程办公的绩效管理的目标明确，员工才会有努力的方向，才能有效实施绩效管理的一系列程序、手段，更好地服务于组织、团队的战略规划和远景目标。

3.考核的量化性

相对于传统绩效考核来说，远程办公员工的绩效考核指标数量更少，更具有量化特征。这是因为与远程办公的员工进行沟通成本较高，当绩效考核的标准复杂时，企业需要更多的时间获取远程办公员工的绩效凭证，当出现绩效评定的争议时，也更难快速解决。量化的绩效考核都是由数据驱动的，它可以被定期检查、客观评分和持续重新评估，因此远程办公员工的工作结果可以快速总结并可视化，管理者在线上就能直接了解员工的绩效情况。

（三）远程办公中绩效管理方式转变的难点

1.传统管理权威的转变

在绩效管理过程中，管理者需要凭借某种权威来保证管理制度、手段的实施，权威是团队有效实施绩效管理的前提条件。然而，远程办公的组织成员跨越时间、空间、组织边界进行工作，这导致了一些传统管理手段、方法的作用被削弱甚至失效。同时，远程办公团队的数量、结构具有一定的可变性，其强调责任共担、领导权共享。这些特征使得凭借权利、头衔形成的传统权威的作用大大削弱。但这并不意味着远程办公的绩效管理不需要一种权威来保障其有效管理。恰恰相反，远程办公绩效管理与传统的绩效管理相比，更难以起步与维系。远程办公的绩效管理将会由于组织的特殊性变得更为复杂、更加困难。因此，在远程办公中，必须建立新的权威来保证绩效管理的有效进行。

2.绩效的追踪与量化

目前，实施远程办公主要的管理问题是如何评估员工的绩效，如何监督远程办公的员工，如何衡量生产力，如何建立信任及管理员工。很多管理者认为，如果他们不能直接观察员工的工作，就无法评估员工绩效或提供有建设性的绩效反馈。首先，远程办公的工作目标必须是具体的、可衡量的、现实的，且能被管理者和员工所接受。其次，仅仅凭借项目最终的完成效果作为唯一的绩效评定标准是不全面、不客观的，如何建立起过程中的绩效追踪以实现管理上的控制是远程办公面临的首要问题。最后，远程办公不适合通过对人的观察来评定员工的绩效，所以在绩效的考核标准设定上，如何体现管理者的主观部分和员工绩效上的客观部分相结合也是一大难题。

3.绩效沟通障碍

在远程办公中，组织成员之间的地域、时间分散性使绩效辅导中必需的持续沟通遭遇严重障碍。一是组织成员之间直接见面机会非常有限，这将使团队无法获得面对面交流中互相启发、互相激励产生的灵感，可能会束缚员工的创造力。二是远程办公参与者虽然可以借助以计算机与通信技术为基础的媒体弥补、改善沟通障碍，但这一方面需要团队成员善于选择、使用恰当的媒体，同时不能大量借助面对面交流的面部表情、身体语言、语音语调来更充分反映自己的意见、观点，容易造成联系障碍与对交流信息的误解。三是在工作之余，虚拟团队成员之间缺乏随意、自愿的非正式沟通，虽然这与组织目标和工作任务关系不大，但非正式沟通是团队成员处理分歧、误解、矛盾的"润滑剂"，缺乏它必将增加沟通的成本，降低虚拟团队绩效辅导的效率。

（四）OKR 在远程办公中的应用

结合上述提到的远程办公的注重量化与结果的特性，笔者认为目标与关键成果法（OKR）比较适合对远程办公员工进行绩效管理，因此结合前面第六章 OKR 的管理方法与远程办公的特点，特提出以下几点管理建议。

1. 预先设定目标

在远程办公中，长期大目标经过层层分解后成为短期小目标，小目标再经过拆解成为一个个预先设定的员工需要日常完成的行为、动作指标，如具体到每天几点的远程视频会议等。经过目标的层层分解，绩效目标更为具体，减少了因为远程办公而失控的极端情况。同时，远程办公员工的工作是高任务导向型的，在其整个工作过程中，始终以完成任务作为最终的目标，因此员工的个人目标应该多是以任务结果为主，且能够被量化测量的。无论对企业还是对员工来说，这种目标的设置都要更加清晰，以利于企业对远程办公人员的绩效考核。

2. 团队目标和个人目标相结合

OKR 强调团队成员之间的合作和参与，通过建立透明的目标管理体系，员工将其个人目标与团队目标、公司愿景联系起来，明确交叉和相互依赖的部分，并与其他团队进行协调，让员工体悟到自己的工作给企业整体目标带来的贡献，从而激发员工的创新力和工作积极性。为了促进员工参与，获得员工对组织目标的支持，OKR 鼓励团队和个人与管理人员进行反复协商，以制定自己的 OKR，这种协商的好处在于让所有人的目标都以公司的"大战略"和"大目标"为核心。在实际应用中，远程工作开始前，企业要尽可能详细地与员工讨论，制定个人的 OKR，这不仅包括短期的工作内容，还覆盖中长期的计划。虽然完成该环节的工作会花费大量的时间，但如果员工在远程工作时的目标偏离方向，企业将很难对其进行纠正和控制。

3. 透明化与可视化的跟进方式

OKR 系统特别强调目标的透明性和可视化。例如，谷歌公司开发了内部的 OKR 工作平台，在这个平台上即使最基层的员工也可以清晰地看到每个人的目标。从基层员工到首席执行官，大家都可以对目标进行公开批评和纠正。每一个贡献者都有权参与其中，即使是针对目标制定过程本身所存在的缺陷，也可以提出质疑。

四、针对远程办公的薪酬管理

（一）远程办公薪酬管理主要内容

传统的薪酬体系模式具有信息完全性、工作模式相对稳定、管理者有较大的主动性和决定性等特征。从信息完全性的特征来看，传统薪酬体系设计思路中一个非常重要的前提是管理部门可以完全了解到薪酬体系制定的相关信息，如职务分析中的有关职务要求、职务描述方面的信息。只有在完全掌握了这些信息的基础上，管理部门才能根据相应的数据，科学而理性地发放薪酬，体现薪酬政策的合理性和公平性，从而起到良好的激励作用。

与传统人力资源管理不同，在远程办公的背景下，员工的工作模式、地点具有很高的自主性和灵活性，管理部门难以掌握员工工作中的实际情况，只有业绩完成结果可以直观得到。按照现代薪酬理论，远程办公的薪酬管理既要体现出对于企业或雇主来说调动员工积极性、实施企业组织战略目标的手段，也要体现出对于员工而言满足物质生活需要的主要来源。因此，远程办公的薪酬设计的目标是以最低的成本建立最有效的激励机制，同时还要消除信息不对称而带来的消极影响。综上所述，在以上原则下，笔者将远程办公的薪酬管理定义为以及时性的绩效工资为主、以任职者所具备的能力为辅的一种过程性激励与结果性激励相结合的薪酬体系。

（二）远程办公薪酬体系的特点

1. 注重及时奖励

远程办公的薪酬可以针对特定行为和事件进行经济上及时的、阶段性的奖励。远程办公在进行薪酬激励时，应当非常明确地针对行为和事件。只要是远程办公组织需要鼓励的行为与事件，就应该对其进行及时的奖励，这种奖励应是阶段性的，而非一劳永逸。员工的积极性、主动性是远程办公组织的源泉，要保持这种活力，及时支付薪酬（尤其是非固定性薪酬）是一个重要的方面。过程性支付意味着对员工贡献的及时肯定，是维持员工持久工作热情的"助燃剂"，如果在员工的工作热情已经下降或者处于松懈状态时，再支付薪酬，其激励效果将大打折扣。

2. 目标与薪酬相结合

为远程办公的员工设置一个清晰的目标，是对其进行绩效管理的重要环节。因此，在设置薪酬时，企业可以将其与员工的目标相结合，根据目标的完成度和完成效率设置梯级的奖励制度，从而鼓励员工不断努力达到高等级的任务完成度，从而获得更高的奖励。当然，在远程办公中存在着高度的信息不对称，员工可能会为了获得更多的奖励虚报自己的产出能力。因此，企业还需要设置一个配套的控制制度，保证评判的公平性。

（三）远程办公薪酬设计面临的难点

1. 不同于传统的激励方式

从微观上来看，实现远程办公的团队是任务导向型的，其目的通常是为了更快速、更有效地解决某项工作任务而不固定工作地点。而项目的进度安排往往要求以最短的时间完成整个项目的开发任务，这实际上也就要求员工之间能够较快地建立起信任、友好合作的团队氛围，从而能够迅速地启动整个团队，以最高的效率完成项目任务。因此，远程办公的薪酬激励更要及时，它只要求团队成员一开始就关注结果，并在短期内付出努力以达到目标，它注重的是短期效应而不是长期效应，而且团队任务的工作弹性大，变化快，不容易形成固定的作业模式。这与传统的激励方法和薪酬发放方法的要求大相径庭。

2. 负向的任务依存性

依存性对团队管理包括薪酬设计有很大的影响，一旦个体的工作结果受到他人行为的影响时，相互依存就产生了。正向的依存性能够促使员工互相帮助，而负向的依存性会使得员工采取某些方式阻碍别人成功，如增加成员之间相互扣留组织资源和信息资源的机会，而远程办公的组织本身所具有的柔性和信息不对称性又会加剧这种现象，如有的成员可能以"我没有收到邮件"为由推卸责任，因为管理者缺乏面对面的交流和实时监督。因此，如何通过合理的薪酬和激励机制，把任务依存性转化为个人利益的依存性也是远程办公员工管理面临的一大挑战。

3. 信息搜索成本大

因为缺乏面对面的沟通和交流环境，远程办公的员工对彼此都不太熟悉，这就导致个人归属感不强，相互缺乏信任。这给整个组织的交流和沟通带来了一定的难度，往往导致信息传递失真和信息不对称，使得远程办公难以实现管理学上所说的有效控制，从而导致组织整体激励机制中的约束风险增大。同时，由于缺乏有效的交流和沟通、信息失真和缺乏信任等问题，使得远程办公组织的绩效评价的信息搜索成本大大提高，造成激励和薪酬设计的难度加大，从而激励机制的效益降低、激励效果下降。

（四）薪酬模式在远程办公中应用的建议

结合远程办公的工作模式和特点，以及第五章所提出的菜单式薪酬结构基础，笔者认为针对远程办公员工，薪酬结构的设置应主要体现在薪酬补偿部分，即对绩效工资、补贴、利润分红和长期激励机制进行设置。

1. 绩效工资

绩效工资是远程办公薪酬体系的重要组成部分。由于远程办公是以任务目标为导向的，工作时间和地点都不固定，加班加点工资难以度量，因此可以适度增加绩效工资在总薪酬中的比例，甚至可提高绩效薪酬数值的上限，从而使得远程办公的员工意识到付出与回报是成正比的，这一方面对可能存在的加班情况进行补偿，另一方面提高了员工的工作积极性。同时，绩效工资要与员工的目标完成度紧密挂钩，通过使用OKR，企业将战略目标进行层层分解，并落实成为员工的个人目标，此时，薪酬设计要具备精细化的特质，对目标的完成度进行对应的梯度奖励，做到越优秀越奖励。另外，在进行绩效奖励时，奖励的周期要短、加薪的幅度要平、加薪的速度要快。例如，当远程办公的员工较好地完成一周的短期目标后，企业就应当及时下发与此目标挂钩的绩效工资，从而激发员工的工作积极性，以便更好地完成下一个工作目标。

2. 补贴

由于远程办公中员工的办公地点不再固定，一些隐性的公司福利转变为个人成本，如个人计算机、打印机、传真机的购买费用以及电话费、水费、电费、网络费等。对于员工在家办公所产生的个人成本，企业应酌情进行专项拨款，适度补贴，以避免部分员工为节省支出而刻意减少工作时间。因此，对于传统办公中公司应承担的一些固定办公成本，公司应给予部分补贴，如对于个人计算机的维护，家庭办公额外支出的水电费、网络费等。

3. 利润分红与长期激励机制

对于远程工作的员工，在保证短期薪酬激励的同时，也要鼓励他们加入员工持股计划和股票期权计划。这种利益共享、风险共担的激励方式把员工的收益同企业的发展紧密联系在一起，有利于防止优秀员工的流失，增强远程工作员工缺失的归属感，从而进一步稳固员工的心理契约。如果某员工参加过的项目越多，在项目中的贡献越大，他就越优秀。对于这类核心员工，进行远程办公的企业就要有长远的雇佣预期，薪酬的激励作用要体现长期性，以实现长远时间及空间上的覆盖。

五、针对远程办公的劳动纠纷处理

远程工作作为一种突破传统劳动关系的新型劳动方式，无论是在国家层面还是在企业层面对其的劳动保护都不够成熟。在传统劳动争议发生时，国家有明确的法律规定作为处理依据，其处理机制也是以调解、仲裁和诉讼为主，整个流程清晰并有典例作为参考。然而在远程办公时，企业不能够直接控制员工的行为以及结果，所以发生劳动纠纷时调查困难，很难按照法律要求取得合理的证据，造成员工维权困难或企业百口莫辩的困境。同时，远程工作在企业中还没有普及，在此基础上的劳动纠纷处理还没有形成程序化的范例，所以这方面的问题对企业造成了很大的困扰。

（一）引起劳动纠纷的原因

1. 工时确认困难

我国的工时制度分为标准工时、不定时工时和综合计算工时三种类型，其中标准工时是被企业广泛使用的工时制度。然而，因为缺乏直接的控制和管理，标准工时很难得到严格落实。除此之外，不定时工时和综合计算工时均有明确的法律规定其适用范围，远程工作是否属于规定范围之内目前并没有详细的说明。因此，当工时无法得到确定以及准确的计算时，工资的核定就会出现困难，同时，延长工作时间情况也难以得到确认，这可能会致使远程办公员工超时工作，而这种加时工作的核定与奖励也很难处理。

2. 安全保障困难

远程工作打破了工作空间与生活空间的界限，由此也带来了一些安全保障和法律认定上的困难。企业无法确认员工在远程办公时的工作环境与工作状态，从而难以对员工提供安全保障。例如，员工乘坐公共交通进行移动办公，这时的工作环境就存在较大的安全威胁。除此之外，在安全保障纠纷发生时，企业也很难证明自身的无关性。传统的劳动关系中工伤和职业病的认定是根据《工伤保险条例》第 19 条第 2 款和《工伤认定办法》的规定实行举证责任倒置。因此，往往由用人单位承担工伤的举证责任，如果不能证明劳动者的伤害是由劳动安全以外的原因造成的，就应当认定为工伤。但是在远程工作中，一方面，工作场所远离经营场所，用人单位难以掌握相关人员的工作情况，也难以做到对工作地点进行安全措施保证；另一方面，用人单位还要承担较为严格的举证责任，对于企业来说十分不公平。

3. 信息安全保护困难

在远程办公中，员工主要通过互联网完成工作任务，因此在工作互动以及上传工作内容时，往往需要向公司披露更多的个人信息，所以信息安全得不到保障。同时远程办公时工作与生活的界限较为模糊，部分生活上的隐私也会被公司所知晓。当员工认为公司的监督侵犯了自身的隐私时，其对用人单位的忠诚度也会下降。如果此类信息被不法分子所窃取，更会对企业和员工个人造成严重的困扰。

在远程工作中，企业需要把工作所需的材料发送给员工个人，员工在工作结束后把成果传输给公司。在这个信息传输过程中，可能会因为木马、失误等原因泄露公司的文件，使得信息的安全很难得到保证。当发生这种问题时，公司因为不能直接监管员工的工作行为，所以很难追查到泄露原因和渠道，无法快速问责和处理，从而导致持续的损失。

4. 工会无法发挥作用

工会作为保护劳动者合法权益的法定组织，承担着维护劳动者合法权益的职责。工会监督管理职责主要体现在，工会对用人单位在生产经营过程中，是否遵守我国的劳动法律法规的情况，进行严格的管理与监督，通过履行工会的监督理职责，依法保证劳动者的合法权益不受侵犯。工会监督的主要方式是针对用人单位违反劳动法律、法规的行为提出意见、建议和要求。而在远程办公中，工会监督员很难到办公现场进行调查，并且缺乏针对远程办公的工会监督管理制度，此时工会功能缺位，员工的集体诉求无法得到宣泄，这就导致部分员工的极端化行为，为劳动纠纷埋下伏笔。

（二）处理劳动纠纷的对策

1. 分情况设置工时制度

对于远程工作的时间认定，很大层面上需要政府对文件进行补充说明，但是企业也可以通过合同的方式与员工达成工时设置的协定。根据行业的不同，企业可以选择不同的工时规则进行设置。首先，针对一般远程办公的员工可以使用标准工时制度，但是工时的确定并不适合于劳动者自行申报，否则容易导致用人单位加班时间失控的现象。较为恰当的方式是在劳动合同中规定劳动成果与劳动时间结合认定工作时间的方式，并借助人脸识别等考勤方式实现。此外，劳动合同中还应规定加班时间应当由劳动者提出申请、单位批准后才认可生效的制度，这样有利于实现单位对加班时间的控制。其次，对于以工作结果为导向的职业来说，可以实行综合计算工时工作制，在员工进行交流后，选择更灵活的周期作为标准，以工作结果为依据，确定这段周期的工作情况。最后，针对一些员工的工作内容弹性较大、工作成果难以短时间衡量的情况，可以采用工作时间有较大弹性的不定时工时制度，因为这部分的劳动报酬往往与业绩的关联性更大，因此对工作时间的要求相对更为宽松。

2. 对员工的工作环境提出要求

为避免安全问题的发生，企业需要在远程办公开始前就员工工作地点的卫生、消防等方面提出要求，进行警示，如果条件允许，可以与员工签署条约要求员工保证工作地的总体安全性。同时，在审批劳动者的远程工作申请时，企业应通过实地观察、视频检查等形式对员工工作地点的电力设备、通风、照明等设置进行检查，确保没有安全隐患，在远程工作开始实施后，进行定期检查。

3. 加强信息安全管理

保证信息安全的前提是确定信息安全的责任范围，因此企业应根据信息的类别，对信息安全的责任主体进行详细的划分，从而保证信息安全的每个环节都有责任人监督，出现问题能够及时修补。例如，在员工个人信息方面，用人单位具有完全的主体责任，员工的信息泄露由用人单位负责处理。企业在将加密后的文件传输给员工后，员工就对解密文件具有完全的主体责任，这时如果出现重要文件的泄露，员工要负法律责任。在这种责任分明的情况下，每个主体都会重视自身的安全保障范围，从而更好地保证总体的信息安全。另外，用人单位也应当利用科学技术采取保密措施，使远程办公的工作环境成为一个相对独立的空间，从而在技术上避免信息被窃取。

4. 建立合适的调解机制

在工作中发生劳动争议是不可避免的问题，而在远程工作中由于缺乏沟通，更容易发生争议。在处理这部分争议时，企业应当以一次性解决争议为主，尽量避免重复、长时间处理，在适当情况下可以进行让步。这是因为远程办公沟通难度较大，取证难度较高，如果企业按照传统的方式进行处理会耗费更多的时间与金钱成本。此外，因为远程办公以互联网技术为核心，在劳动争议发生时也就可以选择通过网络处理，建立网上调解平台，当员工有问题需要反馈时可以通过平台及时向企业进行说明，从而避免问题的再次扩大，节省纠纷的处理时间。

本章练习题

1. 远程招聘的流程有哪些？

2. 如何对远程工作的人员进行绩效管理？

3. 对远程工作人员的薪酬进行设置时需要注意哪些方面的内容？

参考文献

1. 方雯.工作分析与职位评价［M］.西安：西安电子科技大学出版社，2017.
2. 桂昭明.人才资源经济学［M］.北京：蓝天出版社，2005.3.
3. 熊振华.创新思维学［M］.北京：团结出版社，2013.7.
4. 黄济.教育哲学通论［M］.太原：山西教育出版社，2011.
5. 孙连才.数据化管理趋势下人力资源外包模式创新［J］.中国工业评论，2016（Z1）：22~27.
6. 萧鸣政.人才评价机制问题探析［J］，北京大学学报（哲学社会科学版），2009，46（03）：3.
7. 孙锐，吴江，蔡学军.我国人才战略规划评估现状、问题及机制构建研究［J］.科学学与科学技术管理，2015，36（02）：10~17.
8. 何叶.企业人才盘点的作用、路径与实施要点研究［J］.中外企业家，2017（07）：151~152.
9. 张金慧.物理工作环境与职工工作状况、组织绩效关系研究［J］.领导科学，2017（35）：45~47.
10. 洪亮.企业核心员工保留的策略与措施［J］.中国外资，2007（11）：64~66.
11. 俞林伟.自助餐式的泛薪酬菜单［J］.中国社会保障，2005（07）：68.
12. 曹仰锋，王永贵.OKR：绩效管理创新实践［J］.中国管理会计，2019（04）：52~57.
13. 陈曦.基于OKR与KPI整合应用的绩效管理优化研究［D］.上海社会科学院，2019.
14. 高庆.基于OKR的Z公司绩效管理体系优化研究［D］.南华大学，2018.
15. 张媛.基于期望理论视角下知识型员工的绩效管理与薪酬设计［D］.西华大学，2014.
16. 金燕.虚拟团队绩效管理模式案例研究［D］.北京邮电大学，2013.
17. 刘岳峰.万海航运公司信息处理中心远程办公管理研究［D］.兰州大学，2013.
18. 许小颖.浅析远程办公及其管理［J］.就业与保障，2012（08）：33~34.
19. 李佳.临时性虚拟团队KPI指标构建［D］.首都经济贸易大学，2008.
20. 刘刚.对虚拟团队薪酬激励的分析［J］.内蒙古科技与经济，2006（23）：36~37.
21. 吴建新.虚拟团队绩效管理研究［D］.南京理工大学，2006.
22. 曾晓勇.企业虚拟团队的绩效研究［D］.贵州大学，2006.
23. 徐飞.虚拟团队绩效考核方案设计［D］.对外经济贸易大学，2006.
24. 肖伟.虚拟团队组织与管理的典型问题分析［J］.现代管理科学，2006（02）：50~52.
25. 黄培.激励边际效用理论在医院薪酬管理中的应用［J］.卫生经济研究，2005（09）：

10~12.

26. 刘雯.虚拟人力资源管理［D］.天津大学，2004.

27. 王卓.虚拟团队管理理论与创新［D］.天津大学，2003.

28. 邓靖松，王重鸣.虚拟团队的两种新型薪酬方案［J］.商业研究，2003（04）：45~47.

29. 曹仰锋，王永贵.OKR：绩效管理创新实践［J］.中国管理会计，2019（04）：52~57.

30. 李劲松.虚拟团队薪酬设计思考：基于团队知识性与依存性的视角［J］.经济管理，
    2005（04）：80~84.

31. 陈曦.基于OKR与KPI整合应用的绩效管理优化研究［D］.上海社会科学院，2019.

32. 高庆.基于OKR的Z公司绩效管理体系优化研究［D］.南华大学，2018.

33. 张媛.基于期望理论视角下知识型员工的绩效管理与薪酬设计［D］.西华大学，2014.

34. 金燕.虚拟团队绩效管理模式案例研究［D］.北京邮电大学，2013.

35. 刘岳峰.万海航运公司信息处理中心远程办公管理研究［D］.兰州大学，2013.

36. 许小颖.浅析远程办公及其管理［J］.就业与保障，2012（08）：33~34.

37. 李佳.临时性虚拟团队KPI指标构建［D］.首都经济贸易大学，2008.

38. 刘刚.对虚拟团队薪酬激励的分析［J］.内蒙古科技与经济，2006（23）：36~37.

39. 吴建新.虚拟团队绩效管理研究［D］.南京理工大学，2006.

40. 曾晓勇.企业虚拟团队的绩效研究［D］.贵州大学，2006.

41. 徐飞.虚拟团队绩效考核方案设计［D］.对外经济贸易大学，2006.

42. 肖伟.虚拟团队组织与管理的典型问题分析［J］.现代管理科学，2006（02）：50~52.

43. 黄培.激励边际效用理论在医院薪酬管理中的应用［J］.卫生经济研究，2005（09）：
    10~12.

44. 刘雯.虚拟人力资源管理［D］.天津大学，2004.

45. 王卓.虚拟团队管理理论与创新［D］.天津大学，2003.

46. 邓靖松，王重鸣.虚拟团队的两种新型薪酬方案［J］.商业研究，2003（04）：45~47.

47. 李毅.运用要素计点法对铁路基层单位进行岗位评价的探讨［J］.经济师，2016（06）.

48. 朱勇国.工作分析（第二版）［M］.北京：高等教育出版社，2014.

49. 黄勇荣.人力资源战略与规划精选案例评析［M］.北京：科学出版社出版社，2017.

50. 张德.人力资源开发与管理案创精选［M］.北京：清华大学出版社，2002.

51. 加里·德斯勒著，刘昕译.人力资源管理（第六版）［M］.北京：中国人民大学出版社，
    1997.

52. 孙健敏.组织与人力资源管理［M］.北京：华夏出版社，2016.

53. 孙海法.现代企业人力资源管理［M］.广州：中山大学出版社，2016.

54. 毛海强，姚丽萍.员工招聘中背景调查的技巧［J］.人才开发，2005（8）.

55. 李红.远程办公的影响与应对策略研究［J］.长江大学学报（社会科学版），2012（12）.

56. 杜盛楠，张永军.远程办公：影响、挑战与策略［J］.现代企业，2017（06）.

57. 列侬·格雷琴，赵嘉怡.作为管理者，远程办公中需注意的利弊［J］.中外管理，2019

（11）：22.

58. 杨勇丰，翁立枝．浅谈远程办公的利弊［J］．中国外资，2012（08）：130.

59. 张文．远程工作中的劳动保护法律问题研究［J］．兰州教育学院学报，2018，34（08）：145~148.

60. 朱飞．整体薪酬战略［J］．企业管理，2013（06）：63~65.

61. 贾华．整体薪酬战略的制定［J］．东方企业文化，2005（04）：52~53.

62. 徐斌，张帆，胡晖．教练式绩效管理的六大工具［M］．北京：人民邮电出版社，2014.

63. 徐斌．激励性薪酬福利设计与管理［M］．北京：人民邮电出版社，2007.

64. 徐斌．绩效管理［M］．北京：中国劳动社会保障出版社，2007.

65. 徐斌．薪酬福利设计与管理［M］．北京：中国劳动社会保障出版社，2006.

66. 徐斌．绩效管理流程与实务［M］．北京：人民邮电出版社，2006.

67. 徐斌，西楠，胡晖．NLP原理与教练式领导力［M］．北京：人民邮电出版社，2015.

68. 何燕珍．企业薪酬管理发展脉络考察［J］．外国经济与管理，2002（11）：25~30.

69. 李毅．运用要素计点法对铁路基层单位进行岗位评价的探讨［J］．经济师，2016（06）：227~229.

70. 崔家瑞，李擎，李希胜，陈旭，金仁东，柯红岩．基于OKR的实验技术人员绩效评价探索与实践［J］．实验技术与管理，2019，36（02）：31~35.

71. 付亚和，许玉林．绩效管理（第三版）［M］．上海：复旦大学出版社，2014.

72. 彭剑锋．人力资源管理概论（第3版）［M］．上海：复旦大学出版社，2018.

73. 孙泽厚．人力资源战略规划［M］．北京：科学出版社，2018.

74. 黄勇荣．人力资源战略与规划精选案例评析［M］．北京：科学出版社，2017.

75. 蔡东宏．人力资源管理案例分析指导与训练［M］．北京：经济科学出版社，2015.

76. 刘昕．薪酬管理（第五版）［M］．北京：中国人民大学出版社，2017.